# 公共租赁住房保障对象甄别指标研究

■万玲妮　著

中国纺织出版社有限公司

## 图书在版编目（CIP）数据

公共租赁住房保障对象甄别指标研究 / 万玲妮著
. -- 北京 ：中国纺织出版社有限公司，2022.8
　　ISBN 978-7-5180-9672-5

　　Ⅰ．①公⋯　Ⅱ．①万⋯　Ⅲ．①租房－社会保障制度－
研究－中国　Ⅳ．① D632.1

中国版本图书馆 CIP 数据核字（2022）第 120453 号

---

责任编辑：闫　星　　责任校对：高　涵　　责任印制：储志伟

---

中国纺织出版社有限公司出版发行
地址：北京市朝阳区百子湾东里 A407 号楼　邮政编码：100124
销售电话：010—67004422　传真：010—87155801
http://www.c-textilep.com
中国纺织出版社天猫旗舰店
官方微博 http://weibo.com/2119887771
三河市延风印装有限公司印刷　各地新华书店经销
2022 年 8 月第 1 版第 1 次印刷
开本：710×1000　1/16　印张：14.25
字数：231 千字　定价：88.00 元

---

前言

公共租赁住房（简称"公租房"）是社会保障政策的重要内容。

中国 2012 年开始推行公租房政策，截至 2018 年底，共有 3 700 多万困难群众住进公租房，累计 2 200 万困难群众领取公租房租赁补贴。公租房已成为住房保障最有力的支柱之一。然而，作为准公共物品，公租房保障对象的精准甄别存在难度，导致公租房政策运行中的违规、失范等现象层出不穷。这些现象极大地影响了公租房政策效果和政府形象，其根源均指向公租房保障对象的精准甄别问题。

本书聚力研究公租房保障对象甄别指标，试图回答：公租房保障对象甄别应考量哪些维度？每个维度的度量指标如何确认？甄别指标体系如何构建和赋权，以准确测定公租房申请者的住房困难程度？完善公租房准入政策的路径是什么？以此探索公租房治理的困境与突破，完善公租房领域治理体制机制的对策，提升其公租房省域治理能力。

本书采用政策排斥分析框架和 A-F 多维贫困识别方法，构建"住房困难程度和商品房购买力"双导向的多维住房贫困对象甄别指标体系，运用轮候排序综合评价方法，验证分析公租房保障对象甄别的四个维度及其有效性。

全书共八章。第一章、第二章，探讨公租房保障对象甄别指标研究的核心概念和理论依据。第三章～第六章，设计研究思路，梳理并构建两类研究样本，即公租房研究文献样本（理论）、公租房准入政策样本（实践）；基于量化分析，提取公租房保障对象甄别的四个维度，即住房困难程度、商品房购买力、申享家庭住房需求的急迫程度和在地社会贡献。第七章，构建"住房困难程度和商品房购买力"双导向的多维住房贫困对象甄别指标体系，并运用湖北省公租房问卷调查数据，检测指标体系的有效性。第八章，归纳和讨论研究结论，提出完善湖北省公租房治理模式的路径。

　　本书既有政策高度和理论深度的支撑，又有一定的实务操作视角，将理论文献、现行政策和实际调研三项结合，通过多角度和多层次思考呈现给读者。

　　公租房本身是一个关乎民生且时代性和实践性都很强的研究项目，其涉及的内容十分广泛。本书仅起到抛砖引玉的作用，希望通过对公租房保障对象准入门槛的初步探究，能够引起更多机构和学者的关注与深入思考，这对完善我国保障性住房制度、解决住房问题、促进城镇居民住房条件的改善，大有裨益。但由于笔者视野有限，书中难免存在不足之处，恳请各位读者批评指正。

　　本书在撰写过程中得到了老师、朋友、家人和学院领导的热心帮助与支持，在此表示衷心的感谢！"路漫漫其修远兮，吾将上下而求索"，公租房改革的大幕已经拉开，我乐意在这项惠及民生的事业中继续探索研究，扬帆起航！

　　本书由 2021 年湖北省社科基金一般项目（后期资助项目）资助，项目编号：2021209。

万玲妮

2022 年 4 月

# 绪论

## 一、研究背景与意义

自 2014 年起，各地公租房和廉租房并轨运行，公租房已成为中国住房保障体系的主体力量，同时在政策执行过程中也出现了一些问题。这些问题不仅会直接影响政策执行效果、导致预定政策目标落空，还会损害政府形象，削弱政府权威和公信力。

2018 年，北京市曝出数起公租房违规转租事件；湖北省曝出公租房申请者伪造证明材料、违规转租公租房、长期拒缴租金等失信行为；湖南省长沙市公租房保障对象将公租房转租经营麻将房；东莞、佛山、深圳等城市出现公租房申请遇冷现象。这一系列由公租房引起的纠纷和灾祸浮出一系列不可回避又让人深思的问题：公租房是什么？什么样的人可以获取公租房？这些误保现象导致的公租房政策运行中的违法、违规、失范等案件，其背后的原因直指公租房保障对象的精准甄别问题，即谁该保、谁不保，甄别的标准是什么？

2016 年中央经济工作会议提出："房子是用来住的、不是用来炒的。"住房租赁市场已经成为房地产市场的重要组成部分，得到了大力发展。习近平总书记指出："保障性住房建设是一件利国利民的大好事，但要把这件好事办好、真正使需要帮助的住房困难群众受益，就必须加强管理，在准入、使用、退出等方面建立规范机制，实现公共资源公平善用。要坚持公平分配，使该保障的群众真正受益。"由此可见，中共中央对涉及民生的保障性住房问题高度重视。

在两房并轨运营以前，公租房政策倾向于三类保障对象：家庭收入中等偏下住房困难的人员、新就业人员和达到居住年限且收入稳定的外来务工人员。两房并轨运营以后，公租房将原来由廉租房政策保障的城镇低收入群体纳入保障范围。建保〔2013〕178 号文提出，各地可以在综合考虑保障对象的住房困难程度、收入水平、申请顺序、保障需求以及房源等情况的基础上，合理确定轮候排序规则，统一轮候配租。

经过多年两房并轨政策的实施，公租房管理取得了很多成效，整合了政府资金、完善了租金定价机制、健全了分配管理制度，并轨运行工作正在有效推进。本书在研究过程中发现：公租房在准入管理方面存在明显不足，导致精准甄别保障对象时产生偏差，具体表现在以下三个方面。

第一，两房并轨运行，准入政策融合不畅导致保障对象识别模糊。两房并轨之前，公租房保障政策侧重保障中低收入群体的住房问题，解决的是短期的住房困难问题；廉租房政策则以低收入群体为对象，解决的是长期的住房困难问题。2014年以后，两房政策合并，而各地公租房政策只对保障对象准入条件进行了原有政策的简单归并，其准入门槛和保障标准不同，直接造成了保障对象的识别存在定位模糊和对象错位。

第二，"双线制"指标缺乏多维性，直接导致了住房保障政策缺乏科学合理的准入机制。所谓"双线制"，就是以家庭收入水平和住房面积两类指标作为限制线。"双线制"简单易行，但评价申享家庭住房状况时，不考虑家庭规模、家庭承担的照护负担、公平性等非收入和非住房面积等影响住房状况的因素，并不能全面评价申享家庭的真实住房状况。

第三，评价体系缺少动态机制，无法及时清退已超出保障范围的公租房享受者，造成了国家公共住房资源的利用效率低下。

这些问题究其源头，就是公租房保障对象的瞄准偏差，直接影响到公租房准入政策的执行效果。同时，跳过"入门关"的基础问题不解决，公租房保障的需求与供给、建设与运作模式等上层问题的研究就是"空中楼阁"。在此背景下，本书以公租房保障对象甄别指标为出发点展开研究，具有较高的理论意义和实践意义。

1. 拓展公租房甄别指标的研究方法

基于公租房相关文献与准入政策实践的对比研究，从非住房类和非经济类因素，评价申享家庭的真实住房状况。引入多维贫困测量方法，拓展公租房原有的"双线制"甄别指标，为公租房保障对象甄别指标研究搭建新框架，丰富公租房甄别指标的理论研究。

2. 提供解决新市民住房问题的路径

为解决大部分新市民进城存在商品房购买力不足的问题，本书试图通过削弱公租房领域户籍的福利价值，构建以申享家庭在当地稳定就业为依据的公租房福利门槛，将其作为保障对象甄别指标之一，以替代原来以户籍区别身份的排斥性甄别指标，建立外来人口获取城镇住房保障新机制，改变公租房保障制度依赖户籍作为细分城镇住房困难群体和外来务工住房困难群体的单一渠道。

## 二、国内外研究综述

从已有的文献来看，国外关于公租房相关的研究由来已久，通过 EBSCO 检索主题词"public housing""affordable housing"可以搜索到相关国外研究文献共 3 856 项。国内的相关研究起步较晚，且早期研究以"经济适用房"为主，如 1995 年田波发表的论文《经济适用房——未来中国房市的主旋律》，以"公租房"为题的文献一直到 2009 年才开始出现，CNKI 期刊数据库中篇名包含"公共租赁住房"和"公租房"的论文自 2009 年至今共计近 5 000 篇。

无论国内还是国外，关于公租房的研究都跟随社会发展过程经历了三个阶段。公租房政策出台之前是第一阶段，侧重点是关于消除社会住房矛盾的住房改革研究，如讨论国家和利益集团政治在住房政策制定中的作用（Marcuse，1978；Krumholz，2004；Hoffman，2008）、政策借鉴研究（Anderson，1990；宋博通、赖如意，2019）等。公租房政策出台之初是第二阶段，多从两个方面研究如何解决公租房供需矛盾，一方面从需求视角开展识别和衡量住房问题的研究，如传统住房支付能力衡量相关的问题研究（Hulchanski，1995）、剩余收入法（Michael Stone，2006）、住房＋交通指数（Tegeler & Bernstein，2011）、机会获取指标（A.Powell，2005）、保障性住房的准入标准研究（刘广平，等，2015）、生命周期决定住房需求（吴开泽，等，2018）等；另一方面则从供给视角关注消除制约住房生产的障碍。第三阶段是在公租房政策逐渐成熟，基本实现"居者有其屋"之后，主要研究都围绕着如何提高政策效果和社会效率的问题展开，如经济适用住房部门的能源消耗（Reaves et al.，2016）[1]，主公共住房的犯罪预防和控制效应（William，2018）[2]，主关于高贫困社区、健康社区和住宅流动性项目问题（Chaskin and Robert，2016）[3]。

[1] REAVES D, CLEVENGER C M, NOBE M, et al. Identifying Perceived Barriers and Benefits to Reducing Energy Consumption in an Affordable Housing Complex[J].Social Marketin Quarterly, 2016,22(9): 159－178.

[2] TERRILL W.Banishment Policies: establishing parameters and assessing effectiveness[J]. Criminology & Public Policy. 2018, 17(4): 939－944.

[3] CHASKIN, ROBERT J. Between the Idea and the Reality: Public Housing Reform and the Further Marginalization of the Poor[J].City & Community, 2016,15 (4):372－375.

由于我国公租房政策尘埃未定，国内研究还停留在第二阶段，本书从需求视角对公租房保障对象进行研究，通过文献梳理发现国内外学者关于公租房保障对象的研究成果主要集中在三个方面：一是对保障对象覆盖范围的研究；二是对保障对象界定标准，即保障对象甄别指标的研究；三是对保障对象甄别机制的研究。

### （一）关于保障对象覆盖范围的研究

关于保障对象覆盖范围，早期学者普遍认为住房保障政策应该以低收入群体为主要帮扶对象。美国学者 Friedman 认为公共住房的目标对象是低收入家庭[1]，称为"湮没的中产阶级"（Bratt，1989）[2]，无力在私有市场上购买住房的勤劳的工薪家庭，他们收入微薄，但非常努力奋斗，偶尔也会失业，而且有相当一部分人获得公共资助，他们都积极争取过上更好的生活（Fuerst，2003）[3]。随着世界经济的蓬勃发展，个别学者从理想主义出发也提出了不同的观点，瑞典学者 Eva Hedman 主张公租房应面向所有公民开放，不仅仅针对特定目标群体，即每个公民都应当享受到政府的住房保障[4]。

中国学术界对保障对象覆盖范围的研究以评价政策实践为主，普遍认为公租房保障对象的覆盖范围过窄，城市流动人口（农民工）被排除在保障范围外是不合理的。尚教蔚认为农民工群体在城镇化进程中为城市建设做出了贡献，但其在城市务工期间住房问题突出。牛丽云等主张重新构建适应新生代农民工需求特点的租赁住房保障制度[5]。崔永亮等基于城镇与农村在经济、自然条件、产业结构和家庭特征方面存在的差异提出将住房保障对象划分为城镇与农村两类[6]。

---

❶ FRIDEMAN S, SQUIRES A G D. Does the Community Reinvestment Act Help Minorities Access Traditionally Inaccessible Neighborhoods?[J]. Social Problems, 2005, 52(2): 209−231.

❷ BRATT R G. Rebuilding a low−income Housing Policy[M]. Philadelphia: Temple University Press, 1989.

❸ FUERST J S. When Public Housing Was Paradise: Building Community in Chicago[M]. West−port, CT: Praeger, 2003.

❹ HEDMAN E. A History of the Swedish System of Non−profit Municipla Housing[M]. Stockholm: Swedish Board of Housing, Building and Planning, 2008.

❺ 牛丽云, 齐潞菲, 刘玲璞. 新生代农民工住房保障问题研究——以保定市为例 [J]. 建筑经济, 2013(11): 18−21.

❻ 崔永亮, 吕萍, 张远索. 住房保障对象的覆盖范围、类别划分与保障需求 [J]. 现代经济探讨, 2014(4): 13−17.

### （二）关于保障对象甄别指标的研究

国内外大多数学者关于保障对象界定标准的研究主要集中在收入水平、住房状况和户籍三个指标之下进行，但对于这些指标纬度的选择则各有侧重，主要包括以下几种观点。

1. 关于收入水平的指标研究

Ball 和 Harloe 认为住房市场供给结构存在一定的排斥性，商品房通过住房市场价格将缺乏支付能力的人排斥在商品房之外，而公共住房则通过收入限额和申请轮候时间等因素将不符合条件的人排除在保障性住房体系之外[1]。因此，如果想要获得公共住房保障资格，必须要满足一定的收入准入标准，才能实现住房弱势群体的利益[2]。

（1）关于收入水平标准，学者主张以家庭为单位进行准入评价，同时要建立动态收入监控机制。

以家庭为单位进行准入评价。Feldman 提出住房问题往往都是由家庭收入不足导致的[3]。王婷婷、刘晶认为应按"年人均收入限值"划分出针对不同家庭规模的参考准入标准。[4]郭凤玉、马立军也持此观点，并提出利用统计中的格点搜索法，确定"中低收入组"家庭的年人均收入上限值[5]。

动态收入联网监控。张琪认为保障性住房对申请对象的收入审查应该从个人信用、收入申报、个人财产和不动产登记等方面建立多部门联网监控系统[6]。常志朋等借鉴 A-S 模型分析思路，采用固定租金、比例租金和混合租金三种情景对公租房保障对象的收入支付能力进行测量，从收入申报的角度，探讨提高抽查率、加大惩罚力度、提高奖励力度和增加收入等对保障对象的收入申报遵从行为的影响，并提出完善公租房保障对象收入申报机制的建议[7]。

[1]  BALL M, HARLOE M. Rhetorical Barriers to Understanding Housing provision: What the Provision is Thesis a and is not[J].Housing Studies, 1992(1): 3-15.

[2]  LUND B. Undstanding housig policy[M]. Bristol:Policy Press, 2011.

[3]  FELDMAN R. The Affordable Housing Shortage: Considering the Problem, Causesand Solutions[J]. The region, 2002, 16(3): 6-9, 42-45.

[4]  王婷婷,刘晶.基于家庭收入的保障性住房标准研究 [J].统计研究, 2011, 28(10): 22-27.

[5]  郭凤玉,马立军.住房保障对象家庭收入标准确定问题研究 [J].2014(9): 111-114.

[6]  张琪.保障房的准入与退出制度研究：一个国际比较的视角 [J].社会科学战线, 2015(6): 68-73.

[7]  常志朋,张增国,崔立志.公租房保障对象收入申报管理研究 [J].建筑经济, 2016, 37(10): 81-85.

（2）关于收入标准线的测算值，学者普遍认为相对值更加合理。

第一类相对值是比率。美国学者（Eggers and Moumen[1]，2008；Pelletiere[2]，2008）认为住房负担能力与住房成本和居民收入有关，将住房支出占收入比重的 30% 作为衡量住房成本负担能力的标准。

第二类相对值是剩余收入。Stone 运用收入余额指标研究了美国家庭的住房支付能力，认为一个家庭真实住房支付能力的更好的计算方法是家庭可支配收入与基本合理水平的非住房需求成本之差[3]。Thalmann 采取收入余额法来研究低收入群体由于高租金而产生的住房支付能力问题[4]。Bramley 等在研究英国可支付住宅问题时指出：收入余额方法相对于住房消费比例方法是一种更加严密的方法[5]。在此基础上，余凌志、屠梅曾将住房支付能力区分为由于需求和供给不足导致的四种住房支付能力不足[6]。董德坤以青岛市为例，应用剩余收入法构建居民住房支付能力模型[7]。

第三类相对值是住房可支付性指数。吴翔华等通过建立租房可支付指数模型的测算方法推导出公租房保障对象收入线[8]。况伟大、丁言豪基于恩格尔系数构建住房可支付指标[9]。

❶ EGGERS F J, MOUMEN F.Trends in Housing Costs: 1985−2005 and the thirty−percent−of−income standard[R]. WDC: Report prepared for U.S.Department of Housing and Urban Development, Office of Policy Development and Research), 2008.

❷ PELLETIERE D. Getting to the Heart of Housings Fundamental Question: How much can a family afford[R]. WDC: National Low Income Housing Coalition.

❸ STONE M E. Shelter Poverty: New Ideas on Housing Affordability [M]. Philadelphia PA: Temple University Press, 1993.

❹ THALMANN P. 'House Poor' or Simply 'Poor' ?[J].Journal of Housing Economics, 2003, 12(4): 291−317.

❺ BRAMLEY G, KARLEY N K. How Much Extra Affordable Housing is Needed in England?[J]. Housing Studies, 2005(9): 685−715.

❻ 余凌志, 屠梅曾. 基于收入余额指标的城镇低收入家庭住房支付能力评价模型 [J]. 上海交通大学学报, 2008, 42(8): 74−76.

❼ 董德坤, 张俐, 陆亚萍. 保障性住房准入标准线的测度——基于青岛市居民支付能力的研究 [J]. 价格理论与实践, 2018(8): 68−72.

❽ 吴翔华, 王剑, 蒋清洁. 关于住房保障收入线确定的研究——以南京市配租型住房为例 [J]. 价格理论与实践, 2014(12): 52−54.

❾ 况伟大, 丁言豪. 中国城市居民住房支付能力的时空分布研究——35 个大中城市的租金负担能力分析 [J]. 价格理论与实践, 2018(10): 16−19.

2. 关于住房状况的指标研究

（1）学者从多维度对住房状况标准进行了讨论。

吴翔华、王竹从建筑设计标准、家庭生命周期和保障收入线三个维度，探索了保障性住房面积标准[1]。贾淑军提出"住房困难"标准应进一步细分，将保障对象住房条件界定为"无房""有房但住房困难"两类[2]。崔光灿、廖雪婷认为须从现有住房面积大小、房间数、空间设计等方面解决中低收入人群住房困难问题[3]。

（2）关于住房状况的标准线，学者主要通过两种排序来界定。

第一种排序是类型排序。王向前[4]从保障房立法的角度提出只能按照"选择性"原则，结合住房困难程度确定救助顺序。侯淅珉[5]进一步对住房困难程度做了明确的界定，细分了住房困难的类型，并提供了测算住房困难程度的工具，构建了住房困难发生率、住房困难差距率和住房困难强度三个测算工具，将保障对象细分为持久性住房困难、暂时性住房困难和脆弱性住房困难三种类型。

第二种排序是状态排序。刘祖云、毛小平[6]从住房分层的角度研究住房保障的对象的困难程度，将人群住房状况划分成三种状态，即住房状况一般、住房较贫困、住房贫困，并建议政府住房保障优先考虑的人群应该是既无能力买房又无能力租房的住房困难户。

3. 关于户籍的指标研究

国外对公共住房申享的户籍标准具体体现为公民权，即公共住房的申请者必须是本国公民。中国户籍制度自古就有，沿用至今导致了公租房申请的户籍限制，国内研究界关于户籍指标分歧较大，主要围绕着户籍指标是否必要来展开。

认为户籍指标没有必要存在的观点包括以下几点。吴宇哲等认为现行的保

---

[1] 吴翔华, 王竹. 基于多维度模型的城镇住房保障面积标准研究 [J]. 统计与决策, 2017(18): 40-44.

[2] 贾淑军. 城镇住房保障对象标准界定与机制构建 [J]. 经济论坛, 2012(7): 92-95.

[3] 崔光灿, 廖雪婷. 产权支持与租赁补贴：两种住房保障政策的效果检验 [J]. 公共行政评论, 2018,11(2): 20-35.

[4] 王向前, 庞欢.《住房保障法》应当如何确定保障对象 [J]. 工会博览, 2011(8): 42-44.

[5] 侯淅珉. 基于社会福利的住房保障准入条件、模式与策略研究 [D]. 武汉：华中科技大学, 2013.

[6] 刘祖云, 毛小平. 中国城市住房分层：基于 2012 年广州市千户问卷调查 [J]. 中国社会科学, 2012(2): 94-109.

障性住房逐渐打破户籍的藩篱❶。吴翔华等主张降低落户门槛，从根本上解决和改善外来务工人员在城市的住房问题❷。周青认为户籍登记制度会在保障性住房领域形成相对较为"宽松"的城市"居民"入籍条件❸。

认为户籍指标有必要存在的观点包括以下几点。方琴认为公租房的准入标准对户籍的要求可分为三种情况：需持有当地户籍、有条件无须当地户籍、无户籍限制❹。

齐慧峰、王伟强认为城镇住房保障制度仍以户籍制度为基础，未突破本地户籍与外来人口的二元分割困境，并从人口流动的角度，提出要明确各级政府的事权与责任，主张建立满足家庭化流动人口与新生代农民工的住房保障需求❺。

**（三）关于保障对象甄别机制的研究**

国内外对公租房保障对象从不同的角度进行研究，主要涉及公租房的供给需求角度、保障对象评价过程中存在的博弈过程和公租房的匹配机制等方面。具体研究如下：

1. 基于供给需求研究视角的甄别机制

基于供给需求研究视角的甄别机制主要包括三类：住房状况四因素甄别机制、外来务工人员甄别机制、青年申享者甄别机制。胡国平、韦春丽从保障对象住房需求的视角，认为只有住区环境、个体特征、家庭特征、住房特征四大类因素设置合理的保障性住房准入指标，才能使急迫需要租购保障房的家庭从中受益❻。

路征等也从公租房需求的角度，对成都市 426 名外来务工人员进行调查，利用线性回归模型和有序响应 probit 模型实证分析了外来务工人员的年龄、租金、申请标准、房屋结构等，发现其对公租房需求的影响程度较大❼。胡吉亚

---

❶ 吴宇哲, 王薇. 非户籍人口城市落户的住房难点及解决途径 [J]. 南通大学学报 ( 社会科学版 ), 2018,34(2): 53-59.

❷ 吴翔华, 徐培, 陈宇崴. 外来务工人员住房租购选择的实证分析 [J]. 统计与决策, 2018, 34(14): 99-102.

❸ 周青. 基于供给侧改革的城市保障性住房供需平衡研究——以广西南宁市为例 [J]. 广西社会科学, 2016(7): 17-22.

❹ 方琴. 我国主要城市公租房准入和退出机制现状研究 [J]. 现代商贸工业, 2012, 24(7): 42-43.

❺ 齐慧峰, 王伟强. 基于人口流动的住房保障制度改善 [J]. 城市规划, 2015(2): 31-37.

❻ 胡国平, 韦春丽. 保障性住房租购选择研究 [J]. 中国人口·资源与环境, 2017, 27(7): 120-127.

❼ 路征, 杨宇程, 赵唯奇. 城市外来务工人员公租房需求与影响因素分析——基于成都外来务工人员的调查 [J]. 湖南农业大学学报 ( 社会科学版 ), 2016, 17(4): 89-95, 102.

主张对处于不同层次的青年人群应制定不同的准入标准，全方位覆盖有住房困难的青年人群[1]。

2. 基于公租房匹配视角的甄别机制

公租房与保障对象是否能有效匹配逐渐引起学者的关注，主要集中在两个方面：一是从正向匹配角度进行研究，二是从反向不匹配角度进行研究。大多数学者认为公租房的分配要建立合理的、健全的准入和轮候制度。

关于正向匹配角度的甄别机制包括以下几个：Asinowski 的多元属性的匹配模型[2]，葛怀志、张金隆基于公理设计和功能过剩的公共住房撮合分配多目标优化决策模型[3]，刘潇等依据保障家庭的住房偏好和公共住房的实际属性值构建彼此在各个关键属性上的子匹配度评价体系[4]。

关于反向不匹配角度的甄别机制包括以下几个：Saleh 构建的房屋不匹配模型[5]，Kumaga借助水表的数据评价空置现状[6]、Radzimski 提出了专门针对降低空置率的政策建议[7]。

3. 基于其他视角甄别机制

排斥标准甄别机制。钟裕民从排斥机理出发，基于"谁不应得到"和"谁没有得到"双重视角，从身份排斥（户籍）、经济排斥（财产、收入等经济因素）、门槛排斥（学历、经历、技术、住房面积等）、权利排斥（住房权）和不当行为排斥等方面构建了保障性住房准入政策的排斥标准[8]。

[1] 胡吉亚 . 以供给侧结构性改革保障青年群体"住有所居"——以北京市保障性住房为例 [J]. 中国青年社会科学 , 2017, 36(2): 58−63.

[2] ASINOWSKI A, KESZEGH B, MILTZOW T. Counting houses of Pareto optimal matching in the house allocation problem[J].Discrete Mathematics, 2016, 339(12): 2919−2932.

[3] 葛怀志，张金隆 . 基于公理设计和功能过剩的公共住房撮合分配方法 [J]. 中国管理科学 , 2015, 23(1): 111−120.

[4] 刘潇，马辉民，张金隆，等 . 一种基于多属性双边匹配的公共住房分配方法 [J]. 中国房地产 , 2015(9): 48−61.

[5] SALEH A F A, HWA T K, MAJID R. Housing Mismatch Modelin Suburban Areas[J]. Procedia−Social and Behavioral Sciences, 2016(234): 442−451.

[6] KUMAGAI K, MATSUDA Y, ONO Y. Estimation of Housing Vacancy Distributions: Basic Bayesian Approach Using Utility Data[J].ISPRS−International Archives of the Photogrammetry, Remote Sensing and Spatial Information Sciences, 2016, XLI−B2: 709−713.

[7] RADZIMSKI A. Changing policy responses to shrinkage: The case of dealing with housing vacancies in Eastern Germany[J]. Cities, 2016(50): 197−205.

[8] 钟裕民 . 政策排斥分析框架及其应用：以保障性住房管理为例 [J]. 中国行政管理 , 2018(5): 70−76.

信号甄别机制。陈标提出进一步完善住房保障对象的信号甄别机制 **❶**。

## （四）评述与结论

综上所述，国内外学者关于公租房保障对象的研究文献近年来呈不断增长的趋势，涉及的范围还是比较全面的，显示出学界对该问题的关注程度很高，但对公租房保障对象甄别的研究相对较少，且现有研究在四个方面存在缺陷。

第一，缺少对公租房保障对象甄别指标体系的研究。关于公租房保障对象论题的研究内容集中在公租房应该保障的群体范围，对系统识别公租房保障对象的研究较少。对于采用何种科学的方法来度量住房贫困程度，如何精准对接保障对象等问题，虽然学者也选用了不同的视角、方法和区域进行了论述，形成了一些可行的方法和措施，但多数研究都只针对单一方向进行论述，缺乏系统框架。

第二，忽视了住房需求急迫程度和在地社会贡献指标。在对公租房保障对象具体甄别指标进行研究的过程中，学者最为重视的是申享者的住房面积与收入水平，极少见到描述住房需求急迫程度和在地社会贡献等的指标，由此，不能全面了解申享家庭真实的住房状态，难以实现对公租房保障对象的瞄准。

第三，现有的研究都意识到户籍与公租房准入政策捆绑造成的公租房福利待遇的差异，但对如何将户籍与公租房福利松绑，找到户籍与公租房保障对象身份剥离的路径，推进公租房保障对象准入机制，去户籍化，构建新的替代公租房户籍门槛的指标未做深入研究。

第四，对收入限额标准和住房面积限额标准的测量始终没有形成定论。现有的研究侧重于采用不同的研究方法测量收入限额和住房面积限额的边界线，但从未解决不同地区经济发展水平不同对其造成的差异。

综上所述，本书将借鉴多维贫困理论来测量住房贫困，系统搭建以"住房困难程度与商品房购买力"双导向的多维住房贫困对象甄别指标体系，尝试进行补充性研究。

---

❶ 陈标.住房保障对象的甄别机制研究 [J]. 现代经济探讨 ,2014(11): 10–13.

### 三、研究目标

本书研究目标是通过构建"住房困难程度与商品房购买力"双导向的多维住房贫困对象甄别指标体系，为公租房政策的制定和实施提供理论框架，拟解决三个实际问题。

第一，对申享家庭的住房困难程度和商品房购买力进行识别，完成申享对象的瞄准，解决保障对象的范围确定问题。

第二，对申享家庭的住房需求急迫程度和在地社会贡献进行甄别，解决对符合条件的申享家庭实施保障排序问题。

第三，按保障对象的住房需求提供保障方式和保障产品，有效解决住房困境，通过指标瞄准，实现公租房资源配置精准匹配，具体如图1所示。

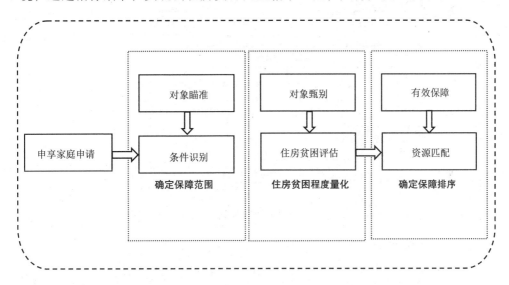

**图 1　公租房保障对象甄别流程图**

### 四、研究思路和方法

#### （一）基本思路

本书的研究目标是要动态多维度审视公租房保障对象的甄别指标，多角度分析公租房保障对象甄别过程中存在的问题，最终构建"住房困难和商品房购买力"双导向的多维住房贫困对象甄别指标体系，运用该指标体系精准甄别住房困难家庭，达到"房—人"高效、精准匹配，研究思路如图2所示。

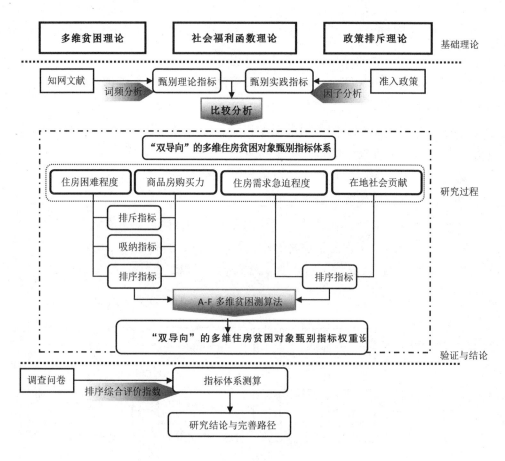

图2　研究思路

## （二）研究方法

本书的研究方法包括三个方面：一是资料收集与整理方法；二是维度构建的分析方法；三是指标检验的研究方法。

1.资料收集与整理方法

（1）文献研究法。

通过查阅国内外关于公租房保障对象甄别研究的文献，了解最新研究进展，归纳总结出常见的甄别指标和甄别方法，为本书公租房保障对象甄别指标维度的确定提供一定的借鉴。

（2）政策分析方法。

运用网络爬虫技术抓取中国各地保障性住房政府官方网站关于公租房准入

政策的文件，并对获取的政策样本进行数据清洗、处理和文本挖掘，分析公租房保障对象甄别指标关注的焦点问题，根据公租房政策目标寻找甄别指标设置的维度。

（3）问卷调查法。

在文献分析和政策分析的基础上，设计公租房保障对象甄别指标的调查问卷，获取不同群体的住房情况、收入水平、财产状况、消费支出情况、家庭人口特征、户籍等数据，并使用数据进行指标体系的验证。

2.维度构建的分析方法

（1）词频分析。

基于知网120篇文献样本，确定主题词（关键词），通过统计主题词（关键词）的频次排序，结合公租房准入领域的相关理论，分析高频词所承载的指标内容，将指标内容进行分类，作为理论文献研究的公租房甄别指标。

（2）因子分析法。

对网络信息爬虫技术获取的公租房准入政策实践数据，采用因子分析方法，根据各因子的得分及其在全部因子方差贡献率中所占的比例，提取公租房保障对象甄别实践指标体系。

（3）比较研究法。

公租房保障对象甄别指标研究在理论文献与政策实践中存在共性和差异性，本书将理论文献样本与准入政策实践样本进行对比分析，提取共性指标，分析差异存在的原因，找出公租房保障对象甄别存在的问题，构建"双导向"的多维住房贫困对象甄别指标体系。

3.指标检验的研究方法

（1）排序综合评价方法。

根据"双导向"的多维住房贫困对象甄别指标体系，结合公租房保障对象甄别问卷调查数据，对不同指标数据进行同度量处理，采用均等权重，使用综合评分法中的简单线性加权法，计算公租房申享家庭综合评价指数并排序。

（2）A–F多维贫困测算法。

通过理论文献与政策文件的比较分析，得出公租房保障对象的共性维度，对住房困难程度、商品房购买力维度的一些具体指标设定一个临界值，即剥夺标准，根据是否超出临界值来甄别公租房申享家庭是否在该指标上遭受剥夺。本书重点测量在住房困难程度和商品房购买力两个维度上处于贫困个体的多重剥夺。当住房困难程度和商品房购买力两个维度的"一票否决性"指标不存在剥夺时，则申享家庭被认为处于非住房贫困状态，即使该申享家庭在其他一维处于住房贫困状态。

### 五、创新与不足之处

本书的主要创新之处如下：

（1）构建以"住房困难程度和商品房购买力"双导向的多维住房贫困对象甄别指标体系。

打破以"住房面积和收入"甄别的双线制，从住房困难程度、商品房购买力、住房需求急迫程度、在地社会贡献等多维度，研究公租房保障对象甄别机制，为公租房准入政策提供新的研究框架。

（2）改进 A–F 多维贫困测算方法并用于甄别公租房保障对象。

采用文献数据与准入政策实践数据比较研究方法，将多维贫困理论运用到住房贫困对象的甄别中，改进 A–F 多维贫困测算方法，采用双导向的核心指标与辅助的排序性指标相结合，为保障对象排序综合评价提供新的研究方法。跳出以往甄别指标的双线制，给出了住房贫困对象更为客观准确的分类，有助于细化公租房保障对象研究，并提供差异化的公租房产品，以提高公租房的配租效率。

以往的研究基于公租房供给需求视角来界定保障对象范围或对保障对象评价过程中存在的博弈行为进行研究，这两种方法均存在局限性。前者虽然能确定保障对象范围，但更侧重于对公租房供给需求影响因素的分析，后者能得出政府与申请者之间的博弈模型，但无法对保障对象类型做进一步划分。本书从社会学视野进一步跟进，从住房贫困精准识别的视角尝试改进。

（3）构建住房恩格尔系数和家庭养老抚幼，照顾病残负担系数。

使公租房管理机构能根据住房支付困难程度和家庭分担的社会责任，保障不同收入水平和不同住房需求急迫程度的家庭享受不同层次的公租房保障政策，不搞"一刀切"，能因时、因地施政。另外，将住房面积指标和收入限额指标由临界值变为排序值，解决了公租房准入政策因不同地区住房面积限额和收入限额划分标准而产生的差异。

（4）按住房需求层次搭建户籍与公租房福利解绑路径。

以双导向的四维甄别指标排序综合评价指数测算申请对象住房需求层次，按不同需求层次将保障对象界定为四种类型，即生存型、环境改善型、家庭保障型和自由发展型，并对四类对象实行分类管理，按类型提供保障方式和差异化公租房产品。解除户籍对公租房保障对象身份的捆绑。

关于公租房保障对象甄别指标研究还有不足和未尽之处，后续可以继续深入研究。

1. 调查问卷样本量有待扩大，以验证多维指标对保障对象的识别效果

本书对公租房保障对象甄别的调查问卷样本量偏小，后期可以加大全国公租房申享家庭数据的收集力度，从申请家庭和已获取保障家庭两个方面进行大样本数据收集，并进行指标甄别准确率的回归分析，检验指标使用的识别效果。

2. 未将公租房领域社会责任成本的家庭分担与补偿进行量化研究

现行的公租房制度未能从申享家庭承担社会责任的高度设计公租房准入机制，未能更好地体现申享家庭对住房需求的急迫程度，尤其在赡养老人、孕育抚养子女、照顾家庭残病成员的情况下，迫使整个家庭的住房风险加大，而准入政策没能为其提供补偿机会。因此，后续在公租房领域可以深挖政府、用人单位应该承担的社会责任向家庭责任转嫁的量化成本，构建切实可行的责任分担补偿机制。

3. 对户籍与公租房保障待遇剥离未做深度研究

现有户籍制度在公租房领域实际扮演了住房福利和住房利益分配载体的角色。因此，户籍制度在公租房领域的改革不是如表象所见的人口迁移的登记制度，而是剥离附着在户籍上的公租房待遇的不公。本书虽然构建申享家庭"在地社会贡献"维度指标，通过利益扩散的方式使户籍与公租房有一定程度的松绑，但远未达到剥离的效果。因此，值得在后续研究中继续探索，为公租房准入政策的顶层设计，提供不以户籍划分保障对象的新路径，使户籍改革倒逼公租房制度改革，让户籍与公共住房福利彻底脱钩，以彰显政策的公平。

4. 对住房恩格尔系数指标的使用不够深入。

本书虽然提出住房恩格尔系数的概念，并基于此研究对申享家庭的住房困难程度做了划分，但是在指标测算中，住房恩格尔系数仅起到住房贫困排序的作用，未起到门槛拦截作用。在后续研究中可尝试将其设置成临界值，由排序性指标变为排斥性指标，进一步缩小保障对象甄别范围，并选取样本城市做深度量化实证研究，提出完善商品房购买力甄别维度指标的针对性建议。

# 第一章 核心概念与理论基础

本章在对公共租赁住房、保障对象、甄别指标等基本概念进行界定的基础上，运用福利函数理论、多维贫困理论和政策排斥理论探讨公租房保障对象甄别问题。

## 第一节 核心概念界定

本节主要界定公共租赁住房、保障对象、甄别指标三个核心概念，并详细阐述了公共租赁住房的特征、公共租赁住房与其他保障性住房的关系和家庭范围、家庭人均建筑面积、家庭财产等具体的甄别指标的概念。

### 一、公共租赁住房

#### （一）概念界定

学术界与政策实践对公共租赁住房（以下简称"公租房"）的概念还没有形成一个统一的提法。

学者对公租房的界定关注更多的是公租房在整个住房保障体系中的定位（吴宾、徐萌，2017）、公租房保障范围的界定及划分（马秀莲、范翻，2020；武妍捷、牛渊，2018）、公租房与其他住房保障产品的区别（刘广平、陈立文，2016）等方面。

政策实践界定多见于相关法规。中华人民共和国住房和城乡建设部在2012年颁布的《公共租赁住房管理办法》中对公租房给出了一个指导性的定义，公共租赁住房是指限定建设标准和租金水平，面向符合规定条件的城镇中等偏下收入住房困难家庭、新就业无房职工和在城镇稳定就业的外来务工人员出租的保障性住房。围绕中华人民共和国住房和城乡建设部颁布的《公共租赁住房管理办法》，各级政府相继出台了适用于地方特色的公共租赁住房相关政策，如《北京市公共租赁住房管理办法》《重庆市公共租赁住房管理暂行办法》《武汉市公共租赁住房租赁管理暂行规定》《上海市发展公共租赁住房的实施意见》等。

总结地方政府的政策实践，发现他们对公租房的定义存在一定差异，但无论哪一种界定，公租房在各地政策实践中有以下三种共性特征。

第一，明确公租房实施主体由政府主导。政府是保障性住房的兜底人，直接参与或间接干预公租房的建设运营等工作。

第二，对公租房保障对象准入条件进行排斥性限定，如收入限定、户型面积限定、租赁期限限定等。

第三，公租房具有准公共品属性，以非营利性为目的。

本书基于2019年《住房和城乡建设部 国家发展改革委 财政部 自然资源部关于进一步规范发展公租房的意见》（建保〔2019〕55号）文件精神，结合学者的理论研究和各地公租房政策实践展开研究。

公租房是为了解决城镇中等偏下收入和新市民（包括新毕业大学生）住房困难的政策性保障住房，由政府主导，具有非营利性。公租房是中国现行住房保障体系的主力军，在解决群众住房问题中起到"补位"作用。

### （二）公租房与其他保障性住房的关系

中国住房保障产品在2014年以前主要有四种类型：廉租房、经济适用房、限价房和公租房。

廉租房只面向城镇最低生活保障标准的居民，即低保户群体，向其提供租金补贴（为主）或实物配租（为辅）。

经济适用房是面向城镇中低收入家庭出售的产权式住房，价格低于同期市场房价，且未超出中等偏低收入家庭的支付能力，既具有经济性又具有适用性。

限价房又称为"政策性商品住房"或"两限"商品房。它既限制地价，也限制房价，主要针对既没有资格购买经济适用房，又无力购买商品房的社会群体，是一种中低价位、中小套型的普通商品房。

公租房相对于经济适用房和廉租房来说，出现的时间较晚，大力建设始于2010年以后。从2014年起，廉租房并入公租房，实行并轨运行，统称"公租房"。公租房的保障范围变得更加宽泛，包括城镇低收入住房困难家庭、中等偏下收入住房困难家庭、新就业无房职工和稳定就业的外来务工人员等住房困难群体。

公租房与廉租房、经济适用房和限价房既有联系，又有区别。它们共同构成中国住房保障体系，使不同收入阶层均享受到社会保障制度带来的住房福利，完善了住房过滤机制，鼓励了阶梯式住房消费，解决了低收入人群和"夹心层"的住房问题。但它们在保障对象、保障标准和保障方式等方面又各有不同，具体如图1-1所示。

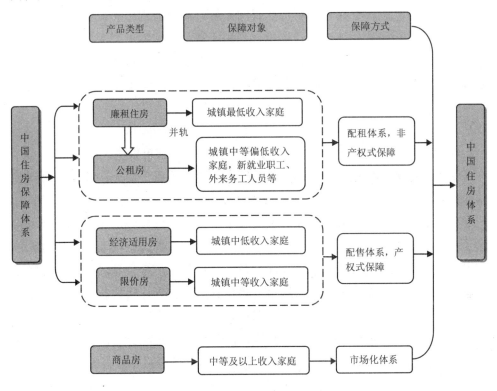

**图1-1 住房体系框架图**

从图1-1中可以看出，公租房（含廉租房）与经济适用房、限价房三者保障对象的覆盖范围不同，只面向中等、中低、低收入住房困难家庭。

保障标准也有所不同，即保障房面积标准和价格补贴标准各有不同。在保障房面积标准上，公租房和廉租房要求在规定标准以内，但经济适用房面积存在较大差异。公租房单套建筑面积要严格控制在60平方米以下[●]；廉租房人均

● 中华人民共和国住房和城乡建设部.关于加快发展公共租赁住房的指导意见[EB/OL].（2010−06−13）[2021−09−22].http://www.mohurd.gov.cn/gongkai/fdzdgknr/tzgg/201006/20100613_201308.html.

住房建筑面积控制在13平方米左右，套型建筑面积控制在50平方米以内❶；经济适用房建筑面积控制在60平方米左右❷。另外，价格补贴标准包括对产权性质保障房的土地价格补贴标准和非产权性质保障房的租金补贴标准。由于各地保障能力、职工收入水平和市场房屋租赁价格水平差异较大，各地确定的补贴标准也不尽相同。

在保障方式上，存在是否获得产权的差异。经济适用房和限价房采用产权式保障，而公租房采用非产权式保障，只租不售。从保障形态上，存在补贴形式的差异。非产权式保障住房，如公租房（含廉租房）既可实物配租，又可现金补贴；产权式保障住房，如经济适用房和限价房只采用配售实物的形式。

## 二、保障对象

保障对象实质上指公共租赁住房保障主体是谁，谁可以进入的问题。

学术界认为，公租房保障对象指单纯依靠自身购买力而无法解决住房问题的住房困难家庭。

各地公租房政策实践对保障对象的界定不统一。部分城市界定的保障对象除了低收入群体，还包括专业人才、特殊人才和引进的高层次人才等。地方政府界定的保障对象还夹杂着引进人才的目的。例如，广东省深圳市公租房保障对象包括了高层次专业人才、行政事业单位初级人员等；福建省厦门市公租房保障对象包括公务员（含教师）、高层次人才等。

因此，明确界定保障对象，使政府部门在执行过程减少自由裁量权，确保公租房保障制度的公平、公正，使其不偏离原有的政策目标显得尤为重要。

鉴于公租房保障对象甄别是公租房准入的基本前提，故本书基于甄别指标层面来界定保障对象的概念。

公租房的保障对象是经甄别指标筛选，符合公租房准入标准的住房困难群体。它既包括公租房的申请家庭，又包括现有的已经获得公租房的享有家庭（简称"申享家庭"）。公租房的享有者之所以成为甄别对象，是因为公租房享

---

❶ 中华人民共和国住房和城乡建设部.住房城乡建设部　发展改革委　财政部关于印发2009—2011年廉租住房保障规划的通知 [EB/OL].（2017−01−20）[2021−09−22].http://www.mohurd.gov.cn/gongkai/fdzdgknr/tzgg/200906/20090601_190618.html.

❷ 中华人民共和国住房和城乡建设部.关于加强经济适用住房管理有关问题的通知 [EB/OL].（2010−04−27）[2021−09−22].http://www.mohurd.gov.cn/gongkai/fdzdgknr/tzgg/201004/20100427_200584.html.

有者会面临退出或再次准入的甄别筛选。保障对象既包括不符合经济适用房购买条件，且无力购买商品房的上夹心层，又包括不符合廉租房申请条件，且买不起经济适用房的下夹心层，具体如图 1-2 所示。

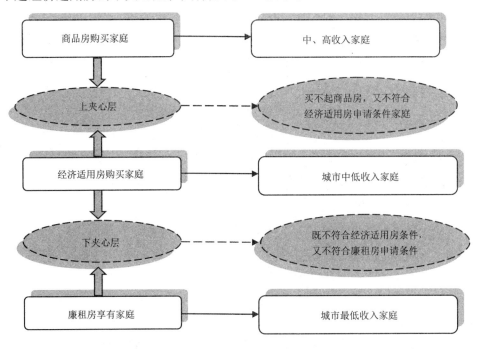

图 1-2　保障对象定位图

### 三、甄别指标

"指标"一词起源于阿拉伯文的"点"一词，它是一种衡量目标的单位或方法，既是一种参照标准，也可以对事物进行相互比较。"指标"一般由指标名称和指标数值两部分组成，它体现了事物质的规定性和量的规定性。指标是在政策、数据、统计的基础上形成的，它可以确定当下所处的状态、要达到的目标和引导目标达成所付出的行动。

例如，《北京市公共租赁住房申请、审核及配租管理办法》中规定："公共租赁住房供应对象主要是城市中低收入住房困难家庭。……申请人具有本市城镇户籍，家庭人均住房使用面积 15 平方米（含）以下；3 口及以下家庭年收入 10 万元（含）以下、4 口及以上家庭年收入 13 万元（含）以下。"

上述政策就是指标，是说明总体综合数量特征的，既包括定性指标，如指标名称（户籍、家庭人均住房使用面积、家庭年收入、家庭人口等），又包括定量指标，如指标数值（15 平方米、3 口、10 万元、13 万元等）。

从公租房的各项政策中可以看出：政策和指标两者紧密相连，一旦政策制定且付诸实施后，相应的指标体系就应该设立，用于检测和评价政策，并使指标随着新政策的实施而做出相应的调整。目前，中国公租房保障对象准入条件就是以住房面积和收入构建的双线甄别指标。

本书所使用的甄别指标是以"住房困难程度和商品房购买力"双导向的多维住房贫困对象甄别的一套适用于政策制定、监测和评价的指标体系。该指标体系在研究中明确两点：一是通过双导向维度的"一票否决性"排斥指标和"一票准入性"吸纳指标，甄别有公租房需求的人；二是通过排序性指标将有限的资源分配给"最急迫、最有需要的人"。具体甄别指标概念界定如下：

**（一）家庭范围的界定**

家庭指具有一定血缘关系、婚姻关系和收养关系的成员所组成的社会组织（《社会学概论》编写组，1985；古德，1986；潘允康，1986）。家庭成员及其之间的关系是构成家庭的基本要素。因此，家庭范围的界定包括两个方面：一方面是家庭成员，另一方面是家庭成员之间的关系（邓伟志、刘达临，1982；刘达临，1983）。

以家庭为单位甄别公租房保障对象，一是现行的公租房准入政策对保障对象的计量均以家庭为单位，无论是单身家庭还是人数较多的大家庭，均以家庭为单位。二是国民习惯以家庭为单位进行居住，符合社会普遍的居住现象。三是以个人为单位涵盖的信息量少，以家庭为单位覆盖的户籍信息量多，操作性强，有利于住房保障部门根据不同家庭人口规模，设计不同的保障性住房产品。

以个人为单位测量住房困难情况不全面，且存在一定口径转换、效率低下的问题，不利于操作。

因此，家庭范围包括家庭中有法定的赡养、扶养或者抚养关系，它由血缘关系、婚姻关系和收养关系相黏合，是与申享人在现实生活中共同居住的成员构成的社会共同体。

**（二）家庭人均住房建筑面积**

家庭人均住房建筑面积是指按居住人口计算的平均每人拥有的住宅建筑面积。

住宅建筑面积是指建筑物各层水平面积的总和，包括使用面积、辅助面积和结构面积。使用面积是指建筑物各层平面中直接为生产和生活使用的净面积。辅助面积是指建筑物各层平面中为辅助生产或辅助生活所占的净面积。使用面积和辅助面积的总和称为"有效面积"。结构面积是指建筑物各层平面中墙、柱等结构所占的面积。

家庭人均住房建筑面积数据获取容易且准确度高，因此结合公租房准入政策实践样本，本书将此指标作为住房面积的三级测量指标。

### （三）家庭收入

家庭收入是家庭成员在一定期限内拥有的全部可支配收入，包括扣除缴纳的个人所得税以及个人缴纳的社会保障支出后的工薪收入、经营性净收入、财产性收入和转移性收入等[1]。

本书从社会保障的角度对家庭收入的范围做了界定，认为家庭收入应当是家庭成员的可支配收入。

家庭成员的可支配收入包括家庭成员可用于最终消费支出和储蓄的总和，即家庭成员可用于自由支配的收入，既包括现金收入，也包括实物收入。家庭成员按照国家规定获得的优待抚恤金、计划生育奖励与扶助金、教育奖（助）学金、寄宿生生活费补助以及见义勇为等奖励性补助不计入家庭收入。

### （四）家庭财产

财产是指拥有的金钱、物资、房屋、土地等物质财富，它具有金钱价值，并受到法律保护。财产按属性可以分为动产、不动产和知识财产（知识产权）三种类型。家庭财产是家庭成员各自所有财产及全体家庭成员或部分家庭成员共同财产的总和。

《城市低收入家庭认定办法》（民发〔2008〕156号）第八条规定：家庭财产是指家庭成员拥有的全部存款、房产、车辆、有价证券等财产。该办法从社会保障的角度对家庭财产的范围做了界定。

本书定义的家庭财产是指家庭财产净值，即家庭财产总额扣除家庭总负债后的净值，是家庭实实在在拥有的家庭财产价值，包括各种实物和金融产品等最明显的东西，不涉及无形资产。

---

[1] 中华人民共和国民政部 . 关于印发《城市低收入家庭认定办法》的通知 [EB/OL]. （2008-10-22）[2021-09-22].xxgk.mca.gov.cn:8011/gdnps/pc/content.jsp?id=12921& mtype=1.

公租房保障对象的家庭财产甄别主要考察实物类财产和金融、货币类财产。实物类财产一般包括土地、房产、收藏品和机动车辆等有价值的实物。其中，土地是以出让方式取得的土地。房产是指购买的商业住宅及停车位等，且房产、土地与借贷情况无关，价值以现估价值为准。收藏品包括字画、古币、瓷器等古董，黄金、白银等贵金属，邮票，货币等。机动车辆包括自用车辆和经营用车辆，残疾人专用机动车除外。金融类财产包括银行储蓄存款（含现金和借出款）、有价证券、企业股份、股票（包括基金和理财产品）、外汇、住房公积金、保险金等项目。

家庭实物财产和金融、货币财产互为补充、互相替代，能从当前财产的实物形态和未来消费需要上评估家庭财产的丰裕程度。通常情况下，家庭实物财产多，家庭金融财产也会相对较多。但在一定时期，家庭财产总量不变的情况下，家庭实物财产增多，金融财产则会相对减少。当金融财产回报率高时，家庭就会减少实物财产的购买，转投金融财产，反之实物财产回报率高时，家庭有可能将金融财产变现为实物财产。

因此，必须从实物财产和金融财产两个方面来测量公租房申享家庭财产的丰裕程度，才能保证对申享家庭商品房购买力甄别的准确性和全面性。

### （五）申享家庭奢侈性消费行为

1. 奢侈性消费

国际学术界在 20 世纪 70 年代以前，对奢侈性消费行为的研究更多关注经济学领域，自 20 世纪 70 年代以后侧重市场营销学领域和消费行为学领域，认为奢侈性消费具有明显的社会属性（Slomon，1983）[1]，试图以人对高端产品的欲求特征构建购买行为决策过程模型（Midgley，1983）[2]，并从文化的角度分析了奢侈性消费的原因（Barkow，1975）[3]，认为文化的差异性会导致人们对奢侈性消费态度的差异。李飞等以奢侈品品牌为研究对象构建了奢侈品品牌形成和成长机理的理论模型[4]。当前，不以炫耀为目的奢侈性消费行为日益普遍，中国

---

[1] SOLOMON M R. The Role of Products as Social Stimuli: A Symbolic Interaction's Approach[J].Journal of Consumer Research, 1983, 10(3): 19−320.

[2] MIDGLEY D F.Paterns of Interpersonal Information Seeking for the Purchase of a Symbolic Product [J].Journal of Marketing Research, 1983, 20(3): 74−84.

[3] BARKOW J H. Prestige and Culture: A Biosocial Interpretation[J].Current Anthropology, 1975, 16(3): 553−572.

[4] 李飞，贺曦鸣，胡赛全，等 . 奢侈品品牌的形成和成长机理——基于欧洲 150 年以上历史顶级奢侈品品牌的多案例研究 [J]. 南开管理评论，2015, 18(6): 60−70.

学者赵晓煜证实了非炫耀消费倾向在我国奢侈品消费者中确实普遍存在，揭示了这类消费人群的典型特征和心理动因 [1]。

**2. 奢侈性消费的三种类型**

第一种，奢侈品炫耀性消费。主要是消费者为了满足奢华的消费享受和显示其财富，彰显自己的社会地位而盲目购买国际一线大牌奢侈品进行的消费行为，如奢侈品牌的珠宝、手表、皮包、衣饰等。就一定程度而言，这是一种过度消费行为。

第二种，创造型奢侈消费。这种奢侈性消费与社会进步、科技发展相关，能体现科技进步的消费文化，如顶级电子产品的新型奢侈品消费。

第三种，精神文化型奢侈消费。主要是消费者为了找到自身情感的寄托，满足自身情感的需要进行的奢侈性消费，它主要强调了消费者在消费过程中精神、文化方面的价值诉求，如饲养名贵品种的宠物、出国旅游、子女教育高消费等。

本书认为奢侈性消费不仅包括对奢侈品品牌的追逐消费，也包括无节制和超越自身支付能力的过度消费和精神型的奢侈性消费。

**3. 公租房申享家庭的奢侈性消费行为**

公租房申享家庭的奢侈性消费行为实质上是作为测量家庭收入水平的正向排斥性指标，即通过申享家庭超出其基本生活必需的消费行为来测量其收入水平是否存在商品房购买困难。如果其消费行为超过了公租房申享家庭应该承载的能力或达到了浪费的标准，那么这种消费行为就具有一定的奢侈性，如购买奢侈品品牌消费、教育高消费、旅游高消费、医疗高消费、住房高消费和饲养宠物高消费等不符合公租房保障对象收入水平的消费行为。

**（六）家庭规模**

家庭规模是指家庭成员数量的多少和家庭关系的复杂程度。家庭规模会直接影响申享家庭分担的社会责任成本，并且对住房面积的大小和家庭收入限额的高低都会产生影响。家庭规模大，家庭照护负担重，家庭分担的社会责任也较大，所需住房面积大，家庭收入限额也会随之发生变化。反之，家庭规模小，其分担的社会责任相对较小，家庭照护负担变小。例如，老年人离世等带

---

❶　赵晓煜. 奢侈品消费中的非炫耀性消费倾向研究 [J]. 东北大学学报（社会科学版），2019，21(4): 350−359.

来家庭规模的变化或家庭消失，可以减少家庭承担的照护责任，且住房保障家庭的数量和住房面积需求也会减小。

### （七）在地社会贡献

在地社会贡献指标参照"社会贡献总额"，即企业对国家或社会创造或支付的价值总额。这个价值总额包括企业发放的工资，劳保退休统筹及其他社会福利支出，利息支出净额，增值税、消费税、营业税、有关销售税金及附加，所得税及有关费用和净利润等。

公租房保障对象甄别的在地社会贡献指标实质上是替代原有的户籍指标，对公租房准入政策中户籍门槛排斥性指标设置的剥离，使户籍不再作为公租房福利分配的载体，实现人人公平享有住房保障权。

测量申享家庭在地社会贡献的大小须突出申享家庭对公租房申享地创造或支付的价值。可以通过测量申享家庭在当地就业和居住的稳定程度，在当地缴纳社会保险金和住房公积金的年限等，评价其做出的在地社会贡献。

# 第二节　理论依据

## 一、公租房配租的社会福利函数及效应优化

公租房是准公共品。根据公租房配租的社会福利函数，公租房配租福利效用是全社会获得公租房配租成员的住房效用之总和，有效优化公租房配租的社会福利效应必须精准识别住房贫困家庭。

### （一）公租房的准公共品属性

公共品是指具有消费或使用上的非竞争性和受益上的非排他性的产品或服务。现实生活中大量存在的是介于公共产品和私有产品之间的产品或服务，即只具有两个特性之一，或具有局部的排他性，或具有局部的竞争性，或同时具有局部排他性和局部竞争性，即不能同时满足消费的非竞争性和非排他性两个特性时，则称为准公共品。

根据以上定义，公租房是一种准公共品，在消费和使用上它是非竞争性的，但其在受益上是排他的。公租房是面向城镇住房困难家庭的保障性住房，是国家保障公民住房权的重要措施之一，为了保障公民住房权，其在消费或使

用上应该是非竞争性。另外，公租房在受益过程中由于"容量"问题会产生排他性。所谓公租房的"容量"问题，即由城镇人口的密集性和土地的稀缺性、不可移动性、级差地租性两方面因素引起的公租房数量受限的问题。"容量"问题直接导致部分保障对象没有被纳入保障范围，被"排他"了。

### （二）公租房配租的社会福利函数

根据伯格森和萨缪尔森的一般社会福利函数，每个人的效用极大化条件是社会福利函数达到极大值的必要条件。根据伯格森—萨缪尔森的社会福利函数可以推导出公租房配租的社会福利函数，表达式如下：

$$W_G = \sum_{i=1}^{n} u_i \tag{1-1}$$

式中，$i$ 表示获得公租房配租的社会成员数量，$n$ 表示社会公租房总量，$W_G$ 代表公租房配租的社会福利函数，$u$ 代表住房效用函数，$u_i$ 表示第 $i$ 个社会成员的住房效用函数。

由公式（1-1）可知，对于社会整体来说，获得公租房的社会成员越多；或者当 $n$ 有限时，获得公租房的成员 $i$ 产生的 $u_i$ 最大，则社会公租房配租福利效用越大。同时，获得公租房的社会成员越多，全社会享有住房权的成员范围越大，全社会的住房福利效用就越大。住房权是得到《世界人权宣言》《经济、社会及文化权利国际公约》《消除一切形式种族歧视公约》等国际公约一致确认的一项基本人权。当整个社会真正实现"居者有其屋"时，全社会的住房福利效应也达到了最大。

### （三）公租房配租的福利效应优化

公租房配租的福利效应的优化实际上就是寻求 $W_G$ 最大，而等量的公租房住房贫困者的福利获得感更高。同时，住房产品的特殊性也要求公租房制度能精准识别保障对象保证 $W_G$ 最大，公租房供给与需求的匹配度越高公租房的社会福利效果越好。

1. 等量的公租房，住房贫困者的福利获得感更高

公租房配租合适的人，会提高社会福利，因为存在公租房申享的边际福利效应递减，等量的公租房，住房贫困者的福利获得感更高。

由式（1-1）可知，$n$ 越大或 $u_i$ 越大，则 $W_G$ 越大，但在人口密集土地有限的城镇中，$n$ 一定是有限的，故公租房配租的福利效应的优化转变为了寻求 $u_i$ 最大。这实际上是如何确定 $i$ 的问题，或者说如何确定谁获得公租房配租的问

题。这也是本研究需要解决的问题，但在本节只解释研究的理论基础，具体研究过程在后面会详细描述。

根据罗尔斯社会福利函数，社会福利水平取决于社会中效用最低或境况最差的那部分社会成员的福利水平。也就是说，当 $n$ 有限时，应该先让住房困难家庭获得公租房配租，才能使福利效用最大，实现公租房配租福利效应优化。因为公租房也是住房产品的一种，住房产品和其他社会产品一样存在效用递减效应，即当消费者消费某一物品的总数量越来越多时，其新增加的最后一单位物品的消费所获得的效用（边际效用）通常会呈现越来越少的现象。也就是说，对于已经获得住房权的家庭来说，住房困难家庭获得公租房配租后获得的个人住房效用会更高，也就是 $u_i$ 更大。

2. 匹配度越高，公租房的社会福利效果越好

公租房配租的数量和质量与申享者的真实住房需求匹配度越高，公租房的社会福利效果越好。住房不同于其他基本人权，其边际效用递减效应并不明显，北京天则经济研究所（2011）发布的《建立我国住房保障制度的政策研究》提出了住房的边际效用递减效应，如图 1-3 所示。

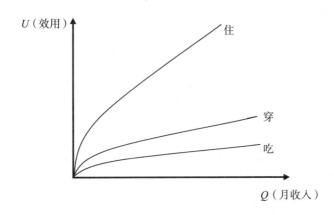

**图 1-3　住房的边际效用递减效应**

对于"吃、穿、住"这三个方面，人们最容易得到满足的首先是"吃"，随着月收入水平的提高，"吃"的边际效用迅速降低，而对于"穿"来说，收入持续到更高的水平后其效用才会明显降低，人们对"住"的需求更加持久，其满足（效用迅速降低的转折点）出现得更晚。当人们的生活达到温饱水平后，对"吃"的欲望就会逐渐减弱，而对于"穿"的欲望可以持续到小康水平以上，

对于"住"的欲望，对于绝大多数人来说一生都难以满足。这更加突出了人们对公共租赁住房这种准公共用品需求的无限性。

因此，要保证 $W_G$ 最大，必须建立有效的住房贫困家庭甄别体系，精准识别保障对象。

## 二、多维贫困理论对住房贫困甄别维度的启示与限定

多维贫困（multidimensional poverty）的概念是随着贫困理论的发展而逐渐被提出来的，多维贫困理论的主要创始人为阿马蒂亚·森（Amartya Sen），他从"可行能力"的视角定义贫困，从而催生了多维贫困理论，即从"能力""权利"角度来研究贫困问题。

### （一）贫困与多维贫困

贫困的实质是缺乏平等的机会。能力方法作为多维贫困测量的理论基础，强调了"真实自由的扩展""多维度""个体能力差异""物质的（客观的）和非物质的（主观的）""机会"等促进生活质量提高的关键要素。1985年，森在《商品与能力》中系统阐述了"能力方法"（capabilities approach）。在能力方法中，森拓展了长期以来传统的福利经济学没有考虑在内的涉及人类发展和生活质量改善的重要方面，即在评估一个人的优势时，应考虑其真实自由的重要性，这主要在于考察个人在将拥有的资源转换为其可实现的价值活动方面存在能力差异，即贫困的实质是人们缺乏改变现状、获得满足其基本需求的"能力"或"权利"。贫困人口因缺乏平等的"权利"或"机会"获取到产品或服务（尤其是公共品），因此才会易于陷入贫困。

许多学者受到阿马蒂亚·森的影响，从各自的角度试图去建立一套多维贫困维度与指标，同时多维贫困理论与测度也逐渐被引入联合国等国际组织和一些国家的反贫困实践中去，关于多维贫困的一系列测算方法应运而生。

1987年，哈格纳尔斯运用社会福利函数构造了第一个多维贫困指数：H–M指数。其测度贫困包括收入和闲暇两个维度。2007年，阿尔基尔与福斯特发表了工作论文《计算与多维贫困测量》，提出了计算多维贫困指数的"Alkire-Foster方法"。联合国开发计划署在2010年《人类发展报告》中正式公布了由阿尔基尔团队测算的多维贫困指数。多维贫困指数（multi-dimensional poverty index，MPI）也选取了三个维度，但是维度指标增加到了10个：①健康，包括营养状况和儿童死亡率；②教育，包括儿童入学率和受教育程度；③生活水

平，包括饮用水、电、日常生活用燃料、室内空间面积、环境卫生和耐用消费品。具体的维度贫困线临界值则视研究现状和数据可获得性而定。至此，MPI正式取代了1997年《人类发展报告》中反映的HPI，开始能够从微观层面对多维贫困进行测量。

### （二）多维贫困理论对住房贫困甄别维度的启示

无论是在国外还是国内，多维贫困理论已经广泛应用在各个领域。尽管研究内容和目的不同，导致形成不同的维度和不同的指标数据，但多维贫困理论在贫困对象的识别和瞄准机制上发挥了重要作用。

其常用维度有两个：一是经济类维度，包括收入与支出维度；二是非经济类维度，包括能力维度、权利维度等，如教育、就业、住房、环境、健康、饮食、休闲、心理因素、社会关系、公共物品获取性等方面。

住房贫困属于人类贫困的一种，在测量多维贫困时，住房也作为甄别贫困人口的维度之一（郭建宇、吴国宝，2014）[1]。因此，多维贫困理论可以用来指导住房贫困人口的甄别。

本书借助多维贫困理论，基于A-F多维贫困测算方法，旨在结合非住房类和非经济类维度信息，有效甄别中国公租房保障对象。多维贫困理论对公租房保障对象甄别的主要启示有如下三点。

第一，在测算方法上，以住房困难程度和商品房购买力为双导向，并兼顾非住房类和非经济类维度（住房需求的急迫程度、在地社会贡献）对公租房申享家庭福利的影响。

第二，在维度的选择上，强调多重福利剥夺和政策可操作性并重，关注双导向维度下住房贫困对象的甄别。

第三，将"住房困难程度和商品房购买力"双导向维度和其他维度结合起来考察申请对象住房需求层次，按不同需求层次界定保障对象类型，并根据不同类型提供保障方式和差异化的公租房产品。

### （三）住房贫困维度与保障对象限定

借鉴多维贫困理论，结合文献样本与实践样本设置的甄别指标，从住房困难程度、商品房购买力、住房需求的急迫程度和在地社会贡献四个维度对公

---

[1] 郭建宇，吴国宝.基于不同指标及权重选择的多维贫困测量——以山西省贫困县为例 [J].中国农村经济,2012(2): 12-20.

租房保障对象进行甄别。构建以"住房困难程度和商品房购买力"为双导向指标，以住房需求急迫程度、在地社会贡献为辅助指标的多维住房贫困对象甄别指标体系。双导向维度指标在整个指标体系中处于导向地位，能锁定保障对象范围。

这四类住房贫困维度通过三类甄别指标对保障对象进行限定，即一票否决性排斥指标、一票准入性吸纳指标和排序性指标。

### 三、政策排斥的双向机制与公租房准入排斥性指标的提出

政策排斥理论源于西方学术界针对"社会排斥"问题的研究，"社会排斥"概念由法国学者勒内·勒努瓦首次提出，主要针对贫困和剥夺问题，提示了被社会边缘化的人在社会就业、社会流动和生活方面遭受的不平等状况，特别是在经济、技能和健康等方面所处的不利局面。政策排斥是社会排斥现象的一种，但相较于"社会排斥"，其概念更加中性，政策排斥的实质是政策主导者通过显性或隐性的政策安排来配置、调整和协调社会资源和利益的过程。

#### （一）政策排斥的实质是资源配置

公共政策排斥是指政策主导者通过显性或隐性的政策安排，自觉或不自觉地将部分社会成员或社会群体排除在政策受益范围之外，使其未能享受某种或某些权利和社会机会，实现对社会价值进行分配的过程，如图1-4所示。

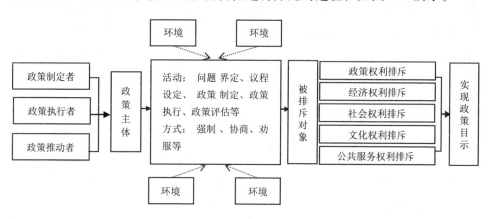

**图1-4　公共政策排斥的初步分析框架**

首先，资源稀缺构成公共政策排斥的发生情境。由于社会资源的稀缺性，作为社会价值分配主体的政府不可能对所有社会成员的利益和利益要求予以满

足，这就需要政府运用政策对不同社会成员或社会群体的利益和利益要求进行区分和选择，以协调不同社会成员或社会群体之间的利益矛盾或冲突。一方面，这种区分和选择意味着要把一部分社会成员或群体的利益排斥出政策部分或全部受益范围，以保障所有社会成员"得其所应得"，实现稀缺资源的合理分配。另一方面，为了在资源稀缺的条件下获得更多资源，每个社会成员和社会群体都会与其他群体和社会成员展开激烈的竞争与博弈，以争取把他人排斥出政策受益范围，保障自身及自身群体获得更多更好的占有。

其次，公共政策排斥是一个动态的过程。依据"谁是排斥主导者"和"谁被排斥"两条线索，公共政策排斥就是政策主导者运用政策手段把部分社会成员或社会群体置于被排斥的位置，使其未能享受某种权利和社会机会的过程。在这个过程中，政策主导者运用的机制主要如下：一是身份机制，即以政治、户籍、性别、编制等身份因素为基准进行权利和社会机会的分配。二是能力机制，即以个人的能力和贡献等能力因素为基准来分配权利和社会机会。三是经济机制，即以财产、收入等经济因素为基准来分配权利和社会机会。

再次，公共政策排斥的内容是一定社会成员或社会群体的某种或某些权利和社会机会，政策主导者通过运用政策手段以剥夺或限制他人的某种权利和社会机会来实现的。这里所指的某种权利主要包括经济权利、政治权利、文化权利、社会权利（基本医疗保障权、居住权、受教育权、社会保障权等）等。

最后，公共政策排斥实质就是一种利益分配方式。由于社会资源的稀缺性，难免会产生不同的群体之间，个人与个人之间，个人、群体与政府之间在某种利益上的矛盾或冲突。为解决这一冲突，更大程度地实现公共利益或特权群体的利益，决策者就需要通过政策手段把一部分社会成员或群体排斥出政策受益范围。从应然角度说，公共政策排斥应是坚守公正的价值标准，以实现公共利益为依归的合理排斥。

关注政策排斥的作用机理，研究被排斥者是如何被政策排斥出政策利益范围。黄健荣和钟裕民认为公共政策排斥过程揭示出政策排斥的本质属性，一项政策的制定与执行往往将某些社会成员或群体排斥出政策利益的范畴；或是否定、排斥某些社会群体的不当行为。

美国学者戴维·伊斯顿认为，政策排斥是指任何一项政策都使一部分人或群体占有一些福利而使另一部分人未能享有它们❶。

### （二）政策排斥的正向与负向

政策排斥可以分为正向排斥与负向排斥。

公共政策正（向）排斥就是政策主导者通过公正的政策机制，将本不应受益政策的对象排除出政策受益范围，实现对社会价值的公正分配。罗尔斯认为，公正应包含"基本权利保障""一视同仁""得所当得""差别原则"四个方面❷。因此，政策正排斥包括特定对象排斥机制、不当行为排斥机制、身份鉴别机制和公正性审查机制，保障政策正向排斥的公正性。

公共政策负（向）排斥就是指政策主导者通过某种政策机制，自觉或不自觉地将本应同等受惠于某项或某些政策的个人、群体、阶层、地区不公正地排除在政策受益范围之外，或是使其某种价值或行为遭受不公正排斥的过程和结果。公共政策负排斥具体包括身份排斥机制、经济排斥机制、门槛排斥机制和权利排斥机制。

公共政策排斥的基本类型，如图 1-5 所示。

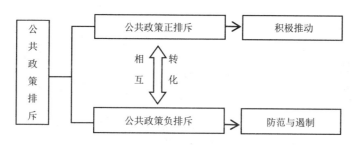

**图 1-5　公共政策排斥的基本类型**

### （三）住房贫困双向排斥性指标的提出

本书通过研究国内外公租房准入政策，运用政策排斥理论，分析公租房准入政策形成的正排斥和负排斥，正排斥包括住房困难程度形成的排斥（住房权属）、商品房购买力形成的经济性排斥（财产）、不当行为排斥（奢侈性消费行为）；公共政策负排斥包括住房质量排斥（危险房）。从正排斥和负排斥两个方面来设置公租房保障对象甄别的排斥性指标，如图 1-6 所示。

❶　伊斯顿. 政治体系：政治学状况研究 [M]. 马清槐，译. 北京：商务印书馆，1993：123.

❷　罗尔斯. 正义论 [M]. 何怀宏，等，译. 北京：中国社会科学出版社，1988：231-292.

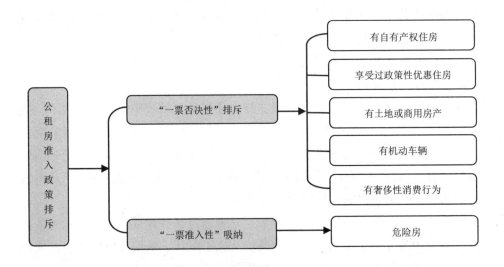

图 1-6　公租房准入政策排斥性指标框架

# 第二章　研究设计

本章论述数据来源与处理方法，并结合文献样本与准入政策实践样本提取的指标，提出公租房保障对象甄别指标维度，构建以"住房困难程度和商品房购买力"双导向的多维住房贫困模型。本章是对后续章节研究内容、研究方法、指标框架设计和指标使用的整体说明。

## 第一节　数据来源与处理方法

### 一、120 篇知网文献数据的频次分析

本节以"公共租赁住房（公租房）保障对象甄别指标研究、公共租赁住房（公租房）保障对象准入条件研究"为检索词，在知网图书和读秀学术搜索国内外有关"公共租赁住房（公租房）保障对象甄别指标研究"的著作，检索时间为 2019 年 12 月 30 日，检索后未发现相关论题的专著。

因此，本书对有关"公共租赁住房（公租房）保障对象甄别指标研究"的文献，是以学术论文的形式，选取中国知网（CNKI）数据库，分两个阶段提取文献指标，侧重指标的全面性。

第一阶段，搜索并选定文献样本。

在中国知网《中国期刊全文数据库》平台上，分别以"公共租赁住房""公租房保障对象""住房保障对象""住房保障准入标准""准入机制""对象甄别""匹配"等作为关键词，使用"篇名"与"主题"作为检索项，检索时间从 2007 年至 2019 年，主要检索关于公租房保障对象准入方面的核心期刊文献。从检索的期刊中，根据文章内容相关性、影响因子等因素，确定 120 篇作为研究的文献样本（见附录 1）。

被分析的 120 篇文献样本主要分布在经济体制改革、中国行政管理、城市

发展研究、理论与改革、经济问题、统计与决策、经济纵横、公共管理学报、公共行政评论、建筑经济、中国房地产等刊物，大部分的文章是关于公租房保障对象方面研究水平与影响力相对较高的文献，如《经济体制改革》《公共行政评论》和《中国行政管理》等杂志。

第二阶段，多种文献研究方式尝试。

方法一：共词分析、聚类分析。

将 120 篇文献在知网用 NoteFirst 格式导出并保存，再使用 BICOMB2.0 进行关键词频次统计，生成并导出共词矩阵文本格式，导入 SPSS19.0 对其进行系统聚类分析，生成聚类树。具体过程如图 2-1 所示。

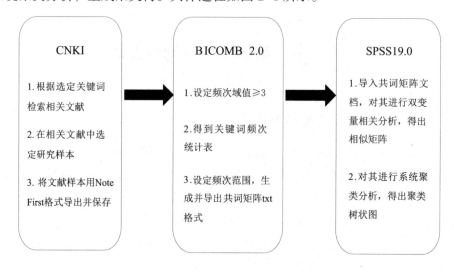

**图 2-1　知网文献样本的共词、聚类分析过程图**

通过上述过程，提取的关键词频次分别为公租房 30 次、住房保障 22 次、保障性住房 17 次、保障对象 11 次、保障范围 8 次、住房支付能力 6 次、准入条件 6 次、类别划分 3 次。聚类结果为公租房、保障范围、准入机制、住房支付能力四种类型。这四类维度过于宽泛，虽然能够对文献数据进行量化，但不能深度挖掘文献内容，不足以支持本研究需要得到甄别维度，维度量化结果不显著，没有达到甄别指标提取的目的，故本书未采用该方法的量化结果。

方法二：采用词云图对 120 篇文献进行词频的处理，对文本中出现频率较高的"关键词"予以视觉化的展现，词云图如图 2-2 所示。

**图 2-2　知网文献样本的词云图**

从图 2-2 可知，保障、住房、标准、保障性、家庭、收入、对象、支付、准入、公共租赁等关键词出现的频次较高，分别依次是 500、200、199、199、198、198、197、197、197、195 次。可见，公租房的文献研究强调住房的保障性功能，重视对保障对象准入标准的设置，从标准、对象、收入、支付等方面研究，但高频词提取结果过于简单、抽象，不能深度挖掘文献内容表述指标，关键词体现的指标提取结果比较分散，不能达到甄别指标提取目的，故本书未采用该方法提取指标。

方法三：文献阅读，手工计数提取维度指标。

通过对 120 篇文献的整理与阅读，深度挖掘文献内容所含有的指标表述，每读 1 个指标表述则计数 1，同篇文献中的相同指标表述不重复计数，量化结果以频率方式表达。

共计提取 140 个单项指标（见附录 2），删除 8 个影响因素类的指标，对 132 个单项指标按属性归类，并对意思相近或具有包含关系的指标按指标属性进行合并归类，最终提取 5 个维度指标，即住房条件、住房可负担能力、家庭人口特征、户籍、在地社会贡献程度。这 5 个维度指标下设 17 个二级指标，如表 2-1 所示。

表 2-1　文献样本提取的保障对象甄别指标

| 一级指标 | 指标编码 | 二级指标 |
|---|---|---|
| 住房条件 | X1 | 产权归属 |
| | X2 | 住房面积 |
| | X3 | 住房环境及设施 |
| | X4 | 住房拥挤程度 |
| 住房可负担能力 | X5 | 家庭收入计量单位 |
| | X6 | 家庭收入限额标准 |
| | X7 | 家庭资产 |
| | X8 | 非住房类消费行为 |
| | X9 | 支付能力 |
| 家庭人口特征 | X10 | 家庭规模 |
| | X11 | 家庭结构 |
| | X12 | 家庭负担 |
| 户籍 | X13 | 有限制 |
| | X14 | 无限制 |
| 在地社会贡献程度 | X15 | 居住情况 |
| | X16 | 就业情况 |
| | X17 | 岗位贡献 |

通过文献样本研究可以了解学者对公租房保障对象甄别的理论指标体系。

## 二、226 个城市准入政策关键词因子分析

鉴于各地公租房准入政策的执行性和数据的可获得性，参考马秀莲（2019）对住房福利模式走向研究的数据处理方式，本书将各地现行的公租房准入政策而不是实际准入情况，作为公租房保障对象甄别的实践性数据来考察。以下 226 个城市获取的准入政策数据样本简称"实践样本"，下面将对公租房准入政策数据来源展开说明。

### （一）公租房保障对象政策实践数据来源

截至 2017 年 10 月，本文运用计算机网络爬虫技术，按关键词"公租房或公共租赁住房"搜索全国政府官方或住房保障管理机构网站，整理出 226 个城市有关公租房准入政策的实践数据样本（以下简称实践样本）。具体实践样本如表 2-2 和附录 3 所示。

表 2-2 中国各省公租房实践样本分布

| 行政区 | 省份 | 简称 | 样本总量 | 省会/首府 |
|---|---|---|---|---|
| 华北 | ★北京市 | 京 | 1 | 北京 |
| | ★天津市 | 津 | 1 | 天津 |
| | 河北省 | 冀 | 7 | 石家庄市 |
| | 山西省 | 晋 | 1 | 太原市 |
| | ●内蒙古自治区 | 内蒙古 | 6 | 呼和浩特市 |
| 东北 | 辽宁省 | 辽 | 8 | 沈阳市 |
| | 吉林省 | 吉 | 3 | 长春市 |
| | 黑龙江省 | 黑 | 6 | 哈尔滨市 |
| 华东 | ★上海市 | 沪 | 0 | 上海 |
| | 江苏省 | 苏 | 11 | 南京市 |
| | 浙江省 | 浙 | 10 | 杭州市 |
| | 安徽省 | 皖 | 13 | 合肥市 |
| | 福建省 | 闽 | 9 | 福州市 |
| | 江西省 | 赣 | 9 | 南昌市 |
| | 山东省 | 鲁 | 14 | 济南市 |
| | 台湾省 | 台 | 1 | 台北市 |
| 华中 | 河南省 | 豫 | 10 | 郑州市 |
| | 湖北省 | 鄂 | 15 | 武汉市 |
| | 湖南省 | 湘 | 10 | 长沙市 |
| 华南 | 广东省 | 粤 | 18 | 广州市 |
| | ●广西壮族自治区 | 桂 | 14 | 南宁市 |
| | 海南省 | 琼 | 3 | 海口市 |
| | 香港特别行政区 | 港 | 1 | 香港 |
| | 澳门特别行政区 | 澳 | 1 | 澳门 |
| 西南 | ★重庆市 | 渝 | 0 | 重庆 |
| | 四川省 | 川/蜀 | 17 | 成都市 |
| | 贵州省 | 黔/贵 | 8 | 贵阳市 |
| | 云南省 | 云/滇 | 10 | 昆明市 |
| | ●西藏自治区 | 藏 | 0 | 拉萨市 |

| 行政区 | 省份 | 简称 | 样本总量 | 省会/首府 |
|---|---|---|---|---|
| 西北 | 陕西省 | 陕/秦 | 7 | 西安市 |
| | 甘肃省 | 甘/陇 | 7 | 兰州市 |
| | 青海省 | 青 | 0 | 西宁市 |
| | ●宁夏回族自治区 | 宁 | 4 | 银川市 |
| | ●新疆维吾尔自治区 | 新 | 1 | 乌鲁木齐市 |
| | | | 226 | |
| 全国行政区划（34）：23个省，5个自治区，4个直辖市，2个特别行政区 | | | | |

资料来源：根据各地公租房准入政策整理。

对226个政策实践样本按关键词"保障对象、住房、优先保障对象、收入、户籍"等关键词进行检索。主要分四个阶段进行，具体如下。

第一阶段，搜集中国各地公租房准入政策。

首先，政策来源主要是当地政府官网和当地保障性住房管理机构官网，其来源为官方数据，可信度高。其次，采集2015年以后的准入政策数据，舍弃2014年之前的准入政策数据。原因：2014年以前各地政策官网数据不全，且区域政策存在较大差异，甚至有些地方无住房保障政策；2014年以后中国公租房和廉租房实行并轨运营，政策有调整变化，2015年以后数据比较全和新，因此选择2015年以后的数据作为采集样本。再次，运用爬虫技术搜集全国所有城市关于公租房准入政策数据。最后，这一阶段产生的demo可参考"样例.html"。可点击"政策出处"，跳转相应页面。

第二阶段，提取准入指标关键词。

对各个城市政策文件进行梳理，提取准入指标关键词列表。保障对象的四种类型：中等偏下收入住房困难家庭、新就业职工、外来务工人员、其他特殊人群。保障对象准入指标："收入"类关键词，如人均可支配收入、人均年收入、财产等；"户口"类关键词，如城镇户口、城区户口、城镇常住户口；"住房"类关键词，如无私有住房、面积、住房面积、住房建筑面积、未租住公有住房。

第三阶段，统计分析准入指标关键词。

通过上述阶段得到所有城市的数据及关键词列表，现阶段要分别搜索每个

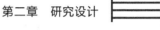

城市的准入政策含有哪些关键词，生成每个城市的关键词列表。例如，对黄冈市可列出非农户口、人均月收入、人均住房建筑面积、未租住公有住房、年满18周岁、毕业未满5年等关键词列表。

第四阶段，数据后续处理。

根据研究需要对结果进行后续处理。一是进行词频统计，统计关键词词频；二是进行因子分析，提取关键词指标并根据其特征归类；三是根据其他研究需要可做各种统计。收入指标、住房情况实践样本如表2-3～表2-5所示。

表2-3　实践样本：各种收入计量单位频数统计

| 项　目 | 月收入 | 年收入 | 人均可支配收入 | 人均收入 | 人均可支配月收入 | 人均可支配年收入 | 其他 | 合计 |
|---|---|---|---|---|---|---|---|---|
| 频数 | 29 | 69 | 53 | 31 | 4 | 3 | 37 | 226 |
| 百分比 | 12.83 | 30.53 | 23.45 | 13.72 | 1.77 | 1.33 | 16.37 | 100 |

资料来源：根据政策实践样本整理。

表2-4　实践样本：有无住房情况统计

| 项　目 | 无房 | 无自有住房 | 未租住公有住房 | 未租住其他保障性住房 | 其他 | 合计 |
|---|---|---|---|---|---|---|
| 频数 | 95 | 55 | 36 | 1 | 39 | 226 |
| 百分比 | 42.04 | 24.34 | 15.92 | 0.44 | 17.26 | 100 |

资料来源：根据政策样本整理。

表2-5　实践样本：住房面积计量单位频数统计

| 项　目 | 人均住房面积 | 家庭住房总建筑面积 | 人均住房建筑面积 | 其他 | 合计 |
|---|---|---|---|---|---|
| 频数 | 45 | 6 | 116 | 59 | 226 |
| 百分比 | 19.91 | 2.65 | 51.33 | 26.11 | 100 |

资料来源：根据政策实践样本整理。

## （二）准入政策实践数据处理方法

准入政策实践数据处理采用因子分析方法，运用 SPSS19.0、Excel 等软件提取实践样本甄别指标。具体分析过程如下：

1. KMO 和 Bartlett 检验

为检验变量数据是否可以进行因子分析，将全国 226 城市的 27 个变量数据运用 SPSS19.0 软件进行 KMO 和 Bartlett 检验，检验出的 $KMO$ 值为 0.625，$KMO$ 值 >0.5，Bartlett 球形检验的 $p$ 值 =0.000<0.05，可以做因子分析，如表 2-6 所示。

表 2-6　准入政策实践样本的 KMO 检验与 Bartlett 检验

| *KMO* | Bartlett 球形检验 | | |
|---|---|---|---|
| | 近似卡方 | d$f$ | $p$ |
| 0.625 | 805.417 | 351 | 0.000 |

2. 提取公因子

基于因子分析，提取公因子方差（表 2-7）得出解释的总方差（表 2-8），即实践样本指标的公因子特征值和贡献率，根据其累积贡献率可以看出各因子原始数据的信息量度，得出 11 个主因子含有 61.992% 的信息，概括了大部分的数据，且 11 个主因子的特征值均大于 1，因此将前 11 个因子作为主因子是合适的。

表 2-7　实践样本指标的公因子方差

| 变量编号 | 变量名称 | 初始 | 提取 |
|---|---|---|---|
| 1 | 住房困难 | 1 | 0.59 |
| 2 | 中等偏下收入 | 1 | 0.496 |
| 3 | 市区户籍 | 1 | 0.508 |
| 4 | 新就业职工 | 1 | 0.664 |
| 5 | 外来务工人员 | 1 | 0.65 |

| 变量编号 | 变量名称 | 初始 | 提取 |
|---|---|---|---|
| 6 | 无房 | 1 | 0.597 |
| 7 | 毕业生 | 1 | 0.637 |
| 8 | 城镇居民 | 1 | 0.547 |
| 9 | 就业人员 | 1 | 0.526 |
| 10 | 城区居民 | 1 | 0.823 |
| 11 | 无房家庭 | 1 | 0.588 |
| 12 | 特殊人才 | 1 | 0.711 |
| 13 | 中低收入 | 1 | 0.484 |
| 14 | 引进人才 | 1 | 0.624 |
| 15 | 特殊专业人才 | 1 | 0.701 |
| 16 | 城市户籍家庭 | 1 | 0.726 |
| 17 | 新就业大学生 | 1 | 0.633 |
| 18 | 单身人士 | 1 | 0.695 |
| 19 | 进城务工 | 1 | 0.587 |
| 20 | 务工人员 | 1 | 0.657 |
| 21 | 城镇常住居民 | 1 | 0.588 |
| 22 | 引进的专业人才 | 1 | 0.628 |
| 23 | 技术人才 | 1 | 0.596 |
| 24 | 共同申请人 | 1 | 0.657 |
| 25 | 非市区户籍 | 1 | 0.602 |
| 26 | 新就业无房职工 | 1 | 0.543 |

续表

| 变量编号 | 变量名称 | 初始 | 提取 |
|---|---|---|---|
| 27 | 住房面积 | 1 | 0.68 |
| 提取方法：<br>主成分分析法 | | | |

表2-8　准入政策实践样本指标的公因子特征值和贡献率

| 成分 | 初始特征值 | | | 提取平方和载入 | | | 旋转平方和载入 | | |
|---|---|---|---|---|---|---|---|---|---|
| | 合计 | 方差/% | 累积/% | 合计 | 方差/% | 累积/% | 合计 | 方差/% | 累积/% |
| 1 | 3.037 | 11.248 | 11.248 | 3.037 | 11.248 | 11.248 | 2.471 | 9.153 | 9.153 |
| 2 | 2.173 | 8.046 | 19.294 | 2.173 | 8.046 | 19.294 | 1.909 | 7.071 | 16.224 |
| 3 | 1.726 | 6.391 | 25.685 | 1.726 | 6.391 | 25.685 | 1.496 | 5.541 | 21.765 |
| 4 | 1.531 | 5.671 | 31.356 | 1.531 | 5.671 | 31.356 | 1.453 | 5.381 | 27.146 |
| 5 | 1.41 | 5.22 | 36.576 | 1.41 | 5.22 | 36.576 | 1.433 | 5.308 | 32.454 |
| 6 | 1.308 | 4.845 | 41.421 | 1.308 | 4.845 | 41.421 | 1.419 | 5.255 | 37.709 |
| 7 | 1.254 | 4.643 | 46.064 | 1.254 | 4.643 | 46.064 | 1.412 | 5.231 | 42.94 |
| 8 | 1.158 | 4.29 | 50.354 | 1.158 | 4.29 | 50.354 | 1.383 | 5.12 | 48.06 |
| 9 | 1.087 | 4.027 | 54.381 | 1.087 | 4.027 | 54.381 | 1.361 | 5.039 | 53.099 |
| 10 | 1.046 | 3.876 | 58.257 | 1.046 | 3.876 | 58.257 | 1.261 | 4.67 | 57.769 |
| 11 | 1.008 | 3.734 | 61.991 | 1.008 | 3.734 | 61.991 | 1.14 | 4.222 | 61.991 |
| 12 | 0.959 | 3.551 | 65.542 | | | | | | |
| 13 | 0.921 | 3.41 | 68.952 | | | | | | |
| 14 | 0.87 | 3.224 | 72.176 | | | | | | |
| 15 | 0.784 | 2.903 | 75.079 | | | | | | |
| 16 | 0.739 | 2.739 | 77.818 | | | | | | |
| 17 | 0.726 | 2.69 | 80.508 | | | | | | |
| 18 | 0.689 | 2.553 | 83.061 | | | | | | |
| 19 | 0.667 | 2.472 | 85.533 | | | | | | |
| 20 | 0.654 | 2.421 | 87.954 | | | | | | |
| 21 | 0.581 | 2.152 | 90.106 | | | | | | |
| 22 | 0.551 | 2.042 | 92.148 | | | | | | |

| 成分 | 初始特征值 | | | 提取平方和载入 | | | 旋转平方和载入 | | |
|---|---|---|---|---|---|---|---|---|---|
| | 合计 | 方差/% | 累积/% | 合计 | 方差/% | 累积/% | 合计 | 方差/% | 累积/% |
| 23 | 0.539 | 1.997 | 94.145 | | | | | | |
| 24 | 0.456 | 1.687 | 95.832 | | | | | | |
| 25 | 0.421 | 1.559 | 97.391 | | | | | | |
| 26 | 0.407 | 1.506 | 98.897 | | | | | | |
| 27 | 0.298 | 1.103 | 100.00 | | | | | | |
| 提取方法：主成分分析法 | | | | | | | | | |

### 3. 旋转因子及指标分类

为了防止实践样本指标的公因子特征值和贡献率提取的主因子含义不明朗，通过"方差最大正交旋转"方法将各因子正交且使各因子方差差异达到最大，即相对载荷平方和达到最大，让变量在较少的因子上具有较高的载荷，使因子更有说服性、解释性，便于后续的分析、讨论，具体如表2-9所示。

表2-9 实践样本：第一次因子分析旋转成分矩阵

| 序号 | 成分 | | | | | | | | | | |
|---|---|---|---|---|---|---|---|---|---|---|---|
| | 1 | 2 | 3 | 4 | 5 | 6 | 7 | 8 | 9 | 10 | 11 |
| 1 | −0.073 | 0.065 | −0.036 | 0.035 | −0.036 | 0.746 | −0.006 | 0.063 | −0.076 | −0.024 | −0.098 |
| 2 | −0.181 | 0.191 | −0.07 | −0.024 | 0.011 | 0.185 | 0.11 | 0.298 | −0.489 | −0.187 | 0.892 |
| 3 | 0.111 | 0.722 | −0.199 | 0.161 | 0.266 | −0.117 | 0.103 | −0.228 | −0.26 | −0.243 | 0.283 |
| 4 | −0.13 | 0.059 | −0.067 | 0.191 | −0.054 | 0.076 | 0.094 | 0.764 | 0.011 | −0.021 | 0.006 |
| 5 | −0.066 | −0.037 | 0.066 | 0.031 | −0.173 | 0.111 | 0.757 | 0.08 | 0.017 | −0.079 | 0.103 |
| 6 | −0.384 | −0.096 | 0.062 | −0.209 | −0.068 | 0.428 | 0.016 | 0.387 | −0.044 | −0.03 | 0.227 |
| 7 | −0.699 | 0.282 | −0.005 | 0.093 | 0.016 | 0.141 | 0.022 | 0.028 | 0.075 | 0.102 | −0.153 |
| 8 | 0.129 | −0.218 | 0.067 | −0.015 | 0.078 | −0.2 | −0.099 | −0.154 | 0.072 | 0.312 | 0.138 |

| 序号 | 成分 | | | | | | | | | | |
|---|---|---|---|---|---|---|---|---|---|---|---|
| | 1 | 2 | 3 | 4 | 5 | 6 | 7 | 8 | 9 | 10 | 11 |
| 9 | 0.127 | 0.327 | 0.002 | 0.129 | 0.001 | 0.267 | 0.333 | 0.065 | 0.379 | 0.234 | 0.04 |
| 10 | −0.088 | −0.035 | −0.008 | −0.018 | −0.071 | −0.06 | −0.035 | 0.031 | −0.005 | 0.084 | −0.107 |
| 11 | −0.127 | 0.067 | 0.012 | 0.005 | 0.016 | 0.014 | 0.108 | 0.026 | 0.726 | −0.146 | −0.086 |
| 12 | −0.078 | 0.055 | −0.124 | 0.77 | −0.008 | −0.064 | 0.05 | 0.289 | 0.053 | −0.027 | 0.019 |
| 13 | 0.347 | 0.247 | −0.335 | 0.153 | 0.174 | 0.226 | −0.085 | 0.104 | −0.155 | 0.12 | −0.169 |
| 14 | −0.076 | 0.003 | 0.742 | 0.074 | 0.035 | 0.034 | −0.038 | −0.195 | 0.017 | −0.13 | 0.05 |
| 15 | 0.127 | −0.151 | 0.031 | 0.529 | 0.529 | 0.279 | −0.015 | −0.116 | −0.027 | 0.004 | 0.093 |
| 16 | 0.816 | −0.003 | −0.001 | 0.018 | 0.033 | −0.091 | −0.048 | −0.172 | −0.054 | 0.065 | −0.102 |
| 17 | 0.77 | 0.039 | 0.076 | −0.052 | −0.092 | 0.057 | −0.123 | 0.006 | 0.021 | −0.008 | −0.051 |
| 18 | −0.177 | 0.104 | 0.093 | −0.022 | 0.754 | −0.21 | −0.018 | 0.021 | −0.047 | 0.095 | −0.135 |
| 19 | 0.093 | 0.172 | −0.069 | −0.154 | 0.516 | 0.393 | 0.03 | −0.084 | 0.295 | 0.051 | 0.036 |
| 20 | 0.155 | −0.009 | 0.074 | −0.029 | −0.21 | 0.165 | −0.727 | −0.046 | 0.002 | 0.022 | 0.154 |
| 21 | −0.181 | 0.537 | −0.044 | 0.19 | −0.253 | 0.245 | −0.064 | −0.302 | 0.055 | 0.017 | −0.076 |
| 22 | −0.079 | 0.057 | 0.472 | 0.587 | −0.132 | −0.013 | 0.057 | −0.109 | −0.014 | 0.068 | −0.116 |
| 23 | 0.196 | 0.001 | 0.703 | −0.074 | 0.075 | −0.064 | 0.012 | 0.182 | 0.027 | 0.106 | −0.06 |
| 24 | −0.076 | 0.277 | −0.023 | −0.022 | 0.103 | −0.048 | 0.068 | 0.328 | −0.002 | 0.005 | −0.057 |
| 25 | −0.006 | 0.759 | 0.038 | −0.028 | 0.1 | 0.03 | −0.058 | −0.064 | 0.033 | −0.063 | 0.031 |
| 26 | 0.377 | −0.088 | −0.034 | −0.029 | −0.038 | 0.164 | 0.315 | −0.17 | −0.474 | 0.068 | −0.073 |
| 27 | −0.1 | 0.106 | −0.084 | 0.024 | 0.041 | 0.111 | 0.004 | 0.064 | −0.123 | 0.786 | −0.024 |

提取方法：主成分分析法。

旋转法：凯撒正态化最大方差法。

旋转在15次迭代后收敛。

由筛选后因子分析成分转换矩阵（表2-9）可以看出，抽取的因子有11个。

因子1：主要包括的变量为"毕业生、城市户籍家庭、新就业大学生"等，可以命名为"城市人员"。

因子 2：主要包括的变量为"市区户籍、城镇长住居民、非市区户籍"等，可以命名为"户籍条件"。

因子 3：主要包括"引进人才、技术人才"等变量，可以命名为"人才"。

因子 4：主要包括的变量为"特殊人才、特殊专业人才、引进的专业人才"等，可以命名为"特殊人才"。

因子 5：主要包括"特殊专业人才、单身人士、务工人员"等变量，可以命名为"人员特征"。

因子 6：主要包括的变量为"无房、住房困难"，可以命名为"住房特征"。

因子 7：主要包括"外来务工人员、务工人员"等变量，可以命名为"外来务工人员"。

因子 8：主要包括"新就业职工"等，可命名为"新就业职工"。

因子 9：主要包括"无房家庭、新就业无房职工"，可命名为"无房人员"。

因子 10：主要包括"住房面积"，可命名为"住房面积"。

因子 11：主要包括"中等偏下收入"，可命名为"收入水平"。

4. 结果

根据上述各因子得分以及其在全部因子方差贡献率所占的比例，建立综合得分，发现提取的指标有市区户籍、非市区户籍、引进人才、技术人才、特殊人才、特殊专业人才、引进的专业人才、外来务工人员、单身人士、无房、住房面积、住房困难、中等偏下收入、新就业职工、毕业生等。

因此，公租房保障对象准入政策实践指标可以分为四个维度，即户籍、人员类型、住房条件、收入水平。其中，户籍分为市区、非市区两种；住房特征包括无房、住房困难；住房面积；住房特征与住房面积指标属性相近，归并为住房条件；城市人员、人才、特殊人才、人员特征、外来务工人员、无房人员、新就业职工均属于与人相关的指标，因此可以归并为人员类型；收入水平为中等偏下收入。据此，可以把准入政策实践样本提取的指标分为 4 个一级指标，11 个二级指标（表 2-10）。

表 2-10 实践样本构建的保障对象甄别指标

| 一级指标 | 二级指标 | |
| --- | --- | --- |
| 户籍 | X1 | 市区 |

续表

| 一级指标 | 二级指标 | |
|---|---|---|
| 户籍 | X2 | 非市区 |
| 人员类型 | X3 | 人才 |
| | X4 | 城市人员 |
| | X5 | 特殊人才 |
| | X6 | 外来务工人员 |
| | X7 | 人员特征 |
| | X8 | 毕业生 |
| 住房条件 | X9 | 住房特征 |
| | X10 | 住房面积 |
| 收入水平 | X11 | 中等偏下收入 |

通过实践样本研究，可以了解现行的公租房准入政策对保障对象甄别的实践指标体系。

### 三、指标测算调查问卷设计与信度效度检验

#### （一）问卷设计

1. 设计方法

首先，借鉴国内外公租房准入标准，并与实践样本城市的公租房申请程序相结合来设计问卷。其次，在学术界原有研究成果问卷的基础上进行更新、修改。最后，通过文献查阅与访谈法收集问卷内容。

2. 设计过程

第一，问卷整体框架模型的构建。大量阅读国内外相关文献，借鉴甄别研究的成熟理论，从理论上分析公租房锁定的保障对象特点以及精准甄别的指标。

第二，通过实地调查与访谈了解公租房在保障对象精准识别中存在的实际问题，在问卷设计过程中尽量通俗易懂，对认为可能出现的学术专有名词做解释或做下一级问题选择。

第三，参照已有相关研究成果问卷模式，通过征求专家意见的方式对问卷第进行修改和进一步确认。

第四，将修改的问卷进行预测试。在武汉市开展公租房保障对象甄别指标研究问卷预测，根据预测结果对问卷设计的内容进行了部分调整。

第五，2019年12月进行了正式调研，收回问卷后进行数据统计分析。

3.设计思路

问卷共分五部分：第一部分是基本信息，包括被调研者的性别、年龄、身份、户籍、婚姻等基础信息；第二部分是住房现状调查，包括住房产权、住房面积、住房质量等；第三部分是商品房购买力调查，包括收入水平、财产状况、奢侈性消费行为等；第四部分是对住房需求急迫程度调查，包括家庭规模、家庭照护负担等；第五部分是对申享家庭在地社会贡献调查，包括就业稳定程度和居住稳定程度。

（二）确定调查对象和发放问卷

第一，问卷样本选取与统计。鉴于民众个体差异较大，因此本次调查采取分层抽样与随机抽样相结合的方式。随机抽样占60%，分层抽样占40%（进城务工人员、新就业人员各占20%）。

第二，样本分析。问卷（见附录4）以电子邮件、问卷星网站、QQ群、微信群、现场访谈等方式发放问卷120份，回收问卷97份，回收率为80.8%，其中有效问卷93份，有效回收率为77.5%。其中，城镇居民填写调查问卷55份，新就业人员填写调查问卷14份，进城务工人员填写调查问卷7份，其他人员填写调查问卷17份。城镇居民填写的调查问卷占被调查对象的59%，新就业人员占15%，进城务工人员占8%，如图2-3所示。

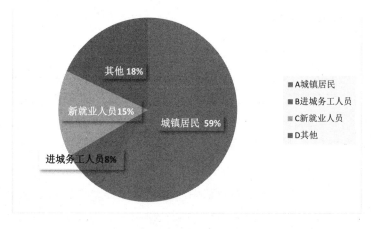

图2-3 公租房保障对象问卷回收情况分布图

### （三）问卷的信度和效度分析

本书对问卷进行了信度和效度分析。在进行信度检验时根据 Cronbach's $\alpha$ 系数进行判断。根据科莱福德的观点，对问卷进行信度分析时，$\alpha>0.8$ 表示可信度较高，$0.7<\alpha<0.8$，则说明信度较好；$0.6<\alpha<0.7$，则表示信度可以接受，$\alpha<0.35$ 则信度较低，本调查问卷运用 SPSS19.0 进行信度检验，其结果是 Cronbach's $\alpha$ 系数值为 0.767，大于 0.7，说明问卷数据信度质量较高，可以做进一步研究。

在效度分析中，为了确保问卷内容的有效性，多次征询专家意见，进行了 3 次样本测试。问卷的效度分析结果显示（表 2-11），KMO 值为 0.710，介于 $0.7\sim0.8$，且 Bartlett 球形检验均显著（$p<0.05$），问卷数据效度较好，可以作为检验双导向的多维住房贫困对象甄别指标体系测算数据使用。

表 2-11　调查问卷的信度与效度检验

| Cronbach's $\alpha$ 系数 | KMO | Bartlett 球形检验 | | |
|---|---|---|---|---|
| | | 近似卡方 | df | p |
| 0.767 | 0.710 | 723.272 | 276 | 0.000 |

## 四、全书数据使用逻辑线路

本书数据由学术文献数据、公租房准入政策实践数据和问卷调查数据三部分构成。第一部分，通过挖掘文献内容，对学术文献进行词频分析，手工计数提取公租房保障对象甄别的文献指标；第二部分，对公租房准入政策实践数据进行因子分析，提取公租房保障对象甄别的政策实践指标，将文献指标与政策实践指标进行对比分析，构建以"住房困难程度和商品房购买力"双导向的多维住房贫困对象甄别指标体系（简称双导向的多维住房贫困对象甄别指标体系）；第三部分，使用调查问卷数据，采用排序综合评价指数法对双导向的多维住房贫困对象甄别指标体系进行验证，得出公租房保障对象甄别的轮候排序。全书数据使用过程如图 2-4 所示。

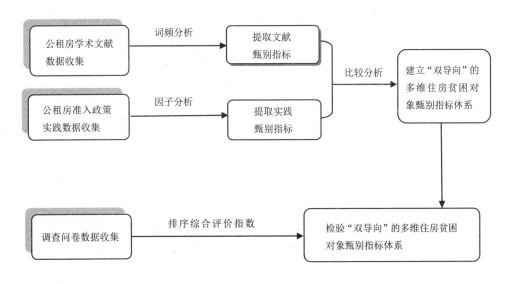

图 2-4 全书数据使用逻辑线路图

## 第二节 公租房保障对象甄别的维度及探讨

本节将文献样本与实践样本进行对比分析，提出从住房困难程度、商品房购买力、住房需求急迫程度和在地社会贡献四个维度甄别公租房保障对象。指标选取以公租房保障对象的甄别为目的，只选择四类对住房贫困信息甄别最重要的维度，适当精简每个维度的细分变量，以避免过多的变量对甄别准确率的主导因素分析不利。

### 一、住房困难程度

文献样本与实践样本都关注住房条件维度，将其作为甄别公租房保障对象的主导性指标之一。

本书认为住房条件是住房困难程度的重要体现，也是申享家庭住房质量高低的外在表现。住房困难程度指标设计的目的是甄别出住房情况最困难的保障对象，作为住房保障条件标准的最小值，但该最小值并不代表无底限的标准下调，它仍然建立在满足居民的基本居住需要的基础之上。

若住房条件过好，公租房建设不仅在资金上难以支撑，还会陷入福利陷阱，使政府财政负担过重；若住房条件过差，申享家庭的基本住房需求无法得到满足，将降低政府住房保障的效率。因此，确定住房困难程度指标，对精准甄别保障对象尤为重要。

从国际和国家标准看，世界卫生组织（WHO）指出：满足人类日常生活，需要健康合理的居住环境。而健康合理的居住环境必须有独立自主、安全和合理维护的住房单元，住房单元包括合理的住房建筑面积和一定的房间数量，即居住的空间不应该过度拥挤，要有一定的私密性，在房间的分配上青少年的卧室要与父母分开。

根据中华人民共和国住房和城乡建设部发布的《住房保障基础信息数据标准》，从房屋的住用状况、房屋完好程度、家庭人均建筑面积等方面对公租房申享家庭的住房条件进行基本信息数据采集。

学术界也对住房保障面积进行过前瞻性研究。一些学者从住房面积标准的角度，提倡应根据我国土地资源的承受能力、经济发展水平、家庭结构和居民生活需要等实际情况，确定合理的住宅套型面积标准，限制 100 m² 大户型住房建设，鼓励打造 60～90 m² 一室一厅、两室一厅和小三室两厅的住宅[1]。高晓路（2018）指出，住宅面积标准可分为保障性标准、税制标准、引导性标准等类型[2]。一些学者则从家庭生命周期的角度来考量住房条件需求的变化情况。陈斌开、徐帆、谭力认为居民个人住房需求会随年龄变化而发生变化，在 20 岁后住房需求会上涨，50 岁后会下降[3]。

杨霞和徐邓耀提出家庭人口结构的变化是影响住房需求的重要因素，面积需求、户型需求都会因家庭结构不同而不同[4]。还有一些学者从住房权与住房保障方面对住房条件进行了研究。王雪认为廉租住房保障标准单一，只重视住房面积的保障，而忽视了住房条件、基本设施等保障标准，导致现有的廉租住房条件难以满足权利实现的需求[5]。涂缦缦主张稳定的住房权适足标准必须通过

---

[1] 郑正，洪媛. 控制城市住宅建设面积标准 [J]. 城市规划，1999(1): 12-23.

[2] 高晓路. 北京市住宅价格的影响因素及适宜居住面积标准 [J]. 地理研究，2010(3): 500-509.

[3] 陈斌开，徐帆，谭力. 人口结构转变与中国住房需求：1999—2025[J]. 金融研究，2012(1): 33-40.

[4] 杨霞，徐邓耀. 城市发展中人口结构变化与住房需求的研究 [J]. 开发研究，2011(2): 84-87.

[5] 王雪. 中国公民的住房权研究——兼反思中国的廉租房制度 [D]. 长春：吉林大学，2012.

《住房保障法》予以确定，待条件成熟应通过立法方式确立住房权适足标准的一般原则和基本准则，并在法律实施过程中予以动态具体化[1]。

因此，本书选择从三个方面来衡量现有住房情况，通过其临界值的设置来测量住房困难程度，即住房权属（是否有自有产权住房、是否享受政策性优惠住房）、住房面积（数量）和住房质量。在此基础上确定公租房保障对象住房困难甄别标准，最后形成公租房住房困难程度测评体系，为政府制定公租房准入政策提供科学有效的依据。具体指标如表 2-12 所示。

表 2-12　住房困难程度及具体指标

| 设置目的 | 拟解决问题 | 一级指标 | 二级指标 | 三级指标 | 内涵说明 |
|---|---|---|---|---|---|
| 评价申享家庭住房情况 | 筛选出住房困难的人群，即最需要改善住房条件的人群 | 住房困难程度 | 住房权属 | 是否有自有产权住房 | 申享家庭有没有自有产权住房 |
| | | | | 是否享受政策性优惠住房 | 申享家庭有没有享受过各种形式的福利性政策住房 |
| 评价申享家庭住房情况 | 筛选出住房困难的人群，即最需要改善住房条件的人群 | 住房困难程度 | 住房面积 | 家庭人均住房建筑面积 | 用家庭住宅建筑面积除以家庭人口数来计算家庭平均每人拥有的住宅建筑面积 |
| | | | | 住房面积指数 | 用住房房间数除以家庭人口总数的比值，来测量申享家庭现有住房的拥挤程度 |

❶ 徐缦缦.准房权适足标准的界定——城镇保障性住房制度变迁的视角 [J]. 江西社会科学，2015(4): 193-198.

053

| 设置目的 | 拟解决问题 | 一级指标 | 二级指标 | 三级指标 | 内涵说明 |
|---|---|---|---|---|---|
| 评价申享家庭住房情况 | 筛选出住房困难的人群，即最需要改善住房条件的人群 | 住房困难程度 | 住房质量 | 住宅完好程度 | 根据《房屋完损等级评定标准》的相关规定，对完好程度的五级分类标准做出描述性界定，以危险房作为临界值 |

## 二、商品房购买力

产生住房问题的根源在于中低收入人群存在一定程度的住房支付困难，即买不起商品房。因此，商品房购买力的测量是有效甄别住房困难人群的关键性指标。

文献样本侧重对住房负担能力测量的方法研究，实践样本则关注申享家庭的收入水平是否低于限额标准，两者都将其作为甄别公租房保障对象的主导性指标之一。

与住房困难程度不同的是，商品房购买力不仅涉及申享家庭收入水平问题，还涉及消费行为问题。因此，本书也主要围绕这两个方面来展开，从申享家庭的收入水平、财产丰裕程度与消费行为三个方面测量商品房购买力。

家庭收入水平和家庭财产的丰裕程度是最直接、最明确地反映商品房购买力的指标。但由于中国目前收入和财产申报机制不够完善，申报家庭存在违背道德、谎报瞒报真实收入和财产的现象，从而加大了住房保障管理部门对公租房申享家庭真实收入水平和家庭财产丰裕程度甄别的难度。

因此，有效甄别申享家庭商品房购买力，必须要解决家庭收入和财产认定标准的问题，找到能客观真实反映住房消费支出的家庭收入限额的测算方法，以确定其商品房购买力，并通过构建公租房政策高消费排斥的分析框架，排除一部分高收入人群。

综上所述，本书从家庭收入水平、家庭财产丰裕程度和家庭奢侈性消费行为三个方面来衡量申享家庭的商品房购买力，并通过住房恩格尔系数来测量其住房支付困难程度，形成住房支付困难程度评价体系，具体指标如表2-13所示。

表 2-13 商品房购买力及具体指标

| 设置目的 | 拟解决问题 | 一级指标 | 二级指标 | 三级指标 | 内涵说明 |
|---|---|---|---|---|---|
| 评价申享家庭商品房购买力 | 排除高收入人群 | 商品房购买力 | 家庭收入水平 | 家庭人均年收入 | 家庭所有成员年收入总和除以家庭成员总人数 |
| | | | | 住房恩格尔系数 | 住房支出占家庭整个消费支出的比值，用以说明收入水平对住房支付能力的影响程度 |
| | | | 家庭财产丰裕程度 | 土地、商用房产；机动车辆；家中投资类财产、银行存款、收藏品总额 | 家庭成员按照国家规定获得的不计入家庭收入的其他财产，用以圈定不应当享有公租房的群体范围 |
| | | | 家庭奢侈性消费行为 | 奢侈品消费 | 衣着饰品类：衬衣、西装、衣裙、皮鞋、皮带、眼镜、皮包、手表和其他贵重小奢侈品；使用高档烟酒、住豪华房 |
| | | | | 创造型奢侈消费 | 个人高端电子产品：高端手机、MP4、IPad、笔记本电脑、电子玩具等 |
| 评价申享家庭商品房购买力 | 排除高收入人群 | 商品房购买力 | 家庭奢侈性消费行为 | 精神、文化型奢侈消费 | 文娱高消费：经常出入高档酒店、娱乐场所、高级会馆，出国旅游消费，子女就读私人贵族学校或自费出国留学，或子女常驻国外等教育高消费。精神高消费：饲养宠物且品种名贵等 |

## 三、住房需求急迫程度

由于中国住房保障体系仍在探索发展阶段，在公租房准入政策设计中体现对家庭分担社会责任（如赡养老人、抚育子女、照顾病残家庭成员）的思考较少，文献样本侧重对家庭人口特征的研究。如家庭人口规模、结构等。实践样本则关注具体的人员类型，如新就业人员、进城务工人等。两者都未对政府应该承担的社会责任成本的转嫁和补偿机制从公租房准入政策顶层设计的角度加以考量。

本书认为，政府在公租房保障体系中承担的社会责任应居于主导地位，而家庭照护责任是分担政府社会责任成本的一种途径和方法。供养老人、抚育未成年子女以及家庭病残人员的帮扶等问题构成了家庭照护负担，而家庭照护责任还是应以国家承担责任为主导，家庭承担的伦理责任为辅。

因此，在公租房准入政策设计中，应对"上有老，下有小，家有病患"的申享家庭给予一定政策补偿，适度赋予优先分配权，实现对家庭分担赡养、抚养和照护家庭特殊残疾、病患人口的社会责任成本的补偿，解决由于家庭规模和家庭照护负担变化带来的住房需求变化的问题，提供公租房供其选择，切实提高公租房资源的利用效率。

例如，申请家庭 X 抚育未成年子女 2 人，赡养老人 2 人，而申请家庭 Y 抚育未成年子女 1 人，赡养老人 1 人，即使这两个家庭的住房困难程度和商品房购买能力相同，但申请家庭 Y 的照护负担明显要小于申请家庭 X，申请家庭 X 承受的家庭负担更重，家庭规模更大，分担的社会责任更多，这将进一步加剧其对住房需求的急迫程度，在住房困难程度和商品房购买力的双重约束下，公租房是其最佳选择。因此，申请家庭 X 比申请家庭 Y 更需要获取公租房以改善家庭住房现状。

家庭照护负担测量指标依据申享家庭分担社会责任，承受家庭照护负担的有效性、实用性、便捷性和可靠性四个原则来设计。

首先，家庭照护负担测量指标的有效性体现在确定家庭照护负担时，要充分考虑家庭成员的人口数量和构成基础，设计最为简单明了的家庭照护负担比值。其次，家庭照护负担测量指标的实用性能反映出不同家庭结构类型的家庭照护负担差异和不同家庭生命周期阶段的家庭负担变化。再次，家庭照护负担测量指标使用起来必须便捷，能够直接使用现有的人口普查数据或者社会调查数据加以计算。其便捷性也会直接影响到该指标的应用和推广。最后，家庭照护负担测量指标的可靠性必须能够反映家庭照护负担的真实情况。

据此，本书从申享家庭对住房需求的急迫程度和提高公租房资源的配置效率出发，分别从家庭规模和家庭照护负担两方面设置二级指标，从家庭成员人口总数，家庭代际数，家庭赡养照护负担系数，家庭抚养照护负担系数，家庭特殊残疾、病患人口照护负担系数设置 5 个三级指标，以此来测量申享家庭对住房需求的急迫程度，如表 2-14 所示。

表 2-14　住房需求急迫程度及具体指标

| 设置目的 | 拟解决问题 | 一级指标 | 二级指标 | 三级指标 | 内涵说明 |
|---|---|---|---|---|---|
| 提高公租房资源配置效率 | 解决公租房申享家庭的轮候排序问题 | 住房需求急迫程度 | 家庭规模 | 家庭成员人口总数 | 以夫妻关系为核心、以共同居住为标准具有姻缘和血缘关系的家庭成员总人数 |
|  |  |  |  | 家庭代际数 | 家庭代际以共同居住，且具有姻缘和血缘关系的家庭成员为统计基础。具体分为一代户、二代户、三代户、四代户、五代及以上户 |
| 提高公租房资源配置效率 | 解决公租房申享家庭的轮候排序问题 | 住房需求急迫程度 | 家庭照护负担 | 家庭赡养照护负担系数 | 申享家庭中老年人口数（65 岁及 65 岁以上）与家庭成员总人数之比 |
|  |  |  |  | 家庭抚养照护负担系数 | 申享家庭中未成年人人口数（0～17 岁）与家庭成员总人数之比 |
|  |  |  |  | 家庭特殊残疾、病患人口照护负担系数 | 申享家庭成员中，患有严重疾病、残疾导致生活不能自理，完全丧失劳动能力的人口数与家庭成员总人数之比 |

## 四、在地社会贡献

"公平"是公租房保障对象甄别指标设置的重要目标，但其含义在不断深化。在传统意义上，保障对象甄别指标设置的"公平"反映的是住房困难家庭之间对公租房申请呈现出的一种状况，它包括横向公平和纵向公平。

所谓"横向公平"，是指申请条件相似的家庭应该享受同等的公租房保障待遇。所谓"纵向公平"，则是指无论何种户籍身份都应享受同等的公租房保障待遇。

文献样本和实践样本都将户籍指标作为甄别公租房保障对象的重要维度。文献样本更多关注同等申请条件下的公平实现，而未考虑公租房基于户籍门槛对保障对象身份划分的不公平性。

政策样本则将公租房申享资格与户籍捆绑，其准入制度设计以户籍为基础，将保障对象区分为三类人群，即具有本地户籍的城市中低收入住房困难家庭、新就业职工和无本地户籍的外来务工人员。

这种人为制造的公租房待遇差距造成了公共住房福利歧视，使公租房待遇的获得存在甄别指标设置的差异性，违背了住房保障的公平性原则，同时产生了一定的负向激励。由于城市中低收入家庭获取公租房只设置了收入和住房条件两项约束性指标，而新就业职工和外来务工人员则增加了居住年限和就业稳定性等约束性指标，因此在一定程度上抑制了具有本地户籍申享家庭的就业积极性。

随着中国二元户籍制度改革，要实现人口自由迁徙，须重构各项福利的公平待遇和权益保障的价值取向，公租房准入政策也亟须重构住房福利门槛，将户籍与保障对象身份划分剥离，不再将"是否具有本地户籍"这一指标作为细分公租房保障对象的依据，设置能激励劳动就业，为城市做贡献的新公租房保障对象甄别指标，为新市民获取公共住房福利提供新途径，最终实现"人人有房住"的普惠性住房政策，让公租房制度设计回归初心。

据此，基于保障公租房申享资格的公平性和减少对公租房户籍家庭劳动就业的负向激励的目的，本书从居民的就业稳定程度和居住稳定程度两个方面，评价申享家庭对公租房所在地做出的社会贡献，并从申请人是否签订劳动合同、缴纳社会保险费年限、缴纳住房公积金年限和申请地居住年限设置4个三级指标，以此来测量申享家庭的在地社会贡献，具体如表2-15所示。

表 2-15 在地社会贡献及具体指标

| 设置目的 | 拟解决问题 | 一级指标 | 二级指标 | 三级指标 | 内涵说明 |
|---|---|---|---|---|---|
| 保障公租房申享资格的公平性和减少对本地户籍家庭劳动就业的负向激励 | 解决公租房申享资格与户籍准入指标的捆绑 | 在地社会贡献程度 | 就业稳定程度 | 是否签订劳动合同 | 与申享地用人单位是否签订劳动（聘用）合同 |
| | | | | 缴纳社会保险费年限 | 在申享地缴纳社会保险费的时长 |
| | | | | 缴纳住房公积金年限 | 在申享地缴纳住房公积金的时长 |
| | | | 居住稳定程度 | 申请地居住年限 | 申享家庭在当地居住的时长 |

综上所述，公租房保障对象甄别指标体系只选择住房困难程度、商品房购买力、住房需求急迫程度和在地社会贡献四类对住房贫困信息甄别最重要的维度，并适当精简每个维度的细分变量。现有的学者在研究住房贫困时，认为只要变量之间不存在较大的共线性和相关性，就尽可能增加解释变量，以减少遗漏变量导致的内生性问题，这种方法比较适合对某种现象的影响因素分析。但影响住房贫困的因素很多，过多变量分析对甄别准确率的主导因素分析不利，也加大了采集甄别信息的难度。因为变量越多，收集有效信息的难度越大，一部分指标的边际效应越低，从而也降低了指标体系指导实际甄别工作的政策价值。因此，本书指标研究有别于指标影响因素分析。

## 第三节 "住房困难程度和商品房购买力"双导向的多维住房贫困甄别模型

本节将公租房保障对象甄别指标从收入、住房面积等单一视角转向多维视角，结合住房需求急迫程度、在地社会贡献等非住房类、经济类因素，采用

A-F多视野下的住房贫困测算改进方法，构建以"住房困难程度和商品房购买力"双导向的多维住房贫困模型（以下简称"双导向的多维甄别模型"），考察多维住房贫困对象的识别、追踪问题。

## 一、多维住房贫困的测量测算方法与筛选

从多维视角下考察公租房保障对象是否存在住房困难，需要结合中国各城市的具体现状考虑两个问题：第一个问题，多维住房贫困的测量方法；第二个问题，如何选择住房贫困剥夺维度。

### （一）结合中国公租房保障政策实际的多维住房贫困测度方法

借鉴阿马蒂亚·森的基本能力理论，从能力贫困的视角出发，认为贫困的实质是人们创造收入和机会的贫困，是缺乏维持正常生活和参与社会活动的可行能力，即贫困应该被认为是对人们可行能力的剥夺[1]。这意味着贫困的存在不仅是来源于物质生活的窘境，还来自人们处于一种被社会排斥，相对剥夺的生活状态和对福利主观感受的贫困。

2011年，牛津大学贫困与人类发展研究中心主任阿尔基尔（Alkire）和福斯特（Foster）根据基本能力理论，提出了计算多维贫困指数的alkire-foster方法，简称A-F方法[2]。该方法通过测算多维贫困指数（multidimensional poverty index，MPI）来评价多维贫困状况。后期联合国开发计划署（the united nations development programme，UNDP）在每年的《人类发展报告》中采纳了A-F多维贫困测算方法。全球多维贫困共有三个维度，即教育、健康、生活水平，共计10个指标。

由此，世界上100多个国家开始尝试从单一测算贫困维度向多维测算贫困维度转变，并根据本国实际情况，构建适合本国国情的一套贫困剥夺指标来精准识别贫困对象，使原来的三维度向四维度、五维度等更多维度发展。

例如，王春超和叶琴运用A-F多维贫困测算方法从教育、收入、健康和医疗保险四个维度对中国农民工多维贫困进行了研究[3]。安古洛（Angulo）等运用

---

[1] SEN A K. 以自由看待发展 [M]. 任赜，于真，译. 北京：中国人民大学出版社，2002: 9–23.

[2] ALKIRE S, FOSTER J, "Counting and Multidimensional Poverty Measurement[J]. Journal of Public Economics, 2011, 95(7–8): 476–487.

[3] 王春超，叶琴. 中国农民工多维贫困的演进——基于收入与教育维度的考察 [J]. 经济研究，2017(12): 159–174.

A-F 多维贫困测算方法对哥伦比亚全国贫困的持续性变化从居住环境、受教育情况、健康状况、就业情况和儿童生活状况五个维度进行追踪考察。

据此，本书将多维测算贫困的 A-F 方法引入住房贫困中，从贫困类别讲，住房贫困是反映人们生活贫困状态的一个维度，住房困难就是住房贫困。但 A-F 多维测算贫困方法引入住房贫困对象甄别中存在以下两个问题：

第一，A-F 多维测算贫困的方法在多个维度权重可以不同，但是属性必须相同，即个体在遭受任意维度的剥夺时，则该个体至少处于一维贫困状态，这将导向贫困范围的扩大，产生"虚假贫困"现象。而中国目前，关于公租房贫困保障的准入政策均以住房面积和收入为导向对住房困难群体进行甄别。如申享家庭在其中这两个维度遭受剥夺，即被视作住房贫困，这将导致一部分非经济类因素陷入住房贫困状态的家庭不被纳入住房保障范围，产生漏保现象，违背公租房政策设计的初衷。

第二，若公租房从"住房困难程度或商品房购买力"中选择一个维度作为主导型来多维测算住房困难群体，即或以"商品房购买力"多维度测算住房困难群体，或以"住房困难程度为主导"多维度测算住房困难群体，这将会给准入政策的精准识别带来困难，尽管 A-F 方法能通过多维视角识别出一部分确有需要处于多重剥夺的住房贫困个体，但其中的一部分个体可能并不存在真正的住房贫困，而且在多重剥夺下更容易漏掉住房困难程度或商品房购买力主导性维度，这会减弱公租房保障政策实施的精准效果。

因此，基于上述考虑，本书构建以"住房困难程度和商品房购买力"为双导向地位的住房贫困对象甄别模型，即住房困难程度和商品房购买力为住房困难群体甄别的必要充分条件，两者必须都要满足，不能只取其一。

但以"住房困难程度和商品房购买力"为双导向对住房困难群体进行甄别，也存在一定的局限性，即基于双导向维度甄别住房困难群体会给其住房匹配带来困扰。尽管在双导向维度下也能甄别出一部分处于双重剥夺的住房福利水平相对较低的困难群体，但可能这部分困难群体在住房需求的急迫程度方面没有那么迫切和紧急。

综上所述，本书对 A-F 多维贫困测算方法做了修正，以"住房困难程度和商品房购买力"维度出现双剥夺的住房困难群体为重点关注对象，并从住房需求急迫程度和在地社会贡献进行多维排序测算，解决优先匹配和社会公平的问题。

本节的主要贡献如下：首先，在测算方法上，将住房困难程度和商品房购买力双导向甄别标准与申享家庭住房需求急迫程度和在地社会贡献评价相结合，重点考虑在"住房困难程度和商品房购买力"标准下多重剥夺，兼顾了非住房面积和非收入维度对公租房困难群体福利的影响，旨在为公租房保障对象的精准甄别提供参考；其次，在维度的选择上，强调多重福利剥夺和政策可操作性，考察双导向的多维住房贫困综合评价指数排序，旨在真实、准确反映申享家庭在双导向下的多维住房贫困现状；最后，对双导向的多维住房贫困对象进行指标测算分析，从双导向的多维住房贫困视角考察不同类型家庭在住房贫困方面的差异。

### （二）双导向的多维住房贫困判断标准

A-F 多维贫困测算方法赋予各个维度相同属性（可以是不同权重），只要任何一个维度存在剥夺，则该个体在此维度即被视作贫困，并结合所有维度的剥夺值来界定多维贫困。

本书借鉴 A-F 多维贫困测算分析方法，结合中国公租房保障政策实际，重点突出住房困难程度和商品房购买力两个导向维度，使评价结果具有较强的政策导向性，重点测量在双导向维度已处于贫困个体的多重剥夺，即在多维视角下，住房困难程度和商品房购买力为导向地位的多维住房贫困，也就是处于住房困难程度和商品房购买力维度的排斥指标和吸纳指标存在剥夺，当公租房申享家庭在这两个双导向维度不存在剥夺时，该申享家庭则被认为处于非住房贫困状态，即使该申享家庭处于其他一维住房贫困状态。双导向的多维住房贫困测算方法及判断标准如表 2-16 所示。

在表 2-16 中，第一列为个体申享家庭，用 $n=1，2，3，4，5，6，\cdots$ 表示；第 2 列为多维贫困住房剥夺矩阵，每一列代表一个维度，$a$ 为第一个维度，代表住房困难程度，$b$ 为第二个维度，代表商品房购买力维度，$c$ 为第三个维度，代表住房需求急迫程度维度，$d$ 为第四个维度，代表在地社会贡献维度。在这四个维度矩阵中，$g$ 表示住房贫困维度的临界值，1 表示该维度出现剥夺情况，0 则表示该维度没有出现剥夺情况。在 A-F 多维住房贫困维度视角下，可以看出：申享家庭 1，9，13，14 处于一维住房贫困状态；申享家庭 2，3，5，10，11，15 处于二维住房贫困状态；申享家庭 4，6，7，12 处于三维住房贫困状态；申享家庭 8 处于四维住房贫困状态。也就是说，随着住房贫困维度临界值 $g$ 的升高，15 个申享家庭均处于至少一维的住房贫困状态，而这种测量公租房保障对象甄别的方法不符合中国保障范围和保障水平的实际情况。因此，本书在双导向的多维住房贫困视角下，即申享家庭必须同时满足"住房困难程度和商品房购买力"两个双导向维度的基础上来甄别保障对象，并随着住房贫困维度临界值 $g$ 的升高，来甄别公租房最需要的人群，并以此作为申享家庭类别划分的依据。

表 2-16　双导向的多维住房贫困测算方法及判断标准

| 申享家庭 | 多维贫困住房剥夺矩阵 | | | | 双导向的多维住房贫困 | A-F 多维贫困 |
|---|---|---|---|---|---|---|
| $n$ | $a$ | $b$ | $c$ | $d$ | | |
| 1 | 1 | 0 | 0 | 0 | 住房困难程度和商品房购买力维度居于主导地位，第一列为 $a$= 住房困难程度，$b$= 商品房购买力，$c$、$d$ 为其他维度。不同维度临界值 $g$ 所对应的多维贫困，判断标准如下：　$g=2$ 表示 5，6，7，8 至少处于住房困难程度与商品房购买力为主导的二维住房贫困个体；　$g=3$ 表示 6，7 三维住房贫困个体；　$g=4$ 表示 8 为四维住房贫困个体 | 各维度属性类似（权重可以不同）。不同维度临界值 $g$ 所对应的多维贫困，判断标准如下：　$g=1$ 表示 1，9，13，14 为一维住房贫困个体；　$g=2$ 表示 2，3，5，10，11，15 为二维住房贫困个体；　$g=3$ 表示 4，6，7，12 为三维住房贫困个体；　$g=4$ 表示 8 为四维住房贫困个体 |
| 2 | 1 | 0 | 0 | 1 | | |
| 3 | 1 | 0 | 1 | 0 | | |
| 4 | 1 | 0 | 1 | 1 | | |
| 5 | 1 | 1 | 0 | 0 | | |
| 6 | 1 | 1 | 0 | 1 | | |
| 7 | 1 | 1 | 1 | 0 | | |
| 8 | 1 | 1 | 1 | 1 | | |
| 9 | 0 | 1 | 0 | 0 | | |
| 10 | 0 | 1 | 0 | 1 | | |
| 11 | 0 | 1 | 1 | 0 | | |
| 12 | 0 | 1 | 1 | 1 | | |
| 13 | 0 | 0 | 0 | 1 | | |
| 14 | 0 | 0 | 1 | 0 | | |
| 15 | 0 | 0 | 1 | 1 | | |

从多维贫困住房剥夺矩阵中可以看出：申享家庭 2，3，10，11，15 虽然处于二维住房贫困状态，但是它不以 $a$、$b$ 两列为主导，即不以住房困难程度和商品房购买力为剥夺，它不能真实反映公租房需要保障的人群，所以申享家

庭 2，3，10，11，15 的二维住房贫困状态是无效识别。申享家庭 5，6，7，8 则是以 a、b 两列为主导，这种以住房困难程度和商品房购买力剥夺为基础，能真实甄别出公租房需要保障的人群，因此申享家庭 5，6，7，8 是至少处于双导向的二维住房贫困个体，是对申享家庭住房贫困状态的有效识别。其中，申享家庭 6，7 处于三维住房贫困状态；申享家庭 8 处于四维住房贫困状态。可以根据双导向的多维住房贫困测算方法，将申享家庭划分成四种类型：生存型、环境改善型、家庭保障型和自我发展型。

通过表 2-16 可知：双导向的多维住房贫困测算方法比 A-F 多维贫困测算方法更关注住房困难程度和商品房购买力两个维度被剥夺后，申享家庭所具有的其他维度的特征，它重点强调其他维度信息对双导向两个维度的补充。运用此方法在公租房保障对象的精准甄别和动态追踪方面，能考察住房困难群体在双导向两个维度已经遭受剥夺的情况，其他维度被剥夺的情况，使公租房管理机构能在多维视角下，甄别出住房最困难的极端群体，解决最急迫需要住房的人群需求，为其提供公租房产品。另外，A-F 多维贫困测算方法有利于挖掘申享家庭陷入和跳出住房困难的原因，为解决处于暂时性住房困难和永久性住房困难群体提供针对性的政策和服务。

## 二、双导向的多维住房贫困甄别矩阵

双导向的多维住房贫困甄别矩阵模型用 $n \times d$ 维矩阵来反映公租房申享家庭的福利状况，其中 $n$ 为申享家庭数量，$d$ 为测算住房贫困的维度。用公式表示为 $X = [X_{eh}]$ 为 $n \times d$ 维矩阵，即每一个行向量 $X_e$ 表示 $d$ 个维度下个体 $e$ 的主要状态，每一个列向量 $X_h$ 表示维度 $h$ 下所有的申享家庭个体的状态，$X_{eh}$ 表示第 $e$ 个申享家庭在第 $h$ 维下的状态。令 $V_j (V_j > 0)$ 代表申享家庭在第 $j$ 个维度上的剥夺临界值。通过以下三步识别贫困个体。

第一步：通过剥夺临界值来判定申享家庭在给定住房贫困维度上是否遭受剥夺。定义剥夺矩阵 $g_a = [g_{eh}^a]$，其中 $g_{eh}^a$ 的取值为

$$g_{eh}^a = \begin{cases} \left( \dfrac{V_j - X_{eh}}{V_j} \right)^a, & X_{eh} < V_j \\ 0, & X_{eh} \geq V_j \end{cases} \quad (2-1)$$

公式（2-1）中，$a$ 为剥夺临界值，$a$ 的取值为 0 和 1。当 $a$ 取值为 0 时，

则表示$g_{eh}^0$是申享家庭 $e$ 在 $h$ 维度不存在剥夺；当 $a$ 取值为 1 时，则表示$g_{eh}^1$是申享家庭 $e$ 在 $h$ 维度存在剥夺。

第二步：以住房困难程度和商品房购买力为双导向的判断标准确定贫困剥夺计数函数。这是对 A–F 多维贫困测试方法的修正。

公租房申享家庭 $i$ 的总住房贫困剥夺维度计数函数$K_i$为

$$K_i = \begin{cases} A_1 g_{eh}^0 + \sum_{h=2}^{m} A_h g_{eh}^0, X_{eh} < H, X_{eh} < I, X_{eh} < V_j \\ 0, X_{eh} \geq I, X_{eh} \geq H \end{cases} \qquad （2\text{-}2）$$

公式（2-2）中，$A_1$ 为维度 $h$ 下的权重，计算时假设剥夺矩阵第一列为住房困难程度，第二列为商品房购买力，$H$ 为住房困难程度剥夺临界值，$I$ 为商品房购买力剥夺临界值。当申享家庭的住房困难程度和商品房购买力维度存在剥夺时，其住房贫困维度计数函数为 1，即使该申享家庭在其他两个维度不存在剥夺情况，但仍被视作住房困难群体。当申享家庭其住房困难程度和商品房购买力维度不存在剥夺时，其住房贫困维度计数函数为 0，即使该申享家庭其他维度存在剥夺，但仍被视作非住房困难群体。

第三步：设置住房贫困维度临界值，用于判断申享家庭是否存在住房困难。若假定住房贫困维度临界值为 $g$，则公租房申享家庭个体的甄别函数 $P_g$ $(X_e, V)$ 的取值如下：当 $K_i < g$ 时，$P_g (X_e, V) = 0$，即申享家庭 $e$ 被视作处于非住房困难状态；当 $K_i \geq g$ 时，$P_g (X_e, V) = 1$，即申享家庭 $e$ 被视作处于住房困难状态。识别出住房贫困个体后，即可对住房贫困个体进行加总得分，并结合排序性指标值和权重计算出综合评价指数进行排序。

综上所述，可以通过上述三个步骤有效甄别出公租房保障对象，并对保障对象住房贫困程度进行细分，使政府在公租房供给数量有限的情况下，确定公租房优先保障的顺序和提供不同需求层次的保障产品。

# 第三章　住房困难程度及其度量指标

本章讨论双导向的多维住房贫困对象甄别指标体系的住房困难程度维度指标，该指标在甄别指标体系中具有导向作用。借鉴美国学者 Jane R.Zavisca 和 Theodore P.Gerber 对住房情况测量三个标准，即住房权属、住房数量和住房质量[1]，将住房困难程度维度指标划分为住房权属、住房面积（数量）和住房质量三个二级指标，以及是否有自有产权住房、是否享受政策性优惠住房、家庭人均住房建筑面积、住房面积指数、住房完好程度五个三级指标。其中，住房权属和住房质量指标是"双导向"多维住房贫困对象甄别指标体系的导向性指标，住房权属为一票否决性排斥指标，住房质量指标为一票准入性吸纳指标。住房面积指标为"排序性"指标。

本章论述是对第二章内容的展开说明，也是第七章公租房保障对象甄别指标验证的论述基础。

## 第一节　住房权属及其认定标准

住房权属是对公租房申请对象住房困难程度的一票否决排除式测量，住房困难程度测量首要保障无自有住房和没有享受过政策性优惠住房的群体。通过住房权属的两个三级指标，即是否有自有产权住房、是否享受政策性优惠住房，将有自有住房或享受过政策性优惠住房的申享对象排除在保障对象范围之外。

本节将通过文献样本和实践样本数据对住房权属问题做分类统计，并进行差异性分析，以确定住房权属的认定标准。

---

[1]　ZAVISCA J R，GERBER T P. The Socioeconomic, Demographic, and Political Effects of Housing in Comparative Perspective[J]. Annual review of sociology, 2016, 42(1): 347−367.

## 一、文献样本：侧重无住房产权群体的保障

在本书研究的 120 篇文献样本中，学者主要从"现有住房产权性质、本人及家庭成员在本市均无住房、居住方式"等方面来描述申享家庭住房权属问题，具体样本文献描述及频数如表 3-1 和表 3-2 所示。

表 3-1　住房权属的文献样本描述

| 住房权属文献描述 | 文献样本编码 |
|---|---|
| 现有住房产权性质 | [11][16] [25] [21] [39] [68][69][103] [110][113] |
| 本人及家庭成员在本市均无住房 | [18] [27] [39][63] [68] [87][91] [106][107] |
| 居住方式 | [76][82] |

资料来源：根据 120 篇文献样本整理。

表 3-2　住房权属的文献样本频数统计

| 项目 | 频数 | 百分比 | 有效百分比 | 累积百分比 |
|---|---|---|---|---|
| 现有住房产权性质 | 10 | 8.3 | 8.3 | 8.3 |
| 本人及家庭成员在本市均无住房 | 9 | 7.5 | 7.5 | 15.8 |
| 居住方式（租住／其他） | 2 | 1.7 | 1.7 | 17.5 |
| 其他／缺失 | 99 | 82.5 | 82.5 | 100.0 |
| 合计 | 120 | 100.0 | 100.0 | |

资料来源：根据 120 篇文献样本整理。

从表 3-1 和表 3-2 中可以看出，在 120 篇文献样本中，有 10 篇文献从"现有住房产权性质"来测量住房贫困，约占 8.3%，主张通过"本人及家庭成员在本市均无住房"来排除不应保障人群的样本文献有 9 篇，约占 7.5%。在样本文献中对"居住方式"的考虑较少，只有 2 篇文献，约占 1.7%。"居住方式"方面主要考虑的是申享者现有的住房是自有、租住、借住还是其他的居住方式。

通过对文献提取指标的频数分析，可以看出约有 82.5% 的文献没有提到申享家庭的住房产权问题，只有 17.5% 的文献主张将住房权属作为公共租赁住房保障对象甄别指标之一。例如，刘祖云、吴开泽主张将有房屋产权的申享家庭剔除住房保障范围，只解决无产权的住房困难人群，并优先考虑既无购房能力又

无租房能力的住房特困户[1]。杨鹏提出从法律、法规的角度规范住房情况的认定，包括是否拥有自有住房、住房的类别、地域范围等[2]。

综上所述，在文献样本中凡是主张以住房权属来测量住房贫困的，均表现为对无住房产权群体的保障。

## 二、实践样本：强调无住房且未享受保障性住房的群体

本书通过对 226 个城市的公租房准入政策样本进行整理，提取准入政策样本中无自有住房、无房、无住房、未租住其他保障性住房和未租住公有住房等关键词，并对数据归类整理，将实践样本关于住房权属的关键词合并归为两类，即"无自有住房、未租住保障性住房"，录入 SPSS 19.0 进行频率分析，具体分析过程如表 3-3 ～表 3-6 所示。

表 3-3  实践样本对住房权属的统计量

| 参数 | | 所属省份 | 城市名称 | 无自有住房 | 未租住保障性住房 |
|---|---|---|---|---|---|
| *N* | 有效 | 226 | 226 | 179 | 36 |
| | 缺失 | 0 | 0 | 47 | 190 |
| 均值 | | | | .000 | 1.000 |
| 标准差 | | | | .000 | .000 |
| 方差 | | | | .000 | .000 |
| 偏度的标准误 | | | | .182 | .393 |
| 极小值 | | | | 0 | 1 |
| 极大值 | | | | 0 | 1 |
| 百分位数 | 25 | | | .000 | 1.000 |
| | 50 | | | .000 | 1.000 |
| | 75 | | | .000 | 1.000 |

[1] 刘祖云，吴开泽. 住房保障准入与退出的香港模式及其对内地的启示 [J]. 中南民族大学学报 ( 人文社会科学版 )，2014(2): 83-87.

[2] 杨鹏. 论我国公租房准入机制的困境与规范建构——以国务院及部分省市的规范性文件为例 [J]. 政法论丛，2016(1): 154-160.

表 3-4　实践样本对所属省份的频率统计表

| 地区 | 频率 | 百分比 | 有效百分比 | 累积百分比 |
|---|---|---|---|---|
| 安徽 | 13 | 5.8 | 5.8 | 5.8 |
| 北京 | 1 | 0.4 | 0.4 | 6.2 |
| 福建 | 9 | 4.0 | 4.0 | 10.2 |
| 甘肃 | 7 | 3.1 | 3.1 | 13.3 |
| 广东 | 18 | 8.0 | 8.0 | 21.3 |
| 广西 | 14 | 6.2 | 6.2 | 27.5 |
| 贵州 | 8 | 3.5 | 3.5 | 31.0 |
| 海南 | 4 | 1.8 | 1.8 | 32.8 |
| 河北 | 7 | 3.1 | 3.1 | 35.9 |
| 河南 | 10 | 4.4 | 4.4 | 40.3 |
| 黑龙江 | 6 | 2.7 | 2.7 | 43 |
| 湖北 | 14 | 6.2 | 6.2 | 49.2 |
| 湖南 | 10 | 4.4 | 4.4 | 53.6 |
| 吉林 | 3 | 1.3 | 1.3 | 54.9 |
| 江苏 | 11 | 4.9 | 4.9 | 59.8 |
| 江西 | 9 | 4.0 | 4.0 | 63.8 |
| 辽宁 | 8 | 3.5 | 3.5 | 67.3 |
| 内蒙古 | 6 | 2.7 | 2.7 | 70 |
| 宁夏 | 4 | 1.8 | 1.8 | 71.8 |
| 青海 | 1 | 0.4 | 0.4 | 72.2 |
| 山东 | 14 | 6.2 | 6.2 | 78.4 |
| 山西 | 1 | 0.4 | 0.4 | 78.8 |
| 陕西 | 7 | 3.1 | 3.1 | 81.9 |
| 四川 | 17 | 7.5 | 7.5 | 89.4 |
| 天津 | 1 | 0.4 | 0.4 | 89.8 |
| 西藏 | 1 | 0.4 | 0.4 | 90.2 |
| 新疆 | 1 | 0.4 | 0.4 | 90.6 |
| 云南 | 10 | 4.4 | 4.4 | 95 |
| 浙江 | 10 | 4.4 | 4.4 | 99.4 |
| 重庆 | 1 | 0.4 | 0.4 | 100.0 |
| 合计 | 226 | 100.0 | 100.0 | |

表 3-5　实践样本对无自有住房的频率统计

| 类别 | | 频率 | 百分比 | 有效百分比 | 累积百分比 |
|---|---|---|---|---|---|
| 有效 | 无 | 179 | 79.2 | 100.0 | 100.0 |
| 缺失 | 系统 | 47 | 20.8 | | |
| 合计 | | 226 | 100.0 | | |

表 3-6 实践样本对未租住保障性住房的频率统计

| | 类别 | 频率 | 百分比 | 有效百分比 | 累积百分比 |
|---|---|---|---|---|---|
| 有效 | 未租住保障性住房 | 36 | 15.9 | 100.0 | 100.0 |
| 缺失 | 系统 | 190 | 84.1 | | |
| | 合计 | 226 | 100.0 | | |

由表 3-3 ~ 表 3-6 可知：在全国 226 个城市中，以无自有住房为公共租赁住房准入条件来筛选住房困难群体的城市有 179 个，占比接近 80%，这说明全国绝大多数城市将申享家庭的住房产权问题作为识别住房困难程度的条件之一，保障对象也只针对无自有住房群体。

将未租住保障性住房作为公共租赁住房准入条件来筛选住房困难群体的城市有 36 个，占比 15.9%，这说明部分城市在无自有住房的基础上，排除享受过其他福利性住房的群体。

另外，现有的公共租赁住房准入政策对申享家庭现有住房权属并未做出具体而明确的规定，绝大多数政策规定仅限于在本地无住房，至于无住房的具体类别并未做详细说明。未明确政策中的无住房究竟是指无自有产权住房还是无租住房、借住房，还是其他的保障性住房，均未从操作层面加以明确，充满地域色彩和自有裁量权。

综上所述，实践样本将申享家庭现有住房的产权属性认定作为住房困难程度识别的实际操作指标之一，并对该指标设置了进入障碍，通过对申享家庭是否拥有自有住房产权、是否享受其他保障性住房等排除式指标，将保障对象的范围进行了缩小，但是其对无住房的界定比较模糊，也没有列出无住房的判定标准。

## 三、住房权属引起的概念、保障范围、转移行为及其界定差异

通过前述文献与政策数据的整理，本书发现两者的差异主要由申享者现有住房权属问题引起，体现在三个方面：①住房权属概念差异；②住房产权在一定期限内是否有转移行为；③保障范围差异。

### （一）住房权属界定差异

公租房准入政策与文献研究相比而言，准入政策对住房权属的界定笼统，缺乏统一规范的认定标准。学术文献则是旗帜鲜明地界定住房权属的测量指标"无住房"就是无自有住房。

准入政策显然更重视操作层面的问题，关注申享者在本地必须是无住房的，但各地区对在本地无住房的规定并不统一，缺乏具体的类别指引。无住房既可包括无自有住房（如上海），又可指无本地住房，也可指无国内其他地区的保障性住房（如深圳）。这种住房权属界定的不统一对精准甄别保障对象造成干扰，加大了精准甄别的难度。

有无住房作为住房权属的测量指标之一，具有基础性地位，必须通过法律、法规做出规范性认定，确认住房权属的类别和地域范围。

明确无住房是否包含了其他类型的保障性住房。其他类型的保障性住房需要明确已享受的保障性住房的类型和地域范围，如共有产权住房、拆迁安置房、棚户区（危旧房）改造安置房、农村危房改造等保障性住房。在地域范围上，有些城市的甄别条件并未明确规定在什么范围内未享受保障性住房优惠政策，如广州市未明确规定是否在本市未享受购房优惠政策，而深圳对于是否享受住房保障的地域范围限制最为宽泛，规定只要在本市和国内其他地区未享受住房保障即可。因此，在这方面，法律、法规必须制定统一的规定，以确保甄别标准和认定标准的一致性，使住房困难程度甄别过程和甄别结果体现公平性。

### （二）住房权属在一定期限内是否有转移行为

关于住房权属在一定期限内是否有转移行为的问题，学者在研究过程中极少考虑到，同时准入政策在国家政策层面未做出明确规定，但部分城市则做出了规定。

所谓产权转移行为，就是转让产权的行为，其被部分城市用作限制条件的原因是准入政策的门槛相对简单，只设置了住房权属条款没有设定收入、消费、急迫程度或在地贡献等指标，导致申享家庭利用信息不对称谋取不应该得到的住房权益。因此，在具体准入政策中，特别是住房资源比较紧张的城市，都对转移期限做出了规定，一般是 3 ～ 5 年。例如，广州市规定"申请人自申请之日起前 5 年内在广州市未发生房产所有权转移行为"，并对特殊情况发生的 5 年内房产转移情况给出了具体的认定标准，如因病致贫等。深圳市规定的产权转移限制期是 3 年。

本书认为申享家庭的住房权属在一定期限内是否有转移行为可以通过对申享家庭收入、财产审核指标的设置进行有效甄别。为了避免指标之间产生过多的共线性干扰，本书在住房权属指标中不考虑产权转移行为。

### （三）现有住房权属引起的保障范围差异

通过对文献数据和政策数据的分析发现，关于公共租赁住房申享家庭现有住房权属的问题，学者为了研究方便往往采取"一刀切"的方式，只关注无自有产权住房的困难群体。而政策实践既关注无自有住房的困难群体，也关注人均住房面积过低的群体。

准入政策中绝大多数城市对住房产权的描述均为"无住房或人均住房面积低于规定标准"。其将保障范围扩大到两类人群，一是无自有产权住房的申享者，二是有自有产权住房但人均住房面积过低的申享者。

文献研究多把是否拥有自有住房作为测量住房权属的指标，排除有产权但存在住房困难人群的合理的住房需求，主张公租房应该保障无产权且无能力购房的住房困难群体的住房需求，不保障有自有住房产权的住房困难户。

学者不关注现实中存在的有住房产权且人均住房面积过低的住房困难家庭。这种"一刀切"的识别方式，在住房保障资源有限的情况下，有利于缩小保障对象的范围，使保障目标聚焦，明确其保障的对象就是无自有产权的住房群体。

## 四、住房权属的一票否决性排斥指标的提出

通过对公租房文献样本与准入实践样本的差异分析，本书对住房权属的认定标准如下：

第一，设定是否有、无自有住房作为现有住房权属认定的三级指标，该指标属于一票否决性指标，使用该指标对申享家庭进行第一次筛选，将在本地有自有住房产权的申享家庭排除，在异地有自有产权的申享家庭本书暂不做考虑。

第二，设定是否享受政策性优惠住房作为现有住房权属认定的三级指标，该指标也属于一票否决性排斥指标，使用该指标可以将在本地已经享受过政策性优惠住房的申享家庭排除，避免重复享受住房保障福利，确保享有住房权的公平性。

综上所述，住房权属指标是一票否决性排斥指标，通过该指标的设置可以有效排除有自有房产和已经享受过政策性优惠住房的申享家庭，能缩小公租房保障对象甄别的范围，精准锁定无房且未享受住房福利的困难户。

# 第二节 住房面积及其认定标准

住房面积是公租房申享家庭住房困难程度测量的排序性指标，通过家庭人均建筑面积、住房面积指数两个三级指标从数量上测量申享家庭住房情况，能动态反映申享家庭居住的拥挤程度。家庭人均建筑面积、住房面积指数两个三级指标与住房困难程度呈负相关关系，即该指标取值越小，说明家庭住房困难程度越大；反之，则说明家庭住房困难程度越小。

本节将通过文献样本与国内外实践样本数据对住房面积做分类统计，并对存在的差异进行分析，以确定住房面积和住房面积指数的认定标准。

## 一、文献样本：注重以人均住房面积为主

通过对文献样本的整理和分析，提取文献样本中"人均住房面积、全市户籍人均居住面积、户住房面积、家庭人均住房建筑面积、家庭人均住房使用面积、户型"等与住房面积相关的关键词描述如表 3-7 所示，并对关键词进行频数计算，如表 3-8 所示。

表 3-7　公租房申享家庭住房面积文献样本描述

| 住房面积文献描述 | 文献样本编码 |
|---|---|
| 人均住房面积 | [1] [3] [11] [14] [18] [19] [21][24] [31] [32] [33] [34] [39] [47] [52] [56] [55][57][57] [63] [64][69][70] [71] [76] [79][81] [84] [86][87] [90] [93][94] [97][102] [103] [106] [105] [113] [110] [115] [118] [120] |
| 全市户籍人均居住面积 | [1] |
| 户住房面积 | [87] |
| 家庭人均住房建筑面积 | [8][60][64][66][76][72][114][113] [117] |
| 家庭人均住房使用面积 | [24][27] |
| 户型 | [3][24][33] [34][55] [71] [72] [110] |

资料来源：根据 120 篇文献样本整理。

表3-8　住房面积文献样本频数统计

| 项目 | 频数 | 百分比 | 有效百分比 | 累积百分比 |
|---|---|---|---|---|
| 人均住房面积 | 43 | 35.8 | 35.8 | 35.8 |
| 全市户籍人均居住面积 | 1 | 0.8 | 0.8 | 36.6 |
| 户住房面积 | 1 | 0.8 | 0.8 | 37.4 |
| 家庭人均住房建筑面积 | 9 | 7.5 | 7.5 | 44.9 |
| 家庭人均住房使用面积 | 2 | 1.7 | 1.7 | 46.6 |
| 户型 | 8 | 6.7 | 6.7 | 53.3 |
| 缺失 | 56 | 46.7 | 46.7 | 100.0 |
| 合计 | 120 | 100.0 | 100.0 | |

资料来源：根据120篇文献样本整理。

文献样本研究发现：住房面积计量单位不统一，分别以家庭、户、人均为单元，且住房面积测量分别为人均住房面积、家庭人均住房建筑面积、家庭人均住房使用面积等，其中人均住房面积使用频数最高，占35.8%，家庭人均住房建筑面积使用频数其次，占7.5%。

综上所述，在文献样本中，学者倾向使用人均住房面积指标从数量上来测量住房困难程度，该指标明确以人均作为计量住房面积的单元，考虑了家庭人口变化的动态性，能准确反映申享家庭住房实际面积，但未明确住房面积是以建筑面积还是使用面积作为计算标准，导致住房面积计算口径不统一，不利于申享家庭住房困难程度数量指标的精准测量。

## 二、实践样本：强调人均住房面积和面积指数

### （一）国内实践样本强调人均住房面积

本书通过对226个城市的公租房准入实践样本进行整理，提取准入实践样本中关于住房面积的关键词：人均住房建筑面积、人均住房面积、家庭住房总建筑面积、人均居住面积、人均使用面积等，对关键词进行频数分析，具体分析如表3-9所示。

表 3-9 住房面积计量单位频数统计

| 项目 | 人均住房面积 | 家庭住房总建筑面积 | 人均住房建筑面积 | 人均居住面积 | 其他 | 合计 |
|------|-------------|------------------|----------------|-------------|------|------|
| 频数 | 45 | 6 | 116 | 6 | 53 | 226 |
| 百分比 | 19.91 | 2.65 | 51.33 | 2.65 | 23.45 | 100 |

资料来源：根据实践样本整理。

从表 3-9 可以看出，在全国 226 个城市中，以"人均住房建筑面积"为公租房面积的计量单位的城市有 116 个，占比 51.33%，以"人均住房面积"为公租房面积的计量单位的城市有 45 个，占比 19.91%，这说明全国绝大多数城市的公租房准入政策将人均作为计量住房面积的基本单元，将住房建筑面积作为住房面积大小的基本单位。

另外，政策文献样本中，对申享家庭的住房面积做出了限额规定，其区间值在 10 ~ 30 $m^2$，具体如表 3-10 所示。

表 3-10 公租房实践样本人均住房面积限额标准分布

| 人均住房面积限额标准 | 频数 | 百分比 |
|--------------------|------|--------|
| ≤ 10 $m^2$ | 6 | 3 |
| ≤ 11 $m^2$ | 0 | 0 |
| ≤ 12 $m^2$ | 3 | 1 |
| ≤ 13 $m^2$ | 42 | 19 |
| ≤ 14 $m^2$ | 2 | 1 |
| ≤ 15 $m^2$ | 104 | 46 |
| ≤ 16 $m^2$ | 20 | 9 |
| ≤ 17 $m^2$ | 6 | 3 |
| ≤ 18 $m^2$ | 26 | 12 |
| ≤ 19 $m^2$ | 0 | 0 |
| ≤ 20 $m^2$ | 14 | 6 |
| ≤ 30 $m^2$ | 3 | 1 |
| 合计 | 226 | 100 |

资源来源：根据实践样本整理。

从表 3-10 可以看出，各地准入政策中住房面积限额标准小于或等于 15 $m^2$

占大多数，比例为 46%，小于等于 13 m² 居于其次。由此可见，绝大多数城市的公租房准入政策把家庭人均住房建筑面积低于 15 m² 作为甄别住房困难程度的数量指标。

另外，《公共租赁住房管理办法》（中华人民共和国住房和城乡建设部令第 11 号）对公租房的面积标准规定为"在本地无住房或者住房面积低于规定标准"，并未详尽说明住房面积的测算单位和具体标准。

《住宅设计规范》规定了住房的基本功能，即吃饭、睡觉、起居等。根据 2019 年版的《住宅设计规范》的规定：一套住房的双人卧室为 9 m²，单人卧室为 5 m²，起居室（厅）为 10 m²，厨房不能低于 4 m²（表 3-11）。

表 3-11　中国住房内部空间设计最小使用面积标准

| 住宅内部空间类型 | 最小使用面积标准 |
| --- | --- |
| 双人卧室 | 9m² |
| 单人卧室 | 5m² |
| 兼起居室（厅） | 9m² |
| 起居室（厅） | 10m² |
| 厨房 | 4m² |
| 卫生间 | 2.5m² |

资料来源：《住宅设计规范》。

从表 3-11 可以看出，公租房住房面积最小使用标准也必须符合中国《住宅设计规范》的规定，即公租房住房面积并不是越小越好，而是要满足申享家庭基本的住房功能。

综上所述，住房面积指标在国内公租房准入实践样本中体现在两个方面：一是以"人均住房建筑面积"为单位测量住房困难程度；二是对"人均住房建筑面积"的大小做了临界限额的规定，但具体的临界值各个城市不同，其中绝大多数城市以"家庭人均住房建筑面积低于 15 m²"作为公租房住房面积准入标准。

**（二）国外实践样本：强调住房面积指数**

1.国际组织关于住房面积的认定标准

世界卫生组织欧洲区机构提出人均居住面积这个概念，认为最低的人均居住面积为 12 m²[1]。世界卫生组织（WHO）的专家认为，要满足家庭成员最低居住要求的住房须具备合理的房间数量和建筑面积，要有不使家庭成员居住拥挤的卧室和起居室空间，除夫妻之外的成年人和青少年要有单独的卧室。居住的房间有一定的私密性，既要符合每个家庭成员的私密性要求，也要符合整个家庭不被外界打扰的私密性。

国际上的城市住宅标准按三类划分，第一类是城市住房最低居住标准，第二类是城市住房合理居住标准，第三类是城市住房全面居住标准[2]。具体标准如表 3-12 所示。

表 3-12　国际城市住宅的居住标准

| 类别 | 标准 | | | 目标 |
| --- | --- | --- | --- | --- |
| | 国家城市化率 | 人均国民生产总值 | 人均居住面积 | |
| 城市住房最低居住标准 | <40% | <1 000 美元 | <8 m² | 实现每户一套住房的数量目标，满足城市住房生理和卫生要求的最低建筑和居住面积标准 |
| 城市住房合理居住标准 | 40%～70% | >1 000 美元 | 8～15 m² | 实现城市平均每人一间，设施齐全的合理住房的基本标准。注重住房质量的提高 |
| 城市住房全面居住标准 | >70% | >10 000 美元 | >15 m² | 改善城市的居住环境和更新住房设备，实现全面的居住基本标准，以全面满足住房的品质要求 |

资料来源：根据《国际城市住房的居住基本标准》整理。

1958 年国际住房与规划联合会和国际家庭组联盟联合提出了欧洲国家住房的最小居住面积标准，而且根据家庭人口规模规定了每套住房卧室数量和卧室

---

[1]　杨宇冠. 联合国人权公约机构与经典要义 [M]. 北京：中国人民公安大学出版社, 2005.

[2]　郭为公. 关于城市住房的居住基本标准 [J]. 世界建筑, 1994(2): 24-27.

面积的最小值，卧室面积最小不能低于 5 m²，每套住房应至少有一间 11.3 m² 的房间●，并提出用"面积指数"来衡量最小居住面积。联合国欧洲经济委员会于 1959 提出的《日内瓦居住空间使用报告》中，也使用了面积指数。具体欧洲各国最小人均居住面积标准如表 3–13 和表 3–14 所示。

表 3–13　欧洲国家最小人均居住面积标准

| 面积指数 | 居住面积 /m² | 最小人均居住面积 /m² |
|---|---|---|
| 2/3 | 46 | 15.3 |
| 2/4 | 51 | 12.8 |
| 3/4 | 55 | 13.8 |
| 3/5 | 62 | 12.4 |
| 3/6 | 68 | 11.3 |
| 4/6 | 72 | 12 |
| 4/7 | 78 | 11.1 |
| 4/8 | 84 | 10.5 |
| 5/8 | 88 | 11 |

注：面积指数分子为住房卧室数，分母为家庭人口总数。

表 3–14　联合国提出的最小人均居住面积标准

| 面积指数 | 居住面积 /m² | 最小人均居住面积 /m² |
|---|---|---|
| 2/3 | 51.5 | 17.2 |
| 2/4 | 56.5 | 14.1 |
| 3/4 | 60.5 | 15.1 |
| 3/5 | 69.2 | 13.8 |
| 3/6 | 76.2 | 12.7 |
| 4/6 | 80.2 | 13.4 |
| 4/7 | 86.7 | 12.4 |
| 4/8 | 93.7 | 11.7 |
| 5/8 | 97.7 | 12.2 |

资料来源：联合国欧洲经济委员会《日内瓦居住空间使用报告》。

---

● GALLENT N, MADEDDU M, MACE A. Internal housing space standards in Italy and England[J].Progress in Planing, 2010, 74(1): 1−52.

表 3-13 和表 3-14 显示：经济上比较发达的国家和生活水平较高的区域的住房面积较大，但在过去 10 年里，这些国家和地区的住房面积却有所增加。在住房不足的国家，住房面积较小。本节将以日本、新加坡、英国等为例说明国外对保障性住房的人均居住面积的监测情况。

2. 日本住房最低保障面积标准

日本为了保障国民居住生活的安定及促进其发展，制定了《居住生活基本法》，该法规定了国民最低居住面积标准和诱导居住面积标准，最低居住面积标准是由家庭人数的需要保证健康的居住生活环境所必需的住宅居住面积而定，属于强制性标准。而诱导居住面积标准是为了满足各种生活方式而设定的，以丰富生活为前提的平均居住标准。该标准分为两类：一类是都市中心及周边地区集合住宅所设定的都市居住型标准；另一类是都市郊外及都市以外的一般地域的独户住宅所设定的一般型标准。具体面积标准如表 3-15 所示。

表 3-15　日本最低居住面积标准和诱导居住面积标准

| 项目名称 | | 住户专用面积 /m² | | | |
| --- | --- | --- | --- | --- | --- |
| | | 单身 | 2 人 | 3 人 | 4 人 |
| 诱导居住面积标准 | 一般型 | 55 | 75[75] | 100[87.5] | 125[112.5] |
| | 都市居住型 | 40 | 55[55] | 75[65] | 95[85] |
| 最低居住面积标准 | | 25 | 30[30] | 40[35] | 50[45] |

注：（1）住户专用面积即等于我国的套内建筑面积，不含公摊。
　　（2）[ ]内为有 1 名儿童的家庭住房专用面积。
资料来源：日本《居住生活基本法》。

表 3-15 表明：日本虽然属于经济发达国家，但由于土地资源有限，除了单身群体外，人均住房面积均低于 15 m²，而且有 1 名儿童的家庭住房面积标准要比无 1 名儿童的家庭住房面积要低 5 ～ 12.5 m²。日本国民的居住面积标准仍处于较低的水平。

日本第三个住宅建设五年计划（1976—1980 年）确定的居住标准如表 3-16 所示。

表 3-16 日本第三个住宅建设五年计划（1976—1980 年）确定的居住标准

| 住宅面积标准 | 家庭人数 | 房间构成 | 居住面积 /m² | 住户专用面积 /m² | 住宅总面积 /m² |
|---|---|---|---|---|---|
| 最低居住面积标准 | 1 人 | 1K | 7.5 | 16 | 21 |
| | 2 人 | 1DK | 17.5 | 29 | 36 |
| | 3 人 | 2DK | 25 | 39 | 47 |
| | 4 人 | 3DK | 32.5 | 50 | 59 |
| | 5 人 | 3DK | 37.5 | 56 | 65 |
| | 6 人 | 4DK | 45.5 | 66 | 76 |
| | 7 人 | 5DK | 52.5 | 76 | 87 |
| 诱导居住面积标准 | 1 人 | 1DK | 17.5 | 29 | 36 |
| | 2 人 | 1LDK | 33 | 50 | 60 |
| | 3 人 | 2LDK | 43.5 | 69 | 81 |
| | 4 人 | 3LDK | 57 | 86 | 100 |
| | 5 人 | 4LDK | 64.5 | 97 | 111 |
| | 6 人 | 4LDK | 69.5 | 107 | 122 |
| | 7 人 | 5LDK | 79.5 | 116 | 132 |

注："房间构成"的符号，数字表示卧室数量，K 表示厨房，DK 表示厨房兼餐厅，L 表示起居室。

资料来源：《新世纪的住房政策》第 281-284 页。

从表 3-16 可以看出，日本对国民的住房面积按三种类型计量，即居住面积、住户专用面积和住宅总面积。居住面积 = 卧室面积 + 餐厅面积 + 厨房面积；住户专用面积 = 居住面积 + 厕所面积 + 浴室面积 + 储藏室面积；住宅总面积 = 住房专用面积 + 共用面积 + 阳台面积（按 1/2 面积计入）。实质上，日本的"住宅总面积"相当于中国住房的"建筑面积"，而"住户专用面积"相当于中国住房的"套内建筑面积"。

3. 新加坡组屋面积标准

新加坡是世界上公认的公共住房问题解决的最好的国家之一，在政府倡导的"居者有其屋"的计划下，新加城 500 多万人口中，约有 82% 的人口都是居住在政府组屋里。其中 80% 拥有自己购买的住房，2% 是租赁住房，真正做到了住者有其屋。新加坡建屋发展局（HDB）将住房面积分为居住标准（最低面积标准）和套均建筑面积标准。

新加坡住房的最低面积标准是 HDB 为了保证房间的舒适性和功能性，制定的最小房间面积标准，表 3-17 为每层住宅不同房间数的建议面积标准。

表 3-17　新加坡组屋最小房间面积标准（1985 年）

| 4 室单元组合 /m² | 5 室改善型单元 /m² | 执行共管组屋单元 /m² | 类型 |
|---|---|---|---|
| 28 ~ 33 | 18 ~ 23 | 22 ~ 30<br>13 ~ 16 | 客厅 / 餐厅 |
| 14.4 ~ 16 | 15.5 ~ 17 | 16 ~ 38 | 主卧式 |
| 13 ~ 14 | 13 ~ 14 | 13 ~ 14.5 | 卧式 1 |
| 12 ~ 13 | 12 ~ 13 | 12.5 ~ 14 | 卧式 2 |
| — | 11 ~ 12 | 11 ~ 12 | 书房 |
| 14 ~ 16 | 14 ~ 16 | 13 ~ 16 | 厨房 |
| — | 5.5 ~ 6.5 | 7 ~ 8.5 | 阳台 |
| 3.2 ~ 3.7 | 3.2 ~ 3.7 | 3.7 ~ 4.5 | 浴室 / 卫生间 1（主卧室） |
| 2.7 ~ 3.2 | 3.2 ~ 3.7 | 3.7 ~ 4.5 | 浴室 / 卫生间 2（普通） |
| — | — | 1.4 ~ 2.0 | 卫生间 3（共管组屋） |
| 1.8 ~ 2.2 | 1.8 ~ 2.2 | 1.8 ~ 2.2 | 仓库 |
| 97 ~ 99 | 112 ~ 114 | — | 共计 |
| 105 ± 0.5 | 123 ± 0.5 | 145 ± 1 | 与标准房屋面积偏差 |

　　至 2014 年 3 月，套均建筑面积（表 3-18）在新加坡是指除去空置部分和商业用途外，建筑容积率控制部分和开发费用部分面积的总和。

表 3-18　新加坡组屋套均建筑面积

| 组屋户型 | 平均面积 /m² |
|---|---|
| 1 房 | 31 |
| 2 房 | 45.26 |
| 3 房 | 68.03 |
| 4 房 | 96.31 |
| 5 房 | 118.47 |

　　新加坡是按房间数来确定公共住房面积标准。新加坡建屋发展局（HDB）所建设的住房，以 4 房为最多，占全部住房的 30% 以上，其次为 3 房和 5 房，分别占到全部住房比例的 20% ~ 26.6%，1 房、2 房房型则占到全部住房的3.9% ~ 5%。1 房、2 房设计的套内建筑面积分别为 30 m²、45 m²，两室一厅的 3 房套内建筑面积自 2014 年以后由 1970 年的 55 m² 提高至 68.03 m²，三室一

厅的 4 房和四室一厅的 5 房套内建筑面积分别为 96.31 m²、118.47 m²。HDB 建设的 4 房最受欢迎，住房高达 32.6%[1]。

新加坡建屋发展局统计数据显示，在过去的 30 年里，新加坡各类政府组屋的面积缩水超过 10%，但是人均居住面积增加超过 10%，5 房式组屋住户人均居住面积从 1980 年的 27 m² 增加到 2000 年的 32 m²；4 房式组屋人均居住面积则从 23 m² 增加到 26 m²。

4. 英国社会住房面积标准

2013 年，英国居民中约有 63.5% 的居民拥有自有住房产权，9.94% 的居民租赁注册社会业主房屋；其中 7.8% 的居民从当地政府租赁公有住房、18.5% 的居民租赁私人房屋。英国住宅的平均面积为 85 m²，平均 5.2 室，每室的平均面积占 16.3%。英国住房供给方式有四种，即租赁私房、自有住房、租赁住房协会房和租赁地方政府住房（议会住房）。自有住房相对于出租房建筑使用面积要大。表 3-19 表明，在 2013 年，英格兰住宅平均使用面积为 95.3 m²。社会住房的平均使用面积为 66.2 m²，私人住房的平均面积为 101.4 m²。私人住房中，自有住房面积 108.5 m²，远大于私人出租房面积 77.8 m²。2/3 社会住房面积小于 70m²，然而 70% 以上私人住房面积大于 70 m²。

表 3-19　2013 年英格兰各类型住房不同使用建筑面积比例

| 使用面积 | 自有住房 /% | 私人出租房 /% | 地方政府 /% | 注册社会业主 /% | 全部住房 /% |
|---|---|---|---|---|---|
| <50 m² | 5 | 20 | 27 | 28 | 11 |
| 50 ~ 69 m² | 19 | 35 | 38 | 39 | 26 |
| 70 ~ 89 m² | 28 | 25 | 29 | 26 | 27 |
| 90 ~ 109 m² | 17 | 10 | 5 | 5 | 13 |
| ≥ 110 m² | 32 | 10 | 1 | 2 | 22 |

资料来源：English Housing Survey Headline Report 2013 to 2014 Section 2: Tables, Figures and Annex Tables。

与拥有自有住房者相比，社会和租赁私房者居住在较拥挤的环境中。但英国一直对居民的居住标准十分重视，主要体现在控制房间数量、最低居住面积（表 3-20）、满足基础功能 / 活动需要三个指标。英国最低居住面积在不同的

---

[1]　熊衍仁，沈绿文．国外住房发展报告 [M]．北京：中国建筑工业出版社，2015.

地区和部门有不同的面积标准，但都用卧室数和人口数相结合，以使用建筑面积为计量单位进行测量。

表3-20　现有各种标准的最低居住面积

单位：m²

| 类型 | 1卧2人公寓 | 2卧3人公寓或平房 | 2卧3人2层别墅 | 2卧4人公寓或平房 | 2卧4人2层别墅 | 3卧5人公寓或平房 | 3卧5人2层别墅 | 3卧5人3层别墅 | 4卧6人公寓或平房 | 4卧6人2层别墅 | 4卧6人3层别墅 |
|---|---|---|---|---|---|---|---|---|---|---|---|
| HCA国家标准 | 48 | 61 | 71 | 70 | 80 | 86 | 96 | 102 | 99 | 108 | 114 |
| 住房协会 | 45～50 | 57～67 | 57～67 | 67～75 | 67～75 | 75～85 | 82～85 | 85～95 | 85～95 | 95～100 | 100～105 |
| 英国质量标准及伙伴关系 | 51 | 66 | 66 | 77 | 77 | 93 | 93 | 93 | 106 | 106 | 106 |

资料来源：English Housing Survey Headline Report 2013-14 Section 2。

综合国外公共住房政策可见：国外对住房困难程度的测量多从人均居住面积出发，紧密结合家庭人口数量，根据家庭人口数量的多少，对满足最小居住面积应做出限额规定，并提出用住房"面积指数"来衡量最小居住面积。通过住房的房间数与家庭人口数的比值来测量住房的拥挤程度。该指标能精确反映住房数量上的困难程度，值得中国公租房准入政策借鉴。

## 三、界定和有无的差异

公租房保障对象甄别的文献样本与实践样本关于住房面积指标的差异主要体现在两个方面：一是"人均住房面积"的界定差异；二是有无设定"住房面积指数"指标的差异。

### （一）住房面积计量单位的差异

通过对文献数据和国内外政策数据的对比发现：关于公租房申享家庭现有住房面积的问题，学者倾向使用人均住房面积作为计量单位从数量上来测量住房困难程度，但未明确住房面积是建筑面积还是使用面积，住房面积计量单位口径不统一，不利于实际操作。国内政策实践对住房面积的界定标准更加准确，且易于操作，能直观地在住房产权证书上直接反映，获取数据较容易。

国内实践样本数据绝大多数明确使用人均住房建筑面积作为测量住房困难程度的数量指标，并根据各地公租房保障水平对人均住房建筑面积的大小做了不同的临界值规定。相较而言，国外政策对住房困难程度的数量测量以"人均居住面积"为计量单位。

国内外关于住房面积计量单位存在明显差异，导致公租房住房面积的计算方法和结果不同。具体差异体现在平均每人拥有的住房面积是房子的实际使用面积（住房套内面积），还是包括建筑公摊面积的住房建筑面积。住房建筑面积大于实际使用面积，好比税前工资和税后工资的区别，这会直接影响申享家庭实际享有住房面积的大小。

### （二）有无设定住房面积指数指标的差异

文献样本与国内准入实践样本数据均无住房面积指数指标，国外住房政策明确提出使用住房面积指数作为测量住房困难程度的数量指标。

根据国际最小人均居住面积测量标准和中国《住宅设计规范》关于住房面积标准的相关规定，发现住房面积限额标准与家庭人口变化、房间数量密切相关。住房面积指数通过计算住房房间数与家庭人口总数的比值，动态反映家庭人口数量变化与家庭房间数量之间的关系，该指标能有效测量申享家庭现有住房的拥挤程度，住房面积指数数值越大，说明申享家庭住房情况越好；住房面积指数数值越小，说明申享家庭住房情况越困难。

"住房面积指数"能弥补住房困难程度测量在数量指标上的不足，打破单一以住房面积大小来测量住房困难程度的现状，对申享家庭现有住房困难程度的测量更加全面。

## 四、家庭人均住房建筑面积和住房面积指数排序性指标的提出

通过上文对公租房文献样本与准入实践样本的差异分析，本书对住房数量指标的认定标准如下。

第一，将家庭人均建筑面积和住房面积指数作为住房面积指标测量的三级指标。在衡量住房面积指标时，设置家庭人均建筑面积和住房面积指数两个三级指标，既能考虑建筑设计标准，又能考虑整个家庭成员的生命周期，且数据具有易获得性。

"家庭人均建筑面积"将根据国家不动产权证书的住房建筑面积与家庭人口数的比值作为认定标准。住房面积指数的计算公式为

$$住房面积指数 = \frac{房间数}{家庭人口总数} = \frac{\sum\limits_{i=1}^{n} R_i}{\sum\limits_{j=1}^{m} P_j} \qquad (3\text{-}1)$$

本书主张借鉴国外住房面积指数来测量申享家庭现有住房面积的实际困难程度，根据住房面积指数可以测量申享家庭现有住房的拥挤程度。该指标在识别申享家庭住房困难程度时具有可操作性。在测算面积指数时，若考虑住房卧室数和家庭人口数量变化，如图3-1所示。

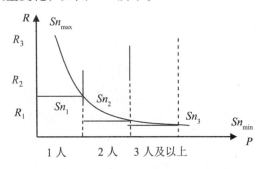

图 3-1　住房面积指数

图3-1中，$R$表示住房卧室数，$P$表示家庭人口总数，$R_1$表示1间卧室数，$R_2$表示2间卧室数，$R_n$表示$n$间卧室数；$P_1$表示家庭人口总数为1人，$P_2$表示家庭人口总数为2人，$P_n$表示家庭人口总数为$n$人，由图3-1可知，$Sn_{max}$是住房面积指数最大值，$Sn_{min}$是住房面积指数最小值，面积指数和申享家庭现有住房面积呈正方向变化，即面积指数越大，说明申享家庭现有住房不拥挤，住房情况较好；面积指数越小，则说明申享家庭现有住房拥挤，存在住房困难。

第二，住房面积指标为排序性指标，是二级指标。在双导向的多维住房贫困对象甄别指标体系中家庭人均建筑面积和住房面积指数两个三级指标均取极小型值，即申享家庭在该指标上的取值越小，则排序越靠前，说明申享家庭住房越困难。

## 第三节　住房质量及其认定指标

住房质量是对申享家庭住房困难程度测量的一票准入性吸纳指标，其基于住房建筑质量对住房完好程度的分级，将住房质量差的危险房作为临界值，在保障对象甄别初期，只要达到危险房标准，该申享家庭直接被纳入保障范围。

本节将从文献样本和实践样本两个方面对住房质量指标进行统计分析，找出其存在的差异性，并提出本书住房质量的认定标准。

## 一、文献样本：多以居住环境为测量指标

在住房质量指标中，少量文献样本主要从住房困难群体现有住房的住房质量（建筑特征）、住区环境、交通配套设施、居住房屋的生活设施、公共设施等方面来甄别公共租赁住房保障对象。大多数文献未从住房质量角度测量住房困难程度，具体文献描述及样本编码如表3-21所示。

表3-21　住房质量的文献样本描述

| 文献描述 | 文献样本编码 |
| --- | --- |
| 住房质量（建筑特征） | [33] |
| 住区环境 | [33] |
| 交通配套设施 | [33] |
| 居住房屋的生活设施 | [34] [63] [71] [72] [76] [110] |
| 公共设施 | [55] |

资料来源：根据120篇文献样本整理。

根据表3-21，本书对与住房质量相关的关键词在文献中出现的频数进行统计，得到表3-22。

表3-22　住房质量的文献样本频数统计

| | 项目 | 频数 | 百分比 | 有效百分比 | 累积百分比 |
| --- | --- | --- | --- | --- | --- |
| 有效 | 住房质量（建筑特征） | 1 | 0.83 | 0.83 | 0.83 |

| | 项目 | 频数 | 百分比 | 有效百分比 | 累积百分比 |
|---|---|---|---|---|---|
| 有效 | 住区环境 | 1 | 0.83 | 0.83 | 1.66 |
| | 交通配套设施 | 1 | 0.83 | 0.83 | 2.49 |
| | 居住房屋的生活设施 | 6 | 5 | 5 | 7.49 |
| | 公共设施 | 1 | 0.83 | 0.83 | 8.32 |
| | 其他 / 缺失 | 110 | 91.67 | 91.67 | 100 |
| | 合计 | 120 | 100.0 | 100.0 | — |

从表 3-22 可以看出：从居住房屋的生活设施来测量住房质量的文献占有 6 篇，约占 5%；住房质量（建筑特征）、住区环境、交通配套设施、公共设施的样本文献各 1 篇，约占 0.83%。这说明，120 篇文献样本只有 10 篇文献对住房质量指标进行，而 91.67% 的文献样本在测量住房困难程度时未对住房质量指标加以考量。

综上可见，样本文献从住房质量角度甄别申享家庭住房困难程度的研究较少，绝大多数学者未从住房质量上考虑中低收入家庭的住房困难问题，少部分学者在住房质量上更加关心申享家庭现居住房屋的生活设施，即多从满足住房困难群体文明生存或改善居住环境为前提的住房质量方面加以考虑，而对建筑质量和居住安全考虑较少。

## 二、实践样本：多以居住安全为测量指标

准入实践样本中，有些城市从房屋建筑质量上来考量申享家庭现有的住房困难情况，通过界定申请人现居住房屋是否是危房来识别保障对象。例如，湖南省湘潭市、娄底市，海南省海口市、琼海市、文昌市，山东省日照市，宁夏回族自治区石嘴山市均在住房困难条件中设定："申请人家庭现居住房经鉴定为危房的，均可申请公共租赁住房，但危房须出具专业机构的危房鉴定报告书。"除了上述城市外，97% 的城市均未关注住房质量以外的住房困难问题，即没有关注生活设施问题。

中华人民共和国住房和城乡建设部于 2012 年 11 月 2 日以第 1534 号公告批准、发布了中华人民共和国行业标准《住房保障基础信息数据标准》（CJJ/T 197—2012），该数据标准对公共租赁住房申请家庭住房信息数据结构有详细规定，其中专门针对"房屋完好程度"做出相应的字典表，如表 3-23 所示。

**表 3-23　房屋完好程度字典表**

| 代码 | 名称 |
| --- | --- |
| 1 | 完好 |
| 2 | 基本完好 |
| 3 | 一般损害 |
| 9 | 严重损害 |

该标准对住房保障基础信息数据进行了广泛的调查研究，总结了中国住房保障信息化的实践经验，同时参考、吸收了国外相关的先进技术法规和规范内容，因而具有较高的参考价值。

### 三、住房质量测量的视角差异与讨论

通过文献与实践样本的对比分析，发现两者对住房质量测量的视角存在差异。文献侧重对住房环境的考量，实践样本侧重对居住安全的考量。

文献对住房质量指标的测量，约 92% 的文献样本未加以考虑，少量文献偏重以文明生存为前提条件的居住质量研究，多从生活设施、居住环境等方面加以测量，不考虑申享家庭现居住房的建筑质量，认为房屋建筑质量应由住房建筑和管理部门把关，多从建设施工质量角度考虑，且数据不易获取。

公租房准入实践样本也只有 3% 的城市关注申请家庭住房质量是否属于"危房"，从住房安全角度和建筑质量方面甄别公租房保障对象。但政策文献并没有明确界定"危房"的概念，也没有对"危房"的鉴定部门和鉴定流程做出指引，只是在政策中规定："危房须出具专业机构的危房鉴定报告书。"

因此，文献样本与实践样本对住房质量指标的设置测量视角不同。文献样本多从居住环境等方面加以测量；实践样本多基于住房安全和建筑质量的角度对公租房保障对象进行甄别。

### 四、危险房一票准入性指标的提出

本书拟采用房屋完好程度作为测量住房质量指标的三级指标，以此指标从住房质量上识别住房困难户，将房屋完好程度分为五级，即完好、基本完好、一般损害、严重损害和危险房，并根据《房屋完损等级评定标准》的相关规定，对完好程度的五级分类标准做出描述性界定，如表3–24所示。

#### 表3–24　房屋完好程度界定

| 名称 | 内涵界定 |
|---|---|
| 完好 | 结构完整、构件安全可靠，整体性能强，屋面或板缝不漏水；装修和设备完整，无损坏；存在一定的陈旧现象或个别构件有允许值之内的很低程度上的轻微损坏，但在整体上不影响居住安全和正常使用，通过小修后，即可马上修复 |
| 基本完好 | 结构构件安全完好，基本牢固，齐全完整，管道畅通，现状良好，使用正常；少量部件有轻微损坏，稍微超过设计允许值，但已稳定，屋面或板缝局部渗漏，装修设备的个别部位或零件，有影响使用的破损，油漆缺乏保养，通过在原有构件或部位上进行修补和涂抹等修缮即可恢复使用功能的房屋 |
| 一般损害 | 一般结构性损坏，局部结构构件变形损坏、裂缝、腐蚀或老化、强度不足、屋面或板缝局部漏雨、部分装修设备有一般性损毁，如油漆老化，设备管道不够通畅，水卫、电照管线器具和零件有部分老化、损坏或残缺，需对少量主体构件进行加固、更新或对损坏部分进行中修的房屋 |
| 严重损害 | 房屋年久失修，结构有明显变形或损坏，屋面严重漏雨，装修严重变形破损，油漆老化见底，设备陈旧不齐全，管道严重堵塞，水卫、电照的管线、器具和零部件残缺及严重损坏，需进行大修或翻修、改建的房屋 |
| 危险房 | 承重构件已属危险构件、结构丧失稳定和承载能力、随时有倒塌可能，不能确保住户安全的房屋 |

从表3–24可以看出，危险房已不具备居住条件。因此，在房屋完好程度

这个三级指标下将危险房设为临界值，凡是申享家庭现居住房屋经专业机构鉴定是"危险房"的，一票准入，直接被纳入公租房保障对象范围。

# 本章小结

本章从住房权属、住房面积和住房质量三个方面来测量申享家庭现有住房情况，用于反映其住房困难程度。在住房权属指标上设定有自有住房、无自有住房、未享受政策性优惠住房、享受过政策性优惠住房四个三级指标。通过此指标的设定缩小公租房申请对象甄别的范围。住房面积指标下设家庭人均住房建筑面积和住房面积指数两个三级指标，能更准确反映申享家庭住房状况，且家庭人均住房建筑面积指标的数据易于采集，能与中国房产管理部门数据直接对接。住房面积指数更能清楚反映卧室房间数量与家庭人口数的动态变化，能从住房拥挤情况测量住房困难程度。住房质量指标下设房屋完好程度指标，具体分五级，即完好、基本完好、一般损害、严重损害和危险房。将"危险房"作为房屋完好程度的临界值，凡达到临界值的申享家庭直接被纳入保障对象范围。

住房困难程度维度的指标性质分为三类：住房权属指标是双导向多维住房贫困对象甄别指标体系中的一票否决性排斥指标；住房面积指标属于排序性指标；住房质量指标中的危险房属于一票准入性吸纳指标。

# 第四章 商品房购买力及其度量指标

本章将公租房文献样本与准入实践样本进行对比分析，讨论双导向多维住房贫困对象甄别指标体系的商品房购买力维度指标，该指标在甄别指标体系中具有导向作用。商品房购买力维度指标包括家庭收入水平、家庭财产丰裕程度和家庭奢侈性消费行为3个二级指标，家庭人均年收入，住房恩格尔系数，土地、房产，机动车辆，家中投资类财产、银行存款、收藏品，奢侈品消费，创造型奢侈消费，精神、文化型奢侈消费8个三级指标。其中，家庭奢侈性消费行为为一票否决性排斥指标，家庭收入水平为排序性指标，家庭财产丰裕程度指标既包括一票否决性排斥指标，又包括排序性指标。

## 第一节 家庭收入水平及其测量指标

家庭收入水平是对申享家庭商品房购买力的排序性指标。本节将通过家庭人均年收入和住房恩格尔系数两个三级指标来测量家庭收入水平，该甄别指标主要解决两个问题：一是家庭收入水平的认定范围和计量单位；二是家庭收入水平对商品房购买力强弱的测算方法。下面将通过公租房文献样本和准入实践样本数据对家庭收入指标进行分类统计，并对存在的差异性进行对比分析，提出家庭收入水平的测量指标。

### 一、文献样本：收入限额指标及其理论化

文献样本侧重于从家庭收入计量单位和家庭收入限额两个角度来测量家庭收入水平，而且对这两个指标的界定方式都比较理论化。

#### （一）家庭收入计量单位的文献分析

文献样本从家庭收入、家庭总收入、家庭月收入、家庭人均月收入、家庭人均收入、家庭可支配收入、家庭月人均可支配收入、家庭年可支配收入等方

面来研究申享者家庭收入。通过不同的家庭收入计量单位来测量申享家庭商品房购买力。家庭收入的具体描述分布如表4-1所示。

表4-1　家庭收入计量单位文献样本描述

| 指标名称 | 文献样本编码 |
|---|---|
| 家庭收入 | [1] [2] [3] [4] [5] [6] [9] [11] [14] [17][19][24] [21] [26] [27][28] [31] [32][33] [34][36][37] [42] [43] [44][45] [47] [48] [50] [52] [54][55] [56] [57] [58][59][57][63][64] [65] [67][68][69] [70][72] [73] [75] [77][80] [82] [84] [85] [87] [88] [89] [91] [93][94] [95] [97] [98] [99] [100] [102] [103] [104] [105][106][107] [108] [110] [111] [112] [113] [115] [117] [118] [120] |
| 家庭总收入 | [56] |
| 家庭月收入 | [97] |
| 家庭人均月收入 | [55] |
| 家庭人均收入 | [58][59] [80] |
| 家庭可支配收入 | [3] [94] [105] [108] |
| 城镇居民人均可支配收入 | [5] |
| 家庭月人均可支配收入 | [100] |
| 家庭年人均可支配收入 | [2] [32] [82] [93] [111] |
| 家庭年可支配收入 | [79] |
| 家庭年收入 | [11] [27] [52] [57] [77] [85][87] |

资料来源：根据120篇文献样本整理。

根据表4-1，对家庭收入在120篇文献中出现的频数进行统计，但提取的关键词在每篇文献出现的次数不重复叠加，如表4-2所示。

表4-2　家庭收入计量单位文献样本频数统计

| | 计量单位名称 | 频数 | 百分比 | 有效百分比 | 累积百分比 |
|---|---|---|---|---|---|
| 有效 | 家庭收入 | 78 | 65 | 65 | 65 |
| | 家庭总收入 | 1 | 0.83 | 0.83 | 65.83 |
| | 家庭月收入 | 1 | 0.83 | 0.83 | 66.66 |
| | 家庭人均月收入 | 1 | 0.83 | 0.83 | 67.49 |
| | 家庭人均收入 | 3 | 2.5 | 2.5 | 69.99 |
| | 家庭可支配收入 | 4 | 3.3 | 3.3 | 73.29 |
| | 城镇居民人均可支配收入 | 1 | 0.83 | 0.83 | 74.12 |

| 计量单位名称 | | 频数 | 百分比 | 有效百分比 | 累积百分比 |
|---|---|---|---|---|---|
| 有效 | 家庭月人均可支配收入 | 1 | 0.83 | 0.83 | 74.95 |
| | 家庭年人均可支配收入 | 5 | 4.2 | 4.2 | 79.15 |
| | 家庭年可支配收入 | 1 | 0.83 | 0.83 | 79.98 |
| | 家庭年收入 | 7 | 5.83 | 5.83 | 85.81 |
| | 其他/缺失 | 17 | 14.17 | 14.17 | 100.0 |
| | 合计 | 120 | 100.0 | 100.0 | |

资料来源：根据120篇文献样本整理。

从表4-2可以看出，样本文献中有65%的学者主张用家庭收入指标来测量商品房购买力，并分别从家庭总收入、家庭人均收入、家庭可支配收入、家庭月收入等不同家庭收入计量单位来研究申享家庭的商品房购买力。相较于其他计量单位，使用家庭年收入和家庭年人均可支配收入作为家庭收入计量单位的居多。

从上述繁杂的计量单位可以看出，家庭收入测量标准的不统一主要集中体现在以下四个方面：一是究竟以年还是以月为计量单位；二是究竟以家庭还是以城镇居民个人为计量单位；三是究竟以家庭总收入还是以人均收入为计量单位；四是究竟是否以可支配收入作为计量单位。

综上所述，文献样本以家庭收入指标来测量商品房购买力和以家庭年人均可支配收入作为家庭收入水平计量单位的居多。

### （二）家庭收入限额的文献分析

通过对文献样本的整理和分析，提取文献样本中与家庭收入限额相关的关键词，如最低生活标准的基本支出、城市居民最低生活保障收入限额、社会平均收入水平、公租房居住负担系数、住房消费支付困难程度、家庭住房支出、住房成本收入比、房价收入比、租金收入比、收入余额评价法等，具体的样本描述如表4-3所示。

表4-3 家庭收入限额文献样本描述

| 关键词名称 | 文献样本编码 |
|---|---|
| 满足最低生活标准的基本支出 | [109] |
| 社会平均收入水平和基本生活条件 | [31] |

| 关键词名称 | 文献样本编码 |
|---|---|
| 城市居民最低生活保障收入限额 | [115] |
| 家庭收入线 | [1][18][58][75][84] |
| 公租房居住负担系数 | [5] |
| 住房消费支付困难程度 | [1][48][111] |
| 家庭住房支出 | [108] |
| 住房支出收入比 | [14][17][37][46][62][88][111][116] |
| 月租房成本收入比 | [3] |
| 月购房成本收入比 | [13] |
| 租金收入比 | [3][41][37][53][76][74][90][92][111][116] |
| 房价收入比 | [13][19][37][41][53][60][83][88][92][93][116] |
| 收入余额评价法 | [13][37][41][60][83][93][94][108][119] |
| 贷款月偿还额占家庭月收入比例 | [41] |
| 恩格尔系数 | [17][67][88][105][116] |
| 可支付住房的供给总量 | [37] |
| 住房保障覆盖率/保障水平 | [10][20][29][41][47][56][59][70][73][93][100][111] |
| 住房保障支出 | [8] |
| 经济社会发展水平 | [20][42][87] |
| 政府的财政情况 | [95] |
| 夹心层规模 | [22] |

资料来源：根据120篇文献样本整理。

从表4-3可以看出，反映家庭收入水平的限额指标，文献样本主要从收入限额划分依据、住房支付能力测量方式和住房支付能力影响因素三个方面测量。公租房保障对象家庭收入限额划分依据主要包括满足最低生活标准的基本支出、城市居民最低生活保障收入限额、社会平均收入水平和基本生活条件等。住房支付能力测量方式主要体现在住房支付困难程度测量依据和住房支付能力测量工具，如住房支付困难程度测量依据可以通过公租房居住负担系数、住房消费支付困难程度、家庭住房支出、家庭收入线的设定等方式测量。住房支付能力测量工具包括住房成本收入比、房价收入比、租金收入比、收入余额评价法等技术方法。住房支付能力影响因素主要包括可支付住房的供给总量、住房保障覆盖率/保障水平、住房保障支出、经济社会发展水平、政府的财政情况、夹心层规模等。

根据表4-3对家庭收入限额的关键词描述进行样本文献的频数统计（表4-4）。

表4-4　家庭收入限额文献样本描述性统计

| | 指标名称 | 频数 | 百分比 | 有效百分比 | 累积百分比 |
|---|---|---|---|---|---|
| 有效 | 满足最低生活标准的基本支出 | 1 | 0.83 | 0.83 | 0.83 |
| | 城市居民最低生活保障收入限额 | 1 | 0.83 | 0.83 | 1.66 |
| | 社会平均收入水平和基本生活条件 | 1 | 0.83 | 0.83 | 2.49 |
| | 家庭收入线 | 5 | 4.17 | 4.17 | 6.66 |
| | 公租房居住负担系数 | 1 | 0.83 | 0.83 | 7.49 |
| | 住房消费支付困难程度 | 3 | 2.50 | 2.50 | 9.99 |
| | 家庭住房支出 | 1 | 0.83 | 0.83 | 10.82 |
| | 住房支出收入比 | 8 | 6.67 | 6.67 | 17.49 |
| | 月租房成本收入比 | 1 | 0.83 | 0.83 | 18.32 |
| | 月购房成本收入比 | 1 | 0.83 | 0.83 | 19.15 |
| | 租金收入比 | 10 | 8.33 | 8.33 | 27.48 |
| | 房价收入比 | 11 | 9.2 | 9.2 | 36.68 |
| | 收入余额评价法 | 9 | 7.50 | 7.50 | 44.18 |
| | 贷款月偿还额占家庭月收入比例 | 1 | 0.83 | 0.83 | 45.01 |
| | 恩格尔系数 | 5 | 4.17 | 4.17 | 49.18 |
| | 可支付住房的供给总量 | 1 | 0.83 | 0.83 | 50.01 |
| | 住房保障覆盖率/保障水平 | 12 | 10 | 10 | 60.01 |
| | 住房保障支出 | 1 | 0.83 | 0.83 | 60.84 |
| | 经济社会发展水平 | 3 | 2.50 | 2.50 | 63.34 |
| | 政府的财政情况 | 1 | 0.83 | 0.83 | 64.17 |
| | 夹心层规模 | 1 | 0.83 | 0.83 | 65 |
| | 其他/缺失 | 42 | 35 | 35 | 100.0 |
| | 合计 | 120 | 100.0 | 100.0 | |

资料来源：根据120篇文献样本整理。

通过表4-4可以看出：学者主张用"三度"的标准来测量申享家庭的收入水平，即通过公租房保障对象收入限额划分的依据，体现公租房保障范围和规模的"度"；通过测量申享家庭住房支付困难的方法，体现对公租房保障对象识别的精准程度；通过家庭收入限额标准认定的影响因素，体现公租房保障的可实现程度。收入线的测量方法多主张使用房价收入比和租金收入比。

综上所述，文献研究主要倾向于从哪些人不应得到公租房保障的角度，采用排斥方式，设定收入限额的上限值，将高收入群体排除在公租房保障范围之外。文献样本虽然没有对家庭收入的计量单位和收入限额的设定达成共识，但家庭收入的计量单位以家庭年收入为主；家庭收入限额划分依据分别采用"最低工资标准、城市居民最低生活保障收入限额、职工平均工资"；收入线的测量方法多采用"房价收入比"。

## 二、实践样本：收入限额指标及其可操作性

家庭收入标准的认定实质是对公租房保障范围大小的划定，与公租房保障政策目标紧密联系，直接关系到目标群体的受益范围，因此对公租房准入政策的家庭收入水平进行统计分析十分必要，它明确了家庭收入标准设定的目标方向。

实践样本对与家庭收入相关的关键词进行归类，将家庭收入计量单位、家庭收入划分依据和家庭收入限额具体数值三类关键词录入 SPSS 19.0 进行频率分析，具体分析过程如下。

### （一）家庭收入计量单位的实践样本分析

运用 SPSS19.0 对家庭收入计量单位名称进行频率分析，实践样本数据总量 226，其中有 188 个城市对家庭收入计量单位做了明确规定。具体分析如表 4-5～表 4-7 所示。

表 4-5　家庭收入统计量

| 家庭收入 | | |
| --- | --- | --- |
| N | 有效 | 226 |
| | 缺失 | 0 |

表 4-6　实践样本家庭收入计量单位频率表

| 家庭收入计量单位名称 | 频率 | 百分比 | 有效百分比 | 累积百分比 |
| --- | --- | --- | --- | --- |
| 家庭月收入 | 29 | 12.8 | 12.8 | 12.8 |
| 家庭年收入 | 69 | 30.5 | 30.5 | 43.3 |
| 家庭人均可支配收入 | 53 | 23.5 | 23.5 | 66.8 |
| 家庭人均收入 | 31 | 13.7 | 13.7 | 80.5 |
| 家庭人均可支配月收入 | 4 | 1.8 | 1.8 | 82.3 |
| 家庭人均可支配年收入 | 3 | 1.3 | 1.3 | 83.6 |
| 其他 | 37 | 16.4 | 16.4 | 100.0 |
| 合计 | 226 | 100.0 | 100.0 | |

表 4-7　家庭收入统计总样本

| 样本量 | 频率 | 百分比 | 有效百分比 | 累积百分比 |
|---|---|---|---|---|
| 226（有效） | 188 | 99.5 | 100.0 | 100.0 |
| 系统（缺失） | 1 | 0.5 | | |
| 合计 | 189 | 100.0 | | |

从上表中可以看出，实践样本中约有 83% 的城市使用了家庭收入作为测量公租房保障对象甄别的指标，其中家庭年收入和家庭人均可支配收入的使用频率最高，约 1/3 的城市将家庭年收入作为本地公租房收入准入政策计量单位，23.5% 的城市以家庭人均可支配收入作为本地公租房收入准入政策计量单位。

**（二）家庭收入划分依据的实践样本分析**

现有公租房准入实践样本中，约有 10% 的城市以城市最低生活保障线作为低保家庭收入线的划分依据，如四川省乐山市、贵州省仁怀市和赤水市、广东省阳江市和珠海市等。约有 85% 的城市以上年度申请地城镇居民人均可支配收入的百分比作为划分依据，如湖北省恩施州利川市、江苏省南通市、四川省遂宁市等。而且，各省市家庭收入划分依据的计量单位各不相同，有的地方按上年度城镇居民人均"月"可支配收入的百分比，有的地方按上年度城镇居民人均"年"可支配收入的百分比，还有的地方甚至没有区分年、月，只笼统地规定按低于上年度申请地城镇居民人均可支配收入。

**（三）家庭收入限额具体数值的实践样本统计**

由于各地公租房准入政策的家庭收入划分标准不同，本书选取实践样本数据中 50 个城市的家庭收入限额具体数值作为典型案例，以此进行家庭收入准入水平的统计分析。这 50 个城市包括 12 个中央指定的住房租赁市场试点城市和 38 个常住人口大于户籍人口的样本城市。

按样本城市上年度城镇居民人均可支配收入限额比值划分家庭收入准入水平，可分为三类，如图 4-1 所示。

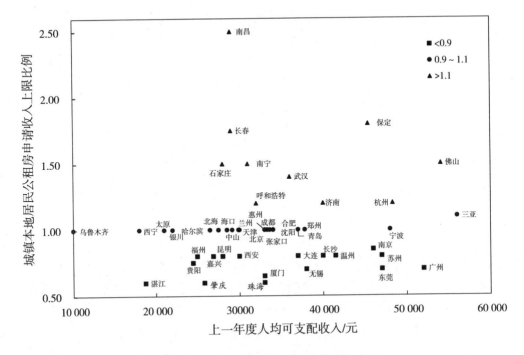

**图 4-1　50 个城市的公租房收入准入水平**

第一类：收入准入水平较严，区间值比值在 0.9 以下，共有 17 个城市，分别是厦门、珠海、广州、南京、无锡、昆明、西安、大连、温州、苏州、长沙、福州、贵阳、嘉兴、湛江、肇庆、东莞。

第二类：收入准入水平适中，区间值比值在 0.9～1.1 之间，共有 20 个城市，分别是西宁、乌鲁木齐、银川、哈尔滨、太原、郑州、海口、天津、兰州、青岛、合肥、沈阳、北京、成都、宁波、北海、三亚、中山、惠州、张家口。

第三类：家庭收入准入水平较宽松，区间值比值高于 1.1，共 10 个城市，分别是武汉、杭州、济南、呼和浩特、南宁、石家庄、长春、南昌、保定和佛山。其中南昌宽至 2.5 倍，最为宽松。

50 个实践样本数据中只有 3 个城市没有设置家庭收入限额，分别是上海市、重庆市和广东省深圳市。由此可见，公租房保障对象收入准入指标具有普适性。

### 三、计量单位、收入限额、测算方法及其差异

通过对文献与政策数据的整理，本书发现两者在家庭收入水平指标上的差

异主要体现在三个方面：一是家庭收入计量单位存在差异性；二是家庭收入限额划分依据标准存在差异；三是家庭收入限额测算方法不同。

### （一）家庭收入计量单位存在差异性

对于家庭收入计量单位，文献样本多倾向于采用家庭年收入和家庭年人均可支配收入，实践样本也以家庭年收入作为计量单位的居多，甚至在同一省内也出现没有使用统一的家庭收入计量单位的情况。

以湖北省为例，武汉市、黄冈市、咸宁市、荆门市均使用家庭人均月收入作为公租房家庭收入识别指标的计量单位；荆州市、十堰市、黄石市、随州市使用家庭人均年收入作为公租房家庭收入识别指标的计量单位；襄阳市使用家庭人均可支配月收入作为公租房家庭收入识别指标的计量单位。理论文献多倾向于采用家庭年收入和家庭年人均可支配收入作为家庭收入的计量单位。

家庭收入计量单位的差异对公租房保障对象的收入认定范围和数据获取的难易程度存在一定的影响。表4-8将对各种收入计量单位进行比较分析。

**表4-8 家庭收入不同计量单位比较**

| 计量单位名称 | 基本特征 | 数据获取难易度 |
| --- | --- | --- |
| 家庭月收入 | 以月为单位计算家庭劳动者所有收入，包括货币收入和实物收入 | 实物收入数据不易获取，需要大量调研 |
| 家庭年收入 | 以年为单位计算家庭劳动者所有收入总和，不包括出售财物和借贷收入，包括货币收入和实物收入 | 实物收入数据不易获取，需要大量调研 |
| 家庭总收入 | 包括货币收入和实物收入，所有家庭成员在调查期获得的工资性收入、经营净收入、财产性收入、转移性收入的总和，不包括出售财物和借贷收入 | 实物收入数据不易获取，需要大量调研 |
| 家庭人均收入 | 在调查期家庭中每个成员平均收入金额 | 涉及家庭总收入，数据不易获取 |
| 城镇居民人均可支配收入 | 反映居民家庭全部现金收入情况，衡量城市居民收入水平和生活水平。 | 数据易获取，可直接使用国家统计数据 |

从表4-8可以看出，不同家庭收入计量单位的差异集中在三个方面：①以

家庭为单位还是以个人为单位计算家庭收入;②以年还是以月为单位计算家庭收入;③以家庭总收入、家庭可支配收入还是人均收入为计量单位。

因此,要解决公租房家庭收入计量单位存在的差异,首先,要厘清公租房对于中低收入群体而言,家庭收入包括哪些项目。其次,要了解家庭收入各计量单位之间的差异。最后,统一家庭收入计量单位的认定口径。

### (二)家庭收入限额划分依据不统一

公租房保障对象收入限额划分的依据体现了公租房保障范围和规模的"度"。理论文献和准入政策实践对家庭收入限额划分的"度"是不同的。理论文献多以"最低工资标准、城市居民最低生活保障收入限额、职工平均工资"等作为划分家庭收入限额的依据;政策实践更倾向于以"上年度本地城镇居民的人均可支配收入"作为划分家庭收入限额的依据。

这种差异实际上是由理论研究和政策制定的侧重点不同造成的。政策制定更关注家庭收入经济指标数据的可获得性和易操作性,其以"上年度本地城镇居民人均可支配收入"作为家庭收入限额的划分依据比较合理、全面,数据具有动态性,能适时反映申享家庭收入水平的变化情况。

而理论文献则更关注国家相关部门,如人力资源和社会保障部门、民政部门等统一规定的调控政策作为家庭收入限额划分依据,其数据有一定的延时性,而且多从主管部门工作角度考虑,对家庭收入的界定缺乏全面性。

通过比较不同划分依据在实际操作中的差异,就能明确哪种方式可操作性更强。具体差异如表4-9所示。

表4-9 家庭收入限额不同划分依据比较

| 划分依据名称 | 基本特征 | 数据获取 |
|---|---|---|
| 人事劳动部门公布的最低工资标准 | 保障范围为低收入人群。每2～3年调整一次。全日制工作,不含加班费、特殊工作环境条件下的津贴、法律法规和国家规定的劳动者福利待遇等。各地对最低工资标准是否包含员工个人应缴的"五险一金"的执行存在差异 | 数据直观、可靠,易获取,但动态性不足且对中等偏下收入群体覆盖范围不够精确 |

| 划分依据名称 | 基本特征 | 数据获取 |
| --- | --- | --- |
| 职工平均工资 | 以独立核算法人单位为基本统计口径。收入覆盖范围过窄，仅反映一定时期城镇就业职工工资收入的高低程度。只包括单位直接支付给本单位职工的劳动报酬总额，是税前收入 | 数据易获取，直观，但不能全面反映家庭收入水平 |
| 上年度城镇居民人均可支配收入 | 以住户作为基本统计口径，反映家庭生活水平高低。收入覆盖范围广，不仅包括工资收入，还包括经营净收入、财产性收入和转移性收入等。是扣除个人所得税和个人交纳的社会保险费后的收入 | 数据易获取，可直接使用国家统计数据，能全面反映家庭收入水平和拥有的财产状况 |
| 个人所得税工资、薪金所得减除费用标准 | 国家对纳税人在 2018 年 10 月 1 日（含）后实际取得的工资、薪金所得，减除费用统一按照 5 000 元 / 月执行 | 数据直观，易获取，"一刀切"。但平均每 8 年调整一次，数据严重滞后，缺乏动态性，不能反映真实的家庭收入水平 |
| 城市居民最低生活保障标准 | 保障对象只针对城市居民，基本制定标准凸显"最低"，围绕满足最低生活保障需求来制定。以货币形式按月发放为主，给付实物为辅 | 数据获取不够直观、不全面，覆盖面过窄，不能覆盖外来务工群体 |

由表 4-9 分析可知，上年度城镇居民人均可支配收入在实际应用中可操作性更强。

### （三）世界各国家庭收入限额测算方法不同

家庭收入限额测算方法很多，在文献样本和实践样本中都有体现。

文献样本多采用理论方法测算家庭收入限额，主张通过比率法、收入余额评价法来测量公租房申享家庭是否存在商品房购买力不足的问题。具体方法有两种：一是测量住房消费在家庭收入中所占的比率，并规定一定的比例作为评价标准，低于此比例的，则存在住房支付困难，如住房支出收入比、房价收入比、租金收入比等方法。二是收入余额评价法。测量减扣了基本的生活消费支出后的剩余收入与住房消费支出成本之间的平衡。

实践样本则更多关注家庭收入限额指标设置的可操作性和动态性，测量方法以家庭收入计量单位低于该地区自行设置的划分依据的倍数或百分比来测量公租房申享家庭的收入水平，如家庭人均月收入低于城市居民最低生活保障标准的倍数或家庭人均年收入低于上年度城镇居民人均可支配收入的比例等。

究竟使用何种方法测算家庭收入限额最为有效，这是商品房购买力甄别指标关注的焦点。下面将对文献样本中出现的各种测量方法进行简单的比较，分析其优缺点和各自的适用范围。

1. 房价收入比（housing price-to-income ratio，简称 PIR）

房价收入比直观体现了居民对现有住房的购买能力，即对自有产权住房的支付能力。房价收入比是指购买一套住房的总价与城市居民家庭年收入之比。一个国家的平均房价收入比通常用一套房屋的平均价格与家庭年平均总收入之比来计算，即

$$PIR = \frac{P}{I} = \frac{s \times n \times p}{n \times a} \tag{4-1}$$

式中，PIR 为房价收入比，PIR 的两个变量为每户住房总价 $P$ 和每户家庭年总收入 $I$，$s$ 表示人均住房面积，$n$ 表示每户家庭平均人口数，$p$ 为单位面积住宅平均销售价格，$a$ 为家庭人均全部年收入。房价收入比越大，说明住房支付能力越弱，想要购买一套住房就越困难。房价收入比越小，说明住房支付能力越强，想要购买一套住房就越容易，支付困难程度越小。房价收入比的优势：一是能直观测量申享家庭对住房的购买能力，房价收入比越大，说明一个家庭购买一套住宅越困难，支付能力越弱，房价收入比越小，说明一个家庭购买一套住宅越容易，对住宅的支付能力就越强。二是能直观反映同一国家同一区域房价的变化情况，便于对同一国家不同区域之间住房情况的横向比较分析。三是数据获取难度不大，可以借鉴统计数据。

"房价收入比"虽然是世界各国评价住房支付能力的一个通用性指标，但在具体使用时还是存在很多问题，特别是国情差异较大时，一些自变量的界限比较模糊。首先，是因子数据获取的问题，由于很多国家不易精确获取收入和住房价格的中位数，一般会选择用均值来代替中位数，即用平均住房价格与平均家庭收入来代替中位数住房价格和中位数家庭收入。其次，根据公式计算出的 PIR 值区间范围并不确定。根据世界银行和发达国家的经验，认为 PIR 应维持在 3 ～ 6，但在中国 PIR 值早已超出这个区间，1998 ～ 2003 年，中国的

*PIR* 值就维持在 6.6 ~ 6.9，2015 年达到 8.7。最后，房价收入比在实际操作中还存在忽视了居民购买住房的付款方式对住房总价支付造成的实际影响；忽略了不同收入阶层在住房支付能力方面的差异性，容易将存在住房支付困难的人群覆盖范围扩大；主观色彩过浓等问题。

2. 租金收入比（rent-to-income ratio，简称 RIR）

租金收入比是指家庭用于租赁住房所支付的年平均租金与家庭年可支配收入之间的比值。它是测算公租房申享家庭支付能力最直接的指标。租金收入比的公式可表示为

$$RIR = \frac{R}{A} = \frac{12 \times r \times s}{n \times a} \qquad (4-2)$$

式中，*PIR* 为租金收入比，*R* 为租户租房一年的平均租金，*A* 表示家庭年可支配收入，*r* 表示住房每平方米的租金单价，*s* 表示租住面积，*n* 表示租户家庭人数，*a* 表示租户家庭年人均可支配收入。*RIR* 值的大小反映房租支付困难程度，*RIR* 值越小，说明房租支付能力越强，值越大，说明租房压力越大，房租支付越困难。运用租金收入比来甄别公租房申享家庭收入限额，能比较直观反映其房租的支付能力，基础数据可借鉴统计数据且获取难度不大。此方法适用于分析不同时间段、不同城市对房租支付能力的差异性。

但租金收入比应用于公租房保障对象家庭收入甄别时有一定的缺陷。一是它的适用面比较窄，对购房群体不能直观评价其住房支付能力。二是租金收入比的合理范围难以界定，在美国和加拿大，把房屋租金与收入比值上限标准设定为 30%，以 30% 作为判别租户支付困难程度的基准。但是，在中国租金收入比界定在 25% 以下的范围是比较合理的，超过 45% 则存在房租在整个家庭收入中占比过大，租房负担过重，房租支付存在严重困难。香港 2017 年公布的租金收入比中位数高达 31%。三是租金收入比忽略了个体由于租房消费偏好不同导致的住房支付能力之间的差异性，它测量的是一个整体的水平，过于笼统和简单。

3. 收入余额评价法（residual income affordability，简称 RIA）

收入余额评价法也称剩余收入法，是指家庭生活的剩余收入与住房消费支出成本之间的差额比较，它以住房消费不影响家庭基本生活水平为前提条件。一般对剩余收入法中的住房消费支出和生活消费支出采用满足基本住房消费支出和基本生活支出数值。

收入余额评价法用公式表达为

$$I=C+H \qquad\qquad (4-3)$$

$$RIA=I-C \qquad\qquad (4-4)$$

式中，$I$ 为家庭年人均可支配收入，$C$ 为家庭年基本生活消费支出（是指保证家庭满足自身生存和健康生活最基本的消费支出，包括对食品、衣着、交通通信、生活用品及服务等生活必需品的支出），$H$ 为家庭年基本住房消费支出（是指家庭在购买或租赁住房时所花费的成本），$RIA$ 表示年剩余收入（是指家庭在减扣了基本的生活消费支出后的剩余收入）。当 $RIA \geq H$ 或 $RIA-H \geq 0$ 时表示该家庭剩余收入足以支付家庭的基本住房消费，住房负担承受能力强，不存在住房支付困难。当 $RIA \leq H$ 或 $RIA-H \leq 0$ 时，则表示该家庭非住房类消费过高，家庭住房负担重，剩余收入不足以支付家庭基本住房消费，不能通过自身能力解决住房问题，存在住房支付困难。

收入余额评价法能直观反映家庭收入与家庭住房支出、非住房支出之间的平衡，同时能弥补租金收入比测算方法的不足，不仅可以反映不同收入水平的家庭在住房消费支出上的差异性，还可以测量不同区域、不同职业、不同家庭规模下的住房支付困难程度。它既兼顾家庭个体住房消费偏好，又考虑了住房消费的基本标准。用此方法计算结果比较客观，既可判断不同收入水平家庭是否存在住房支付困难，又可作为制定公租房租金补贴标准的依据。

但是，收入余额评价法也有一定的局限性：一是基本生活支出的界定困难。由于不同收入家庭的基本生活支出存在着较大差距，若选用的标准不同，得到的结果存在较大差异。二是住房消费支出数据测算口径一致性问题，住房消费支出，除了购房或租房成本外，是否包含水电等费用支出。三是基本生活支出数据需要大量调研，数据获取有一定难度。

收入余额评价法主要适用于对微观家庭层面的住房支付能力测量，尤其对低收入家庭住房支付能力测量比较精准。它既能用于商品房购买力分析，也能用于保障性住房支付能力分析。

4. 住房可支付性指数（housing affordability index，简称 HAI）

美国房地产经纪人协会于 1981 年根据对住房消费比例（住房消费支出占收入比例）的上限要求，提出用住房可支付性指数来评价住房市场中处于中位数收入水平的家庭，对处于中位数房价住房的承受能力。它是国外非常成熟的房地产市场分析指标，用来评价贷款购房的典型收入家庭负担和典型住房价格的支付能力。$HAI$ 指数每月发布一次，实时反映家庭对住房支付能力的变化。具体计算公式如下：

$$HAI = \frac{I}{Ha} \times 100\% = \frac{I}{Pm \times 4 \times 12} \times 100\% \qquad (4-5)$$

$$Pm = Ph \times 0.8 \times \frac{R}{12} = \frac{\left(1+\dfrac{R}{12}\right)^{n \times 12}}{\left(1+\dfrac{R}{12}\right)^{n \times 12} - 1} \qquad (4-6)$$

式中，家庭年收入的中位数水平用 $I$ 表示，中位数水平的住房价格用 $Ph$ 表示；$Ha$ 表示家庭的月收入资格线，即具备中位数价格水平住房的支付能力；家庭每月偿还的住房抵押贷款本息额用 $Pm$ 表示；中长期住房抵押贷款年利率水平用 $R$ 表示，贷款期限为 $n$ 年。

美国房地产经纪人协会提出的 $HAI$ 指数的基本思路如下：通常假定家庭住房贷款是住房价格的80%，首付20%，一般以30年按揭期限并等额还款计算住房按揭月付，住房消费月按揭比例的上限为家庭月收入的25%，低于25%则被认为是有支付能力的，高于25%被认为存在住房支付困难。$HAI$ 这一指标的评估基准为100%，若当 $HAI>100\%$ 时，说明该家庭能够承受比中位数家庭更高的住房价格；当 $HAI=100\%$ 时，则说明中位数收入的家庭正好能够承受中位数房价的住房；当 $HAI<100\%$ 时，则说明该中位数收入的家庭只能承受更低价位的住房。中国学者在使用 $HAI$ 指标时，评价标准基本不变，但是由于中国住房统计数据不太全面，通常在测算购买住房的家庭中位数收入时，采用家庭年平均收入，并用商品房年平均销售价格代替商品房中位数价格。

$HAI$ 相较其他测算居民住房支付能力的方法而言，有巨大的进步，它不仅从收入与房价的角度来反映一个国家或一个地区总体住房支付水平，还能从购房贷款利率、期限等家庭金融负债角度考虑住房消费上限比例和家庭住房消费结构。另外，$HAI$ 以100%为评估基准，区间值设置不用考虑合理性的问题。

但是，该指标若用于测量公租房申享家庭收入限额标准仍然存在一定的局限性：一是该指标主要用于测量贷款购房的典型收入家庭是否具备购买商品房的支付能力，对于租赁住房支付能力缺乏评价。二是缺乏对家庭个体住房消费偏好因素的考虑。三是该指标不能有效体现由于储蓄观不同导致的计算结果的差异性，如中国居民储蓄率远高于国外，中国居民习惯存钱用于购买商品房支付首付款，但是该指标计算结果不能体现其有较强的潜在支付能力。四是该指标仅从家庭住房支出成本角度测量住房支付能力，没有考虑非住房类消费支出对家庭住房支付能力的影响。而且家庭收入用于住房消费支出的上限比例设定因不同国家、地区或文化背景而存在一定差异性。

住房可支付性指数主要适用于存量商品房住房市场。它是国际上用来评价不同国家或地区住房状况的一个重要指标。中国目前对住房价格计算主要采用新增住房平均销售价格，这会导致低估家庭对住房的承受能力。

比较上述四种家庭收入限额的测算方法，具体如表4-10所示。

表4-10 各国家庭收入限额测算方法比较

| 测算方法 | 优点 | 缺点 | 适用范围 |
|---|---|---|---|
| 房价收入比 | 1. 能直观测量申享家庭对住房的购买能力<br>2. 能直观反映同一国家同一区域房价的变化情况<br>3. 数据获取难度不大，可以借鉴统计数据 | 1. 房价收入比不能说明居民购买住房面临的实际经济约束<br>2. 缺乏针对性，忽略了不同收入阶层在住房支付能力方面的差异性，容易将存在住房支付困难的人群覆盖范围扩大<br>3. 房价收入比的合理范围带有一定的主观色彩，对商品房的统计口径不同 | 适用面比较广，既适用于商品房购买力分析，也适用于保障性住房支付能力分析，还适用于进行宏观层面的区域比较和微观层面的家庭住房消费分析 |
| 租金收入比 | 能直观反映家庭房租支付能力强弱；数据可借鉴统计数据且获取难度不大 | 1. 适用面比较窄，对购房群体不能直观评价其住房支付能力<br>2. 租金收入比的合理范围难以界定<br>3. 忽略个体由于租房消费偏好不同导致的住房支付能力之间的差异性 | 只适用于评价房屋租赁群体的住房支付能力，不适用于购房群体 |
| 剩余收入法 | 能直观反映不同收入水平的家庭在住房消费支出上的差异性和单个家庭具体的住房承受能力 | 1. 基本生活支出的界定困难<br>2. 住房消费支出数据测算口径是否包含水电等费用支出<br>3. 基本生活支出数据需要大量调研，数据获取有一定难度 | 适用于微观家庭层面，对低收入家庭住房支付能力测量比较精准。既可用于商品房购买力分析，也可用于保障性住房支付能力分析 |

| 测算方法 | 优点 | 缺点 | 适用范围 |
|---|---|---|---|
| 住房可支付性指数 | 从家庭住房负债（通过按揭贷款方式购买住房）的角度来测量购房支付能力有一定的优势 | 1. 对于租赁住房支付能力缺乏评价<br>2. 缺乏对家庭个体住房消费偏好因素的考虑<br>3. 忽略了首付款的支付能力<br>4. 没有考虑非住房类消费支出对家庭住房支付能力的影响 | 适用于贷款购房的典型中等收入家庭住房支付能力研究 |

从表4-10可以看出：文献样本使用的家庭收入限额测算方法各有自己的关注点。根据住房支付的时效性，可以分为即时性支付和延时性支付，如房价收入比倾向于测量家庭收入用于全款购房的即时性支付能力，而住房可支付性指数则倾向于测量家庭收入中用于贷款购房的延时性支付能力，剩余收入评价法从另一个非住房消费的角度来测量住房的支付能力。

在实践样本中，中国各城市基于数据获取难易程度、数据的动态性、测算方法理解的难易程度和执行过程中的可操作性等原因，政策实践对家庭收入限额的识别方法主要以家庭收入某一计量单位低于该地区自行设置的划分依据倍数或一定百分比来测算公租房申享家庭住房支付是否存在困难。

因此，在选择家庭收入限额测算方法时，若只站在一个角度（收入或支出角度、供给或需求角度），或只选取一种方法来评估申享家庭的住房支付能力，都存在一定的局限性。因此，应统筹兼顾，把政府供给与申享家庭对公租房的需求结合起来，把申享家庭的收入与支出也统筹考虑，分步实施，使几种方法结合起来相互印证，才能提高家庭收入限额测算的精准度，使家庭收入限额测算方法更加合理、科学。

## 四、家庭人均年收入及住房恩格尔系数排序性指标的提出

本书提出家庭收入下设两个三级指标：家庭人均年收入和住房恩格尔系数。

### （一）家庭人均年收入

家庭人均年收入是家庭收入水平测量的三级指标，该指标属于排序性指标。可以使用该指标对申享家庭的收入水平进行排序，其应取极小型值，即申

享家庭在该指标上的取值越小，说明申享家庭对商品房的购买力越弱，排序则越靠前。

以年为单位测量家庭收入的时间段更合理、更科学。家庭人均年收入作为家庭收入的计量单位使用频率最高，这与数据获取的难易程度、精准程度和准入政策可操作性有关。

### （二）住房恩格尔系数

公租房要保障的对象是无力通过自身能力购买商品房的群体，因此测量申享家庭购买商品房的支付能力是关键。本书提出以住房恩格尔系数作为购房支付能力的测量依据，并对支付困难程度进行划分。该指标也属于排序性指标，使用该指标可以将买得起商品房的申享家庭排斥在外，并根据购房支付能力的强弱对申享家庭进行排序。

1. 购房支付能力

2014 年廉租房和公租房并轨运行，为真实地反映申享家庭住房贫困程度，有必要重新确定申享家庭的商品房购买力，其商品房购房支付能力如图 4-2 所示。

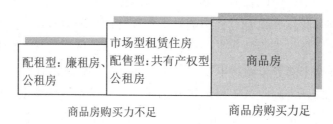

**图 4-2　申享家庭商品房购房支付能力**

图 4-2 说明：申享家庭购房支付能力的强弱与住房产品类型的选择有相关性。当购房支付能力强时，家庭可以通过商品房市场解决住房问题；当购房支付能力弱时，申享家庭则需要通过租赁解决住房问题，既可以通过市场租赁，也可以向政府申请保障性住房。本书通过对住房恩格尔系数的解读，旨在挖掘住房支出占家庭消费总支出的比例随收入变化而变化的趋势，用住房支出消费比来说明收入水平对住房支付能力的影响程度，分析住房支出消费比理论上限值测算的可行性。

2. 住房恩格尔系数的计算

本书假定城镇居民人均消费支出全部用于住房、食品、交通和通信、教育文化和娱乐消费支出，即 $C_t = CH_t + CF_t + CT_t + CE_t$，其中 $C_t$ 代表 $t$ 时期城镇居民人均消费总支出，$CH_t$ 表示 $t$ 时期城镇居民住房类人均消费支出，$CF_t$ 表示 $t$ 时期城镇居民人均食品支出，$CT_t$ 表示 $t$ 时期城镇居民人均交通和通信消费支出，$CE_t$ 表示 $t$ 时期城镇居民人均教育文化和娱乐消费支出，由此可得住房恩格尔系数：

$$\frac{CH_t}{C_t} = 1 - \frac{CF_t}{C_t} - \frac{CT_t}{C_t} - \frac{CE_t}{C_t} \tag{4-7}$$

从公式（4-7）中可以看出，$\frac{CF_t}{C_t}$ 为恩格尔系数，因假定家庭人均消费支出全部用于食品、住房、交通和通信、教育文化和娱乐消费支出，并未考虑衣着、医疗保健、生活用品、其他用品及服务消费支出等方面的支出，该指标实质上就是家庭用于住房消费限额标准的理论上限值，即 $HC_{nt}^{\max} = 1 - e_{nt} - CT_{nt} - CE_{nt}$。其中，$HC_{nt}^{\max}$ 表示第 $n$ 个家庭在 $t$ 时期的住房消费支出占整个家庭消费支出的上限值。$e_{nt}$ 表示恩格尔系数，$CT_{nt}$ 表示第 $n$ 个家庭在 $t$ 时期的交通和通信消费支出，$CE_{nt}$ 表示第 $n$ 个家庭在 $t$ 时期的教育文化和娱乐消费支出。对公租房申享家庭来说，住房恩格尔系数比值为 $HC_{nt}^{r} = \frac{H_{nt}}{C_{nt}}$。其中，$H_{nt}$ 为 $n$ 地区 $t$ 时期的平均住房恩格尔系数。若 $HC_{nt}^{r} > HC_{nt}^{\max}$，则住房消费支出负担过重，存在住房支付困难。由于恩格尔系数具有一定的动态性，因此住房恩格尔系数也会随之具有动态性，如此便解决了居住贫困指标在估算消费支出项目种类和数量时遇到的瓶颈。

下面将根据中国统计年鉴 2013—2018 年数据（表 4-11），对住房恩格尔系数进行计算。

表 4-11　2013—2018 年中国城镇居民人均收入与支出情况

单位：元

| 项目名称 | 2018 年 | 2017 年 | 2016 年 | 2015 年 | 2014 年 | 2013 年 |
|---|---|---|---|---|---|---|
| 城镇居民人均可支配收入 | 39 251 | 36 397 | 33 616 | 31 195 | 28 844 | 26 467 |
| 城镇居民人均可支配工资性收入 | 23 792 | 22 201 | 20 665 | 19 337 | 17 937 | 16 617 |

| 项目名称 | 2018 年 | 2017 年 | 2016 年 | 2015 年 | 2014 年 | 2013 年 |
|---|---|---|---|---|---|---|
| 城镇居民人均可支配经营净收入 | 4 443 | 4 065 | 3 770 | 3 476 | 3 279 | 2 975 |
| 城镇居民人均可支配财产净收入 | 4 028 | 3 607 | 3 271 | 3 042 | 2 812 | 2 552 |
| 城镇居民人均可支配转移净收入 | 6 988 | 6 524 | 5 910 | 5 340 | 4 816 | 4 323 |
| 城镇居民人均消费支出 | 26 111 | 24 446 | 23 080 | 21 392 | 19 968 | 18 487 |
| 城镇居民人均食品烟酒消费支出 | 7 239 | 7 001 | 6 762 | 6 360 | 6 000 | 5 571 |
| 城镇居民人均衣着消费支出 | 1 808 | 1 758 | 1 739 | 1 701 | 1 627 | 1 554 |
| 城镇居民人均居住消费支出 | 6 255 | 5 564 | 5 114 | 4 726 | 4 490 | 4 301 |
| 城镇居民人均生活用品及服务消费支出 | 1 629 | 1 525 | 1 427 | 1 306 | 1 233 | 1 129 |
| 城镇居民人均交通和通信消费支出 | 3 473 | 3 322 | 3 174 | 2 895 | 2 637 | 2 318 |
| 城镇居民人均教育、文化和娱乐消费支出 | 2 974 | 2 847 | 2 638 | 2 383 | 2 142 | 1 988 |
| 城镇居民人均医疗保健消费支出 | 2 046 | 1 777 | 1 631 | 1 443 | 1 306 | 1 136 |
| 城镇居民人均其他用品及服务消费支出 | 687 | 652 | 595 | 578 | 533 | 490 |

表 4-11 显示，城镇居民人均生活用品及服务消费支出、人均衣着消费支出、人均其他用品及服务消费支出、人均医疗保健消费支出占城镇居民人均消费支出比例不高，而且近 6 年数据比值比较稳定，没有太大起伏。城镇居民人均食品烟酒消费支出和人均居住消费支出分别位居消费支出的第一、二名，其次是城镇居民人均交通、通信消费支出和教育、文化、娱乐消费支出。具体城镇居民人均各项消费支出比例分布如图 4-3 所示。

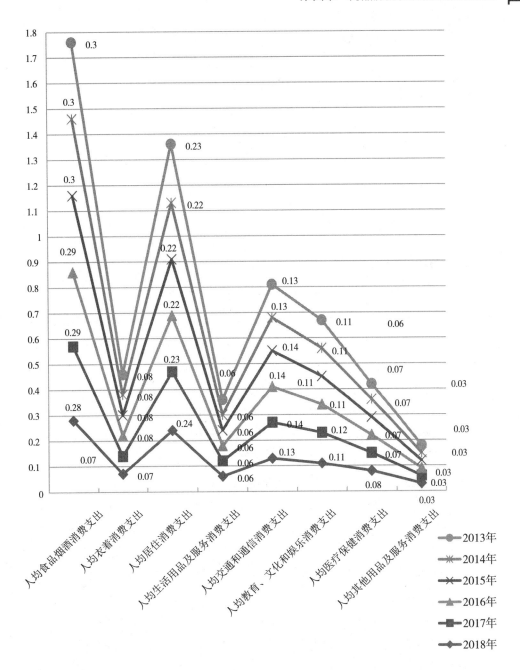

图 4-3　2013 ～ 2018 年中国城镇居民人均各项消费支出比例分布

根据表 4-11 和图 4-3，可以计算出城镇居民住房恩格尔系数的上限值和平均住房恩格尔系数，具体如图 4-4 所示。

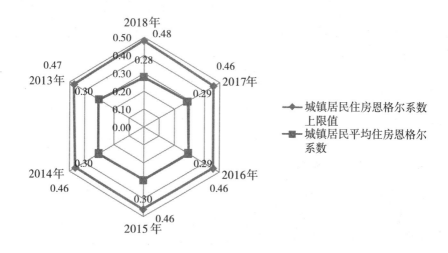

**图 4-4　2013～2018 年中国城镇居民住房恩格尔系数**

从图 4-4 可以看出，城镇居民住房恩格尔系数上限值从 2013～2018 年，波动不大，基本在 0.46～0.48，从 2013 年的 0.47 减至 2014～2016 年的 0.46，到 2018 年增至 0.48。城镇居民平均住房恩格尔系数从 2013～2018 年呈递减态势，在 0.28～0.30 波动。2013～2015 年为 0.30，从 2016～2017 年减至 0.29，2018 年为 0.28。这说明住房恩格尔系数有一定的动态性，会随着各类支出消费的变化而变化，能解决地区收入差异而带来的公租房收入限额准入的差异。

3. 商品房支付困难程度划分

恩格尔系数研究了收入增加对消费需求支出构成的影响，是衡量一个家庭或一个国家贫富程度的主要标准之一。恩格尔系数值越大，说明人们生活水平越低；恩格尔系数值越小，说明人们生活水平越高，越富裕。一般恩格尔系数采用 5 个阶段的划分系数来反映人们生活水平高低程度。大于 60% 为绝对贫困阶层，处于 50%～60% 为温饱阶层，40%～50% 为小康阶层，30%～40% 属于相对富裕阶层，低于 30% 为最富裕阶层，在最富裕阶层里，20%～30% 为富足；20% 以下为极其富裕❶。

本书尽管从住房恩格尔系数理论上限边界值确定了住房支付困难上限，但还须对住房支付困难程度做进一步划分。典型国家关于住房支付困难程度的划分标准如表 4-12 所示，多数国家未深入对住房支付困难程度做轻重划分。

---

❶　易丹辉，尹德光.居民消费统计学 [M].北京：中国人民大学出版社,1994: 71.

表 4–12　典型国家关于住房支付困难程度的划分标准

| 国别名称 | 存在支付困难 | 中等支付困难 | 严重支付困难 |
|---|---|---|---|
| 美国 | 住房支出收入比 >30% | 住房支出收入比在 30% ～ 50% | 住房支出收入比 >50% |
| 加拿大 | 租金收入比 >30% | — | — |
| 澳大利亚 | 租金收入比 >25% | — | — |
| 英国 | 租金收入比 >25% | — | — |
| 德国 | 住房支出比 >15% | 住房支出比在 15% ～ 25% | — |
| 中国 | 租金收入比 >25% | 租金收入比在 25% ～ 45% | 租金收入比 >45% |

资源来源：根据各国住房政策官网整理。

从表 4–12 各国的政策实践中看出，现有研究和政府干预的公共住房保障对象主要是针对中低收入群体的住房支付困难的问题。因为中高及以上收入群体不存在基本商品房购买力不足的问题。参考恩格尔系数，基于本书的研究假设和世界各国的政策实践，本书对申享家庭住房支付困难程度做了具体的划分（表 4–13）。其中，城镇住房恩格尔系数理论上限值取 2013 ～ 2018 年近 6 年的均值 0.46。若城镇住房恩格尔系数超过 0.46，则申享家庭住房类支出在整个家庭消费支出中比重过大，住房负担过重，存在严重的住房支付困难；若住房恩格尔系数在 0.35 ～ 0.46，则说明申享家庭存在中度支付困难；若住房恩格尔系数在 0.25 ～ 0.35，则说明申享家庭存在支付困难；以 0.25 作为住房恩格系数的下限值，凡是住房恩格尔系数处于 0.25 以下则被认为具备住房支付能力，住房恩格尔系数超过 0.25，申享家庭符合公租房的家庭收入指标甄别特征。具体如表 4–13 所示。

表 4–13　商品房支付困难程度的划分标准

| 住房恩格尔系数区间值 | 住房支付困难程度 |
|---|---|
| $HC_{nt}^r > HC_{nt}^{max}$ | 负担不起 |
| $HC_{nt}^{max} > HC_{nt}^r \geq 0.46$ | 严重支付困难 |

| 住房恩格尔系数区间值 | 住房支付困难程度 |
|---|---|
| $HC_{nt}^{max} > 0.46 > HC_{nt}^{r} \geqslant 0.35$ | 中度支付困难 |
| $HC_{nt}^{max} > 0.35 > HC_{nt}^{r} \geqslant 0.25$ | 支付困难 |
| $HC_{nt}^{max} > 0.25 > HC_{nt}^{r} \geqslant 0$ | 无支付困难 |

住房恩格尔系数基于况伟大和丁言豪的研究方法[1]，首先根据中国 2013～2018 年城镇居民支出与收入情况数据对住房恩格尔系数的理论上限值进行了测算，以 0.25 作为住房恩格尔系数的下限值，以 0.46 作为住房恩格尔系数的上限值。然后根据各国政策实践对公租房支付困难程度划分成五个等次，即无支付困难、支付困难、中度支付困难、严重支付困难、负担不起。

通过数据观测发现：住房恩格尔系数对中国城市居民住房支付能力存在时空差异、地域差异，中低收入群体存在不同程度的住房支付困难。因此，住房恩格尔系数指标的构建可以有效甄别不同地区不同时空公租房申享家庭住房支付困难程度，根据支付困难程度科学界定公租房申享对象的家庭收入准入标准，以保证不同收入水平的家庭能够按住房贫困的程度享受不同层级的住房保障政策，真正保障有需要人群的住房福利，不搞"一刀切"，能因时、因地施政。

本节构建了住房恩格尔系数，以此作为家庭收入水平甄别的三级指标，用于测量申享家庭购房可支付能力，相比其他测量方法更有动态性和区域性特点。住房恩格尔系数是商品房购买力测量的排序性指标。在双导向的多维住房贫困对象甄别指标体系中"住房恩格尔系数"取值为极大型值，即申享家庭在该指标上的取值越大，说明申享家庭的收入水平越低，商品房购买力就越弱，则排序越靠前。

## 第二节　家庭财产丰裕程度及其认定标准

家庭财产丰裕程度指标的认定直接影响公租房保障对象甄别的公信力，是

---

❶ 况伟大，丁言豪.中国城市居民住房支付能力的时空分布研究——35 个大中城市的租金负担能力分析 [J].价格理论与实践，2018(10): 16-19.

对申享家庭商品房购买力测量的补充，本节运用政策排斥机理对收入低但家庭财产比较丰裕的申享家庭进行有效甄别，进一步精准锁定公租房保障对象的范围，避免公租房资源的不公平分配。

家庭财产丰裕程度是测量商品房购买力的二级指标，下设 3 个三级指标，即土地、商用房产（非住宅），机动车辆（残疾人车辆除外），投资类财产、银行存款、收藏品等财产净收入。其中，前两个是一票否决性排斥指标，最后一个是排序性指标。

## 一、文献样本：以实物资产和金融性资产为测量指标

文献样本多从家庭财产的名称和类型两个方面研究公租房保障对象的家庭财产丰裕程度，甚少关注家庭财产限额标准。

文献样本以家庭资产命名的约占 23%，以"家庭财产"命名的约占 12%。文献样本更倾向于从家庭资产的角度测量申享家庭的财产丰裕程度，将家庭资产类型描述为 3 类：实物资产、金融资产和家庭负债。

实物资产包括土地、车辆、珍贵收藏品等大件财物等；金融资产包括银行存款和投资类资产。另外，文献样本只有 3% 的学者提到"家庭财产限额"这一甄别指标，表述为"家庭财产低于规定限额"，但并未提出家庭财产限额的具体标准和测算方法。家庭财产类型文献样本描述及其频数统计如表 4-14 和表 4-15 所示。

表 4-14　家庭财产类型文献样本描述

| 家庭财产类型 | 文献样本编码 |
|---|---|
| 实物资产（土地、车辆、珍贵收藏品等大件财物等） | [28][19][36][42][95] |
| 金融资产（银行存款、投资类资产） | [1][19][42][45][95][107] |
| 家庭负债 | [87] |

资料来源：根据文献样本整理。

表 4-15　家庭财产类型文献样本频数统计

| 家庭财产类型 | 频数 | 百分比 /% |
|---|---|---|
| 实物资产（土地、车辆、珍贵收藏品等大件财物等） | 5 | 4.2 |

| 家庭财产类型 | 频数 | 百分比 /% |
|---|---|---|
| 金融资产<br>（银行存款、投资类资产） | 6 | 5 |
| 家庭负债 | 1 | 0.8 |
| 其他 | 108 | 90 |
| 合计 | 120 | 100 |

资料来源：根据文献样本整理。

根据文献样本对家庭资产类型进行频数统计，只有 10% 的文献样本从家庭资产的角度测量公租房申享家庭财产丰富程度，且多以"实物资产和金融性资产"指标为主，不关注家庭财产限额的设置标准。

## 二、实践样本：以家庭财产限额标准线为测量指标

实践样本，关于家庭财产丰裕程度指标体现在家庭财产的界定和家庭财产限额标准线的划分两个方面。

### （一）实践样本关于家庭财产的界定

实践样本关于家庭财产的界定体现在家庭财产名称、家庭财产类型两个方面。

第一，实践样本中使用家庭资产类型的约占 15%，使用家庭财产名称的约占 53%。这说明在实际政策执行中，各样本城市更倾向于采用"家庭财产"作为家庭收入水平测量的补充指标。

第二，实践样本对家庭财产类型划分更为具体，包括土地、非住宅房产（商铺）、存款、收藏品、有价证券、股票以及股份、机动车辆、船舶、工程机械、大型农机具等财产，并对其财产进行估值，以此确定其家庭财产限额标准。

### （二）实践样本关于家庭财产限额标准线的划分

大多数城市对家庭财产限额标准线的确定基本按中华人民共和国民政部的指导意见实行。其对城市低收入家庭的财产状况标准给出指导性意见："低收

入家庭财产状况标准可采取设定财产类型最高额度的方式发布；条件成熟的地方，也可以量化为货币单位，设定为财产标准线。低收入家庭的收入标准和财产状况标准也可以根据社会救助项目类型分别制定。"❶

实践样本城市结合中华人民共和国民政部指导意见并依据当地经济发展水平与政府财政承受能力，通常采用两种方式设定家庭财产限额标准线。

第一，直接以量化的货币单位设定具体的家庭总财产限额值。例如，福建省福州市长乐区规定："家庭总财产 60 万元以下（含）。"福清市规定："家庭总财产 63 万元以下（含）。"❷莆田市规定："家庭总资产不超过 32 万元。"❸湖南省衡阳市规定："家庭财产（不含住房）不超过 20 万元。"❹广东省珠海市规定："低保住房困难家庭，家庭人均资产不超过 10 万元。其他住房困难家庭，家庭人均资产不超过 15 万元。"从上述各城市的相关规定中可以看出：其公租房关于家庭财产丰裕程度的测量基本按家庭财产净值总额予以确定。

第二，分别量化设定各类财产的最高限额。例如，广东省河源市规定："申请人及家庭成员无工商注册登记或有工商注册登记但上年度纳税营业额不到 15 万元；申请人及家庭成员无机动车辆（特定残疾人专用代步车辆和摩托车除外）或仅有一辆机动车辆且价值低于 8 万元（经营性车辆应低于 13 万元），车辆价值以车辆购置税发票上的计税金额为准。"❺贵州省安顺市规定："家庭无商业铺面、价格高于 15 万元的非营运车辆、50 万元以上存款和有价债券。"❻四川省自贡市规定："无现值 8 万元以上的机动车辆。"从上述各城市对公租房家庭财产限额的规定中可以看出：其对家庭财产丰裕程度的测量倾向于通过规定各类财

❶ 中华人民共和国民政部.民政部关于积极开展城市低收入家庭认定工作的若干意见 [EB/OL].（2009-06-17）[2021-09-22].http://xxgk.mca.gov.cn:8011/gdnps/pc/content.jsp?id=13827&mtype=1.

❷ 福清市人民政府.关于受理公共租赁住房申请有关事项的通知 [EB/OL].（2016-10-09）[2021-09-22].http://www.fuqing.gov.cn/xjwz/zwgk/gggs/zkzpgg/201709/t20170918_1689831.htm.

❸ 莆田市人民政府.莆田市各类保障性住房准入标准规定 [EB/OL].（2016-06-23）[2021-09-22].http://www.putian.gov.cn/zwgk/zdlyxxgk/ggzypzly/zfbzly/bzxajgcjsjh/201710/t20171031_727271.htm.

❹ 衡阳市人民政府.衡阳市城区公共租赁住房管理办法 [EB/OL].（2015-09-06）[2021-09-22].https://www.hengyang.gov.cn/xxgk/fgwj/szfwj/20200323/i1871334.html.

❺ 河源市人民政府.关于公布 2018 年河源市直公共租赁住房供应对象相关标准的通知 [EB/OL].（2018-08-03）[2021-09-22].http://www.heyuan.gov.cn/ywdt/tzgg/content/post_187445.html.

❻ 安顺市人民政府.市政府办关于印发安顺市公共租赁住房和廉租住房并轨运行实施细则的通知 [EB/OL].（2014-12-02）[2021-09-22].http://www.anshun.gov.cn/zfxxgk/fdzdgknr/zcwj_5621209/afbf_5635592/201807/t20180711_6193990.html.

产的最高限额，或运用排斥性规定分类核定家庭财产，以达到排除家庭财产丰裕的群体的目的。

### 三、家庭财产种类和限额标准及其公租房准入的差异

文献样本与实践样本两者的差异主要体现在两个方面：①家庭财产名称界定差异；②家庭财产限额标准认定差异。

#### （一）家产财产名称界定差异

文献样本用家庭资产作为指标名称来界定公租房保障对象的家庭财产。实践样本采用中华人民共和国民政部的规定，从社会保障的角度用家庭财产作为指标名称。两者的差异体现在资产与财产的区别。

家庭资产是指家庭拥有或控制的能以货币计量的经济形态。家庭资产包括家庭净资产和家庭负债。家庭资产由实物资产和金融资产两部分组成，如现金、存款、股票、基金、债券、经营性资产、住宅、其他不动产和权利等。家庭资产是反映民富的重要指标，也是反映国民经济综合实力的重要指标。❶家庭资产主要从金融角度出发，与负债相对应，资产会随负债的增加而增加，随负债的减少而减少。

家庭财产是从法律、法规角度出发，强调产权和家庭共同所得，是对家庭成员共同拥有完全产权的自有资产的称谓，主要指家庭实际拥有的财产，即家庭净资产，在数值上要等于资产与负债的差额，要小于资产的数量。

相比之下，由于家庭财产不与负债相对应，所以家庭财产就不随负债的变化而变化。家庭财产总额扣除家庭总负债后的净值才能真正体现家庭实实在在拥有的家庭财产价值。用家庭财产作为指标名称，便于公租房管理机构对申享家庭财产的审核，但家庭财产还包括知识财产（知识产权）等无形资产，这不利于家庭财产的审核。

因此，本书主张使用家庭财产作为指标名称，并结合中华人民共和国民政部对城市低收入家庭认定的相关规定，从社会保障的角度界定家庭财产，它是家庭成员拥有的土地、房产、车辆、全部存款、有价证券等财产，不涉及无形资产。

---

❶ 孙元欣，杨楠.家庭资产统计研究 [M].上海：上海财经大学出版社，2013: 237.

### （二）家庭财产限额标准认定差异

文献样本对家庭财产限额这一甄别指标关注较少，且未提出家庭财产限额标准和测算方法。

实践样本从政策执行出发，对公租房申享者家庭财产类型分类细化，或直接设定家庭财产总额上限值或以分量的形式设定各类单项财产的最高限额，以此作为家庭财产限额标准。因此，实践样本对家庭财产限额标准的认定比文献样本更具备可操作性，但由于各地经济发展不平衡，实践样本对家庭财产限额标准的认定存在地区差异，且家庭财产估值与审核存在一定难度。

实践样本较为常用的两种家庭财产限额标准认定方式存在以下问题。

第一，家庭财产估值缺乏统一标准。家庭财产是以折旧来估值，以购买时票据金额来估值，还是按现有市场价格来估值，这个问题没有定论。例如，汽车、房产这两种财产类型，估值标准不同，对家庭财产限额的确定存在较大差异。

第二，分类设定的家庭财产限额内容不全面，大多数只规定了对车辆的限额标准，少数涉及其他类型财产限额标准，但所涉及家庭财产类型均不全面，因此不能全面评价家庭财产丰裕程度。

第三，缺乏家庭财产申报的具体金额标准，即申享家庭在申报家庭财产时，是否规定应当将价值达多少元以上的物品全部统计在内。

综上所述，实践样本主张用"家庭财产"作为指标名称，对家庭财产类型划分细化，采用总量和分量的形式直接设定家庭财产总额和各类单项财产的最高限额，以此作为家庭财产限额标准，将家庭财产丰裕的申享家庭排除在公租房保障范围外。

## 四、家庭财产丰裕程度的排斥性和排序性指标的提出

为解决家庭财产丰裕程度测量存在的家庭财产范围广、估值难、审核难等问题，本书提出家庭财产丰裕程度的测量指标如下。

第一，设立土地、非住宅类商用房产，机动车辆，投资类财产、银行存款、收藏品三类作为家庭财产丰裕程度测量的三级指标，前两个指标属于实物财产，在双导向的多维住房贫困对象甄别指标体系中是一票否决性排斥指标，该指标用以圈定不应当申享公租房的群体范围，将实物财产丰裕的申享家庭排除，进一步缩小公租房保障对象甄别范围。最后一个指标是金融投资类财产，

该指标属于排序性指标，且取极小型值，即申享家庭在该指标上的取值越小，则排序越靠前，说明申享家庭的家庭财产越不丰裕。

第二，3个三级指标的使用层次有先后顺序，一票否决性排斥指标在前，排序性指标在后。先对拥有土地、商用性房产和机动车辆的申享家庭进行"一票否决性"排斥，然后对家庭投资类财产按具体数额进行排序。

第三，按上述3个三级指标，设立家庭财产排斥清单（表4-16），作为公租房保障对象甄别的排斥性门槛，并通过指标赋值或取极小型值的方法，解决家庭财产估值和限额标准设定难问题。

表4-16　家庭财产排斥清单

| 家庭财产类型 | 核审内容 | 指标赋值 |
|---|---|---|
| 土地、商用房产 | 购买的商业及工业物业，停车位等非住宅类商用房产，且房产、土地与借贷情况无关 | 0=有，1=无 |
| 机动车辆 | 自用或经营车辆，不含残疾人专用机动车、二轮和三轮摩托车 | 0=有，1=无 |
| 投资类财产、银行存款、收藏品 | 有价证券、企业股份、股票、基金和各类理财产品、外汇等投资类财产；现金和借出款；字画、古币、瓷器等古董，黄金、白银等贵金属，邮票、货币等收藏品 | 取极小型值 |

资源来源：根据公租房准入政策整理。

家庭财产排斥清单通过调查土地、非住宅类商用房产、机动车辆等有价实物的拥有情况核对实物财产；通过调查存款、有价证券持有情况、债权债务情况以及古董、艺术收藏品核对投资类财产，并用此清单建立家庭财产申报机制，将家庭财产丰裕的不当群体排除出去，最终达到精准甄别的目的。

# 第三节　申享家庭奢侈性消费行为及其识别

本节基于公租房"谁不应得到"的视角，运用政策排斥性分析框架，建立与申享家庭收入水平不符的不当消费行为清单，通过对申享家庭超越自身支付能力的奢侈性消费行为的识别，将公租房高消费申享家庭排除在政策受益范围外。

文献样本与实践样本对申享家庭奢侈性消费行为识别的研究较少，因此不做差异分析。申享家庭奢侈性消费行为识别指标主要围绕两个方面展开：一是界定与申享家庭收入水平不符的奢侈性消费行为特征；二是构建奢侈性消费行为清单。

## 一、文献样本：侧重消费偏好的描述

文献样本对公租房申享家庭消费行为的研究不多，在 120 篇文献中占 15%，下面提取与申享家庭"消费行为"相关的关键词进行频数分析，得出文献样本对申享家庭消费行为的指标（表 4-17）。

表 4-17　家庭消费行为文献样本描述

| 指标名称 | 文献样本编码 | 频率 | 百分比 |
|---|---|---|---|
| 非住房类消费行为偏好 | [8][19][27][33][36][42][52][85]<br>[45][57][77][75][87][95] | 14 | 12 |
| 住房偏好表达 | [30][33] | 2 | 1.5 |
| 个人消费习惯 | [14][44] | 2 | 1.5 |

资料来源：根据 120 篇文献样本整理。

公租房文献样本关于家庭消费行为的研究指标有 3 个：非住房类消费行为偏好、住房偏好表达和个人消费习惯。以非住房类消费行为偏好为主，占比 12%，住房偏好表达及个人消费习惯指标占比偏低。

综上所述，文献样本通过家庭消费行为指标来甄别公租房保障对象的研究有所欠缺。文献样本对消费行为的研究侧重于"谁应得到"公租房的视角，没有基于"谁不应得"的视角研究申享家庭的不当消费行为，没有通过甄别申享家庭与公租房收入申报不符的高消费行为来排除不当申享家庭。

## 二、实践样本：侧重消费行为约束指标的界定

公租房准入政策实践中，样本城市对申享家庭的消费行为约束的规定包括 5 个方面。

第一，缴费型消费行为。约61%的城市设定了对住房公积金和社会保险金的缴费性消费行为约束条件。

第二，房产消费。其中，约40%的城市设定了申享家庭在一定年限内是否存在住房产权转让的消费行为约束条件；8%的城市设定了申享家庭购买商业用房的消费行为约束条件。

第三，汽车类交通工具的购买。约38%的城市设定了对汽车等交通工具购买的限额消费门槛。

第四，投资性消费。约14%的城市设定了对金融产品的投资性消费行为，如购买有价证券、企业股份、股票、基金和各类理财产品的消费行为。

第五，奢侈性消费和违法行为。不足1%的城市设定了对公租房申享家庭奢侈性消费性为和违法行为的排斥性条件。

以四川省广元市为例，根据《广元市保障性住房领导小组办公室关于广元市公共租赁住房申请、审核、配租等有关意见的通知》，有下列情形之一的，不能以低保或低收入家庭名义申请公共租赁住房：①拥有机动车辆（残疾人专用车，二轮、三轮摩托车除外）的；②有商业用房的；③雇用他人从事各种经营性活动的；④安排子女进入高收费私立学校（含出国）就读的；⑤参与赌博、卖淫、嫖娼、吸毒等违法活动经教育不思悔改的人员；⑥各类正在服刑人员（经有关部门批准的假释人员和社会矫正人员除外）；⑦家庭成员有出国经商、务工的；⑧拒绝配合住房保障等相关机构进行调查、核查，致使无法核实收入的家庭；⑨故意隐瞒家庭真实收入及家庭人口变动情况，提供虚假申请材料及证明的家庭。

本书认为，实践样本对公租房申享家庭的房产、车辆、金融投资等不当价值消费行为最终都以家庭财产的形式可查可考。同时，本书认为除在公租房申享过程中故意隐瞒家庭真实收入及家庭人口变动情况和提供虚假申请材料及证明的违法行为，其他与申享公租房无关的违法行为不应影响其公平享有居所，不形成排斥指标。

综上，本节不讨论财产性消费，只讨论申享家庭的奢侈性消费行为，下面将进一步明确奢侈性消费行为，并提出排斥清单。

### 三、申享家庭奢侈性消费行为排斥清单的提出

为确保公租房准入政策能精准保障应保人群的住房利益，必须构建公租房

保障对象甄别的奢侈性消费行为的排斥清单，使不当的奢侈性消费行为成为政策排斥的考量指标，以弥补家庭收入水平指标和家庭财产丰裕程度指标在商品房购买力维度中的不足。

根据尼尔森❶对高端产品消费的界定：当某一产品价格超过该品类的平均价格 20% 则为"高端产品"。并从申享家庭对衣着饰品奢侈品消费、电子产品高消费、教育高消费、旅游高消费、食宿高消费、精神高消费等方面列出排斥清单。

本书从公租房申享家庭奢侈品消费、创造型奢侈消费和精神、文化型奢侈消费三个方面列出其奢侈性消费行为类型。

因此，申享家庭奢侈性消费行为测量的三级指标有 3 个，即奢侈品消费、创造型奢侈消费和精神、文化型奢侈消费。这 3 个三级指标属于一票否决性排斥指标。申享家庭只要有上述 3 项奢侈性消费行为的任何 1 项，则认为该申享家庭存在奢侈性消费行为，应当被排除在保障对象范围外。

# 本章小结

本章从家庭收入水平、家庭财产丰裕程度和家庭奢侈性消费行为 3 个二级指标来测量商品房购买力。家庭收入水平指标下设"家庭人均年收入、住房恩格尔系数"2 个三级指标，该指标属于双导向的多维住房贫困对象甄别指标体系中的排序性指标。家庭财产丰裕程度指标下设土地、房产，机动车辆，投资类财产、银行存款、收藏品 3 个三级指标，前 2 项指标属于一票否决性排斥指标，最后 1 项指标属于"排序性"指标。家庭奢侈性消费行为下设奢侈品消费，创造型奢侈消费，精神、文化型奢侈消费 3 个三级指标，该指标属于一票否决性排斥指标。

本章构建了住房恩格尔系数模型，测算出 0.25 ～ 0.46 的住房恩格尔系数区间值，并根据各国政策实践对购房支付困难程度划分成无支付困难、支付困难、中度支付困难、严重支付困难、负担不起五个等级，使住房恩格尔系数作为公租房申享家庭支付困难程度判断依据，具有一定的可行性。

---

❶　尼尔森是全球领先的市场研究调查公司，其所得到的数据十分有权威性。

　　同时，本章基于公租房"谁不应得到"的视角，从实物财产和金融财产两个方面来测量公租房申享家庭财产的丰裕程度，运用政策排斥性分析框架，建立与申享家庭收入水平不符的财产排斥清单和奢侈性消费行为排斥清单，并用此清单把家庭财产丰裕的不当群体和具有奢侈性消费行为的不当群体排除，最终达到精准甄别目的，最大限度地满足公租房当得群体的利益诉求，为公租房准入机制提供新思路。

# 第五章 申享家庭住房需求急迫程度及其度量指标

本章讨论双导向的多维住房贫困甄别指标体系的住房需求急迫程度维度指标。精准甄别住房困难群体对住房需求的急迫程度，在双导向的约束下，从养老抚幼、照顾病患所体现的社会责任设计公租房准入政策，即有效解决住房困难家庭承担养老抚幼的负担与政府公租房准入政策实施公平的困境。

通过分析理论文献与公租房准入政策实践，从公租房申享者的家庭规模、家庭照护负担2个二级指标，家庭成员人口总数、家庭代际数、家庭赡养照护负担系数、家庭抚养照护负担系数和家庭特殊残疾、病患人口照护系数5个三级指标来测量申享家庭对公租房需求急迫程度，其中家庭规模和家庭照护负担指标是双导向多维住房贫困对象甄别体系中的排序性指标，能有效解决申享家庭对公租房需求的优先排序问题。

## 第一节 申享家庭分担的社会责任与公租房准入倾向

社会的和谐发展需要社会责任体系的建构，住房保障也需要责任分担体系。恰如国际家庭年的主题：家庭，在一个变革世界中提供资源与承担责任[●]。但是，长期以来，学者过分强调国家或社会在住房保障领域应该承担的社会责任，忽略了政策实践中家庭对住房领域社会责任的分担，造成了住房保障领域对家庭分担社会责任补偿的缺失。因此，申享家庭社会责任的分担方式对住房需求急迫程度的甄别非常有必要。

本节从申享家庭婚姻关系、赡养老人、抚养子女和照护残疾病患4个方面对家庭社会责任分担方式进行阐述，为第二节家庭规模和第三节家庭照护负担的内容作铺垫说明，社会责任分担方式是第二节和第三节内容的论述基础。

---

● 王美燕，吴冬才.构建社会保障家庭责任理念[J].经济师，2010(10): 47-49.

## 一、赡养老人是家庭社会责任的基础

由于国内外文化习俗不同，欧美国家大部分老年人不愿意与子女共同居住，有一定支付能力的老年人家庭购买房产单独居住，因此产生了很多"空巢家庭"，而无法购买住房的低收入老年人家庭只能通过租赁或政府救济来实现"老有所居"。中国由于受中华传统文化的影响，"养儿防老"的思想根深蒂固，中国绝大部分老年人愿意与子女共同居住，对于家庭收入较高而有一定支付能力的家庭可以通过市场购买商品房解决赡养老人的住房问题。但是对于中低收入家庭而言，由于收入有限，无力单独解决老年人养老的住房问题，只能选择依靠"家庭养老"，与子女共同居住来解决住房问题。

因此，承担养老重担的中低收入家庭实际上分担了一部分社会或者政府应该承担的住房保障职能，即中低收入家庭老年人缺乏住房保障的社会问题通过家庭养老的方式来解决。此种方式加速了中低收入家庭对住房需求的急迫程度和住房困难程度。

## 二、婚姻关系是家庭社会责任的起点

婚姻是家庭形成的前提条件，婚姻关系的社会责任分担主要体现在家庭的教育功能和家庭的保障功能上，因此婚姻关系是社会责任分担的起点。现阶段，虽然中国住房保障体系在不断完善，但是基于我国人口基数大、底子薄的基本国情，家庭仍然是育儿养老，夫妻之间相互扶养的基本场所，良好稳定的居住条件是实现家庭育儿养老的保证。

因此，基于制度公平的价值理念，对于到了适婚年龄主动承担婚姻关系的中低收入家庭，应给予公租房申享家庭的优先权，这既利于婚姻家庭履行育儿养老的职能，又能为家庭成员中的老人、儿童、妇女等经济弱势群体的居住权益提供公平的制度保障。

《世界人权宣言》的第12、第16、第25条明确指出，家庭应该受到国家和社会的保护，尤其是要保障人人享受基本生活水准，不得干涉其家庭、住宅等私生活。因此，优先保护婚姻家庭住房权就是优先保障基本人权。《中华人民共和国宪法》《中华人民共和国民法典》等法律法规也明确提出要保护婚姻家庭的住房权，也就是保护人的基本人权。

优先保护婚姻家庭住房权符合绝大多数民众的切身利益。对承担婚姻关系的家庭实施优先住房权，其目的：一是使婚姻家庭成员有房可居，以维护家庭的保障功能。婚姻家庭住房是家庭成员居住权实现的物质基础，是家庭成员实现个人自由全面发展的前提条件。优先保护婚姻家庭住房权能在制度层面保障家庭成员稳定的居住权，使其能够心无旁骛地投入自己所追求的理想和事业中，实现个人自由全面的发展，为家庭成员自由发展提供基本生活保障，满足家庭成员的基本生存需求。二是为婚姻家庭承担育儿养老职能提供物质基础，并在中国现有的住房保障制度下，实现婚姻家庭育儿养老、夫妻相互扶养的社会责任的分担。如果没有住房，家庭将失去依附场所，家庭育儿养老的职能将无法实现保障。三是实现对家庭成员中的残、病弱势群体的帮扶，以保障弱势群体的生活。

综上所述，承担婚姻关系的家庭在保障家庭成员基本利益方面所起的作用是其他组织不能代替的。婚姻家庭所具有的这一优良传统则赋予了我国婚姻家庭对家庭成员利益的保障功能。因此，通过公租房准入政策设计，可以对承担婚姻关系的家庭在轮候排序方面赋予优先保障权。

### 三、抚养子女是家庭社会责任的存续

对子女的抚养是基于家庭在婚姻关系、血缘关系或收养关系基础上产生的社会责任。它既是家族的传承，也是家庭责任存续的体现。住房是抚育子女的重要场所，由于近几年中国各地区房价大幅度飙升，城市居民购买商品房的能力有限，住房价格居高不下对城镇中低收入家庭从心理上和经济上都造成了沉重的负担。

对于已婚家庭来讲，对子女的抚养费用支出已成为仅次于住房费用支出的家庭消费重大支出。李伟华[1]利用2012—2013年中国综合社会调查的数据，从居民拥有的住房情况、住房面积与生育意愿之间的关系进行了实证研究，认为有住房产权的家庭、房产数量越多的家庭和现有住房面积越大的家庭越愿意抚养孩子，这充分说明住房对家庭子女的抚养具有正向影响。

因此，住房成本的增加必将对子女抚养成本造成一定的挤出效应。政府可以根据申享家庭抚养子女数量的多少，测量其对住房需求的急迫程度，并通过

---

[1] 李伟华.住房对城镇居民生育意愿的影响——基于 CGSS 微观数据的分析 [D].武汉：华中师范大学,2018.

优先排序，缓解其住房困难，减轻申享家庭因为抚养子女分担社会责任造成的经济压力。

### 四、照护残疾、病患是家庭社会责任的伦理体现

家庭特殊残疾、病患人口就是指公租房申享家庭成员中，患有严重疾病、残疾导致生活不能自理，完全丧失劳动能力的人口。

由于家庭成员患病或者丧失身体机能会给家庭带来沉重的照护负担，这种照护负担不仅会引起家庭内部的压力，还会涉及家庭外部社会关系的改变（郭金玲，等，2006；辛英，饶克勤，徐玲，2010；张满，等，2014）。例如，需要照料的家庭，可能需要特定的家庭成员放弃就业机会和就业岗位，包括照顾老人、残疾病患成员所损失的工资收入、工作时间、娱乐时间、受教育时间等，专注地照料家庭中患病的或丧失身体机能的家庭成员。这样不仅改变了家庭成员内部的分工协作和家庭角色，也改变了家庭成员与外界社会的联系，进而进一步恶化家庭自身的生存环境，表象上看家庭负担是家庭内部的事情，但也会实质上改变家庭外部环境，影响到家庭本身应有的发展能力。

申享家庭中有残疾、病患成员会对住房有特殊的要求，也会加重申享家庭对住房需求的急迫程度。因此，可以用此指标反映申享家庭的照护责任，以此来测量对住房需求的急迫程度。

## 第二节　家庭规模及其度量指标

家庭规模是申享家庭住房需求急迫程度测量的排序性指标，通过家庭人口总数和家庭代际数两个三级指标从数量上测量申享家庭规模，能动态反映申享家庭由于分担社会责任大小不同而导致的住房需求急迫程度不同。家庭人口总数和家庭代际数两个三级指标与住房需求急迫程度呈正相关关系，即该指标取值越大，排序越靠前，说明家庭住房需求急迫程度越大；反之，则相反。

由于文献样本和实践样本多基于公租房申享者的家庭特征视角研究其对住房需求的急迫程度，下面将对申享者家庭特征进行分类统计，并对存在的差异进行分析，以确定家庭规模的度量指标。

## 一、文献样本：体现家庭总体特征

通过对文献样本的整理和分析，提取文献样本中与家庭特征相关的关键词，并对关键词在文献中出现的频数进行统计，计算百分比。具体如图 5-1 所示。

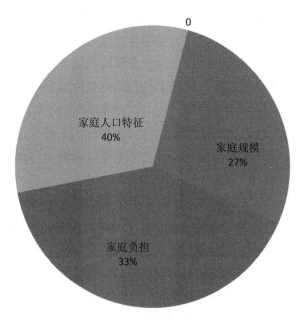

**图 5-1　学者关于申享者家庭特征的研究指标**

120 个文献样本中关于申享家庭特征的有效样本为 84 个，在有效样本中，从家庭规模来测量申享家庭对住房需求的急迫程度的占 27%，家庭规模指标主要体现在申享家庭人员总数；从家庭人口特征来判断公租房申享家庭对住房的需求情况占 40%，家庭人口特征指标主要体现在家庭成员的个体特征上，包括年龄、婚姻、性别、教育、就业等情况；从家庭负担方面考量其对社会责任的分担占 33%，家庭负担指标主要体现在家庭养老负担、家庭抚养子女负担、家庭病残人口照护负担（伤残、重大疾病、精神病等）、家庭特殊情况（优抚对象、高龄未婚、高龄、母子家庭等）。

文献样本从公租房申享者家庭特征方面研究住房需求迫切程度，主要包括三类指标，即家庭规模、家庭人口结构和家庭负担。其中，家庭规模主要用家庭人口数量指标测量。

## 二、实践样本：体现家庭成员关系特征

公租房准入实践样本关于申享者家庭情况，多从申请人年龄和申请人家庭成员之间的关系着手，具体包括以下几点。

第一，对申请人年龄、婚姻的排斥性规定。实践样本中约 79% 的公租房准入政策对申请人年龄做了具体限定，分别体现在对单身人士、孤儿或外来务工人员申请公租房年龄的限定。例如，湖北省黄冈市规定："年满 30 周岁的单身居民可以单独申请公租房；孤儿年满 18 周岁后，符合前款规定的可独立申请。稳定就业的除满足基本申报条件外，还应符合年满 18 周岁，持有市区居（暂）住证 2 年以上，并已与市区用人单位签订劳动（聘用）合同，连续缴纳养老保险 1 年以上等条件。"❶ 样本中约 62% 的公租房准入政策对申请人婚姻状况做了具体规定。

第二，对申请人与共同申请人之间家庭关系的排斥性规定。现有实践样本中约 43% 的公租房准入政策要求家庭成员作为共同申请人和申请人之间必须具有法定的赡养、扶养或抚养关系。

除此之外，只有 7% 的实践样本将家庭人口规模分别与家庭收入水平、财产水平和家庭住房面积需求相结合来甄别住房困难群体。例如，广东省广州市将申请公租房保障家庭可支配收入与资产净值限额与家庭人口数相结合，2012 年首次设置了家庭规模调节系数，使用家庭规模调节系数作为调节申享家庭因家庭人口数不同而导致的家庭可支配收入总限额与家庭资产净值限额的不同。具体如表 5-1 所示。

表 5-1　广州市 2018 年公租房保障户籍家庭规模调整系数表

| 家庭组成（人口数） | 家庭规模调节系数 | 年人均可支配收入限额 / 元 | 家庭可支配收入总限额 / 元 | | 申请人家庭资产净值限额 / 万元 |
| --- | --- | --- | --- | --- | --- |
| | | | 年可支配收入限额 | 月可支配收入限额 | |
| 1 | 1.2 | 42 792 | 42 792 | 3 566 | 22 |

---

❶　黄州区人民政府.市房管局关于黄冈市区 2015 年公租房配租报名有关事项的通知 [EB/OL].（2015-09-22）[2021-09-30]. http://www.huangzhou.gov.cn/art/2015/9/22/art_15722_1118199.html.

| 家庭组成（人口数） | 家庭规模调节系数 | 年人均可支配收入限额 / 元 | 家庭可支配收入总限额 / 元 | | 申请人家庭资产净值限额 / 万元 |
|---|---|---|---|---|---|
| | | | 年可支配收入限额 | 月可支配收入限额 | |
| 2 | 1.1 | 39 226 | 78 452 | 6 538 | 40 |
| 3 | 1 | 35 660 | 106 980 | 8 915 | 56 |
| ≥ 4 | 1 | 35 660 | 142 640 | 11 887 | 81 |

数据来源：根据《广州市人民政府办公厅关于进一步加强户籍家庭住房保障工作的通知》相关内容整理。

从表 5-1 中可以得知，2018 年广州市公租房本地户籍家庭规模与调整系数。从 2018 年 9 月 21 日之后广州市将四口及以上家庭的规模调节系数由 0.9 调整为 1，这意味着四口以上大家庭的公租房准入门槛更低。

河北省唐山市则将住房面积与家庭收入限额和家庭规模实行了双挂钩，具体如表 5-2 所示。也有些城市只将家庭规模单独与住房面积结合来设定住房面积限额指标，如河北省石家庄市、湖北省襄阳市等。

表 5-2　唐山市 2018 年公租房户籍家庭规模表

| 家庭规模 | 现住房总建筑面积 /m² | 家庭上年度人均可支配收入 / 倍 |
|---|---|---|
| 1 人户 | <15 | <1.3 |
| 2 人户 | <25 | <1.1 |
| ≥ 3 人户 | <50 | <1 |

从实践样本分析可知：家庭特征的测量指标包括申请人的年龄、婚姻状况、申请人与共同申请人之间的家庭关系和家庭人口规模。其中对家庭人口规模的测量更多的是与家庭收入、财产和家庭住房面积相结合，未从不同家庭规模分担社会责任的角度来探讨其对住房需求的急迫程度。

### 三、家庭规模、人口结构及其公租房准入差异度量

通过前述文献与政策数据的整理，本书发现二者的差异主要体现在两个方面：①家庭规模指标的设定；②家庭人口结构所含内容。

#### （一）家庭规模指标的设定差异

公租房保障对象甄别研究中关于家庭规模指标的设置，文献研究多于政策实践，在实践样本中绝大多数城市没有考虑家庭规模对申享家庭住房需求急迫程度的影响，而更多将申享者家庭规模与住房面积、家庭收入、家庭财产等甄别指标有效结合，没有考虑家庭代际数对家庭规模的影响。文献样本中家庭规模主要用家庭人口数量指标测量，文献与实践样本均未关注家庭代际数这个指标对识别住房需求迫切程度的影响。

虽然不少地方性法规在公租房分配时也酌情考虑住房困难申享家庭的人口结构特征，但实践中，政府的酌情分配情况并不乐观，导致部分家庭须承担养老抚幼，其合法公平权益未能得到当前公租房制度的全面保障。

#### （二）家庭人口结构的内容差异

理论样本从公租房需求和家庭收入水平等影响因素的角度关注了家庭人口结构中的年龄、婚姻、性别、教育程度、就业等情况。而政策实践只侧重运用申请人年龄、婚姻等特征排斥性地筛选出应保障对象，其他关于性别、教育程度、就业等方面未从家庭人口结构的角度设定相关指标。

由于住房困难家庭从家庭伦理的角度过多地承担了家庭责任，分减了一部分理应政府承担的社会责任，因此这变相拉低了家庭的收入水平，同时家庭规模大、家庭成员多，对住房困难家庭的生活水平和居住水平产生了严重的负面影响。

### 四、家庭成员人口总数与家庭代际数排序性指标的提出

家庭规模的变化主要受两个方面的影响：一方面受家庭人口总数的影响，家庭成员人数越多，家庭规模越大，反之亦然；另一方面受家庭代际数的影响。一般说来，家庭代际数越大，家庭规模越大，家庭人口平均数也大；相反，家庭代际数越小，家庭规模越小，家庭人口平均数也越小。家庭规模与家庭代际数呈正相关关系。

因此，本书测量家庭规模的三级指标有两个，即家庭成员人口总数和家庭代际数。

（一）家庭成员人口总数

计算家庭成员人口总数，首先需要厘清家庭成员之间的关系，包括亲属关系、户籍状况、收支情况和认同情况，比较通行的做法是按照不同标准将家庭成员划分为三种不同的类型。

第一种，自我认同家庭。其是指被调查者自己主观上认为那些具有亲属关系的人属于自己家庭的成员，无论这个人是否与被调查者共同居住、共同生活或者拥有共同户籍。

第二种，实际居住家庭。其是指客观上与被调查者在现实生活中共同居住在一起或者共同居住在一个住所的家庭成员，即便是主观上被调查者认同为家庭成员的人，如果没有与被调查者共同居住在一个住所，也不计算在内。

第三种，户籍登记家庭。其是指在被调查者自我认同家庭和实际居住家庭的基础上，增加了己方父亲、母亲和配偶父亲、母亲的信息，并由此可以收集到长辈亲属的个人信息和户籍状况，把户籍在一起的人算作这个家庭的成员。

通过上述三种划分方式，我们就能够清楚地分析和比较不同范畴界定下的家庭规模、家庭结构和家庭关系。

在此基础上，本书认为公租房申享家庭的成员人口总数是以夫妻关系为核心、以共同居住为标准具有姻缘和血缘关系的家庭成员总数。

（二）家庭代际数

家庭代际划分是基于人口生命周期的自然过程和客观事实。代际关系通常指"代与代之间通过资源的分配与共享，情感的交流、沟通以及道德义务的承担等诸多中间媒介发生这样或那样的联系，呈现出不同态势的胶结状态"[1]。代际关系既可以发生在家庭中父母与子女之间，爷孙之间，也可以发生在家庭范围外的老、中、青三代人之间。[2]

对家庭代际的划分是通过其他人与被调查者的关系进行的，包括祖父母、外祖父母、父亲、母亲、配偶父亲、配偶母亲、配偶、兄弟姐妹、子女、媳婿、孙辈子女等，归纳为不同的代际。在多数的调查中还会包含一些其他远房亲属和非亲属信息，但考虑到对其他远房亲属和非亲属并没有详细的记录和收集，因而在计算家庭代际数时，没有将其他亲属和非亲属计算在内。实际上，

---

❶　王树新. 社会变革与代际关系研究 [M]. 北京：首都经济贸易大学出版社, 2004.

❷　邓伟志, 徐榕. 家庭社会学 [M]. 北京：中国社会科学出版社, 2001.

这种划分方式是以被调查者为中心，涵盖上两代和下两代大部分直系亲属的家庭代际归纳，从而进一步计算家庭代际数量。

计算代际数还存在一个问题，就是代际的数量与代际的连续性关系。大部分家庭的代际关系都是连续的，也有小部分家庭出现隔代户的情况，如没有父辈一代家庭成员的相关信息，只有祖辈一代家庭成员的相关信息，这种家庭的代际数就不容易统计。因此，把具有类似代际关系的家庭都划归为其他代际家庭。

本书所指的家庭代际数与中国第六次人口普查关于不同规模的家庭户类别指标数据相结合，具体分为一代户、二代户、三代户、四代户、五代及以上户。家庭代际以共同居住，且具有姻缘和血缘关系的家庭成员为统计基础。

本节从家庭成员人口总数和家庭代际数两个三级指标来测量公租房申享家庭规模，基本厘清了公租房申享者家庭关系的边界，并从有效收集数据的角度来考虑，为下一节家庭负担系数的提出作铺垫。家庭规模指标是住房需求迫切程度测量的"排序性"指标。在双导向多维住房贫困对象甄别体系中"家庭成员人口总数和"和"家庭代际数"两个三级指标均属于极大型指标，即申享家庭在该指标上的取值越大，则排序越靠前，说明申享家庭住房需求越迫切。

## 第三节　家庭照护负担及其度量指标

本节使用家庭负担指标来甄别申享家庭对住房需求的急迫程度，申享家庭的负担类型界定为家庭照护负担，不考虑家庭经济负担和家庭精神负担。

家庭照护负担侧重于围绕可以直接测量的家庭赡养照护负担系数、家庭抚养负担系数和家庭特殊残疾、病患人口照护系数三个可量化的三级指标来甄别申享家庭对住房需求的急迫程度。该指标属于"排序性"指标，在双导向多维住房贫困对象甄别体系中"家庭照护负担系数"为极大型值，即申享家庭在该指标上的取值越大，说明申享家庭的照护负担越重，对住房的需求越急迫，则排序越靠前。

### 一、家庭负担的认定

家庭负担，顾名思义，就是家庭承担的责任以及为承担责任所付出的费用和开支。家庭负担中对"家庭"的指向是比较明确的，是指某一个特定的家庭，造成家庭负担的人都是家庭成员或者是家庭的直系亲属。但是，负担类型的指向往往是不明确的，可能指的是经济负担，也可能指的是照料负担等。前面已经明确了家庭规模中对家庭范围的界定，下面将在家庭界定的基础之上进一步对负担做出相应的界定，以方便在后面的研究中加以测量、计算和分析。

（一）国内外研究动态

在西方社会学的主流研究中，家庭负担侧重于微观层面的测量，指的是由于家庭成员长期患病，包括精神性疾病，给家庭带来的照料、经济和精神的困难、问题或者不良影响。

主要的研究量表包括照料压力指数（caregiver strain index，简称 CSI；Robinson，1983）、照料支出指数（cost of care index，简称 CCI；Kosberg & Cairl，1986；Kosberg，Cairl & Keller，1990）、照料负担测量（caregiver burden measures；Siegel et al，1991）、负担调查量表（the burden interview，简称 BI；Zarit，Reever & Bach-Peterson，1980）、负担测量量表（the burden scale；Schott-Baer，1993）、家庭影响调查（the family impact survey；Covinskyetal，1994）等。

国内与此相关的研究也多见于医学研究领域，如精神病患者、慢性病患者或者癌症患者的家庭负担等（王烈，等，2006；苏春燕，等，2008；熊真真、袁丽疾，2008；李红，等，2009）。这些研究比较深入地分析了家庭成员患病带来的各种负担，但其局限主要在于其研究和设计都是基于家庭成员中有人患病的特殊情况，难以用于对正常的家庭生活中承受负担的研究。

（二）家庭负担的类型

家庭负担研究通常把家庭负担分为经济负担、照料（劳务）负担和精神负担三种不同的类别。

家庭经济负担是指家庭生活中由于家庭成员消费和支出造成的压力，它既包括家庭成员日常生活消费支出，如满足其基本生活需要的食品支出、水费、电费、天然气费等，还包括因为子女教育、家庭成员生病、购买住房等产生的消费和支出。

家庭照料负担是指由于家庭中有未成年人，或病、残成员，或因年老需要其他家庭成员牺牲时间和精力照料而造成的压力或负担，又称家庭劳务负担，其在多数家庭中的体现就是抚育未成年子女和赡养老人。家庭照料负担测量不适合所有家庭，只适合分担社会责任重，承担养老抚幼、照顾病残的特殊家庭。

家庭精神负担是指家庭成员遭遇困难时，感受到的压力、困惑和心理抑郁症状。它与家庭经济负担和家庭照料负担不同，它是一种无形的负担，需要专业人士加以测量，多以量表形式呈现，需要专项调查来分析和研究，并且难以鉴定出精神负担的大小和等级。

### （三）家庭照护负担的认定标准

本节认为家庭经济负担最终会影响申享家庭的住房困难程度和商品房购买力，故将家庭经济负担的测算并入上述两个维度指标。关于家庭精神负担因难以准确量化，故不纳入公租房保障对象甄别指标。

家庭照护负担测量指标包括家庭赡养照护负担系数、家庭抚养照护负担系数和家庭特殊残疾、病患人口照护负担系数。本节通过上述 3 个可量化的指标来甄别急迫需要住房的人群。

## 二、家庭赡养照护负担系数

家庭赡养照护负担系数也称老年人口赡养系数或老年人口抚养比，指某一申享家庭中老年人口数与家庭人口总数之比，用以表明每个申享家庭要承担多少老年人赡养照护负担。计算公式为

$$B_o = \frac{P_{65+}}{P_{总}} \tag{5-1}$$

式中，$B_o$ 为老年人口抚养比；$P_{65+}$ 为 65 岁及 65 岁以上的老年人口数；$P_{总}$ 为家庭人口总数。

例如，一对处于劳动年龄夫妻家中有 2 位 65 岁以上老人且夫妻暂未生育子女，其赡养照护负担系数中需要赡养的人口为 2 个老人，即 $P_{65+}=2$，而家庭人口总数应该是夫妻双方加上 2 个 65 岁以上老人，即 $P_{总}=4$，那么这一类型申享家庭的赡养照护负担系数应该是 0.5，即

$$B_o = \frac{P_{65+}}{P_{总}} = \frac{2}{4} \tag{5-2}$$

## 三、家庭抚养照护负担系数

家庭抚养照护负担系数就是未成年人抚养系数，指公租房申享家庭中未成年人人口数与家庭成员总人数之比，此指标用以反映申享家庭要负担多少未成年人抚养照护责任。计算公式为

$$B_m = \frac{P_{0\sim17}}{P_{总}} \qquad (5-3)$$

式中，$B_m$ 为未成年抚养比；$P_{0\sim17}$ 为 0～17 岁未成年人口数。

例如，一对处于劳动年龄夫妻双方带有一个未成年子女的二代户家庭，其抚养照护负担系数中的非劳动力年龄人口是一个子女，即 $P_{0\sim17}=1$，而家庭人口总数应该是夫妻双方加上一个未成年子女，即 $P_{总}=3$，那么这一类型申享家庭的抚养照护负担系数应该是 0.33，即

$$B_m = \frac{P_{0\sim17}}{P_{总}} = \frac{1}{3} \qquad (5-4)$$

若这个家庭中有 2 个未成年子女，那么该家庭的抚养照护负担系数为 0.5。

### 四、家庭特殊残疾、病患人口照护负担系数

家庭特殊残疾、病患人口照护负担系数就是指公租房申享家庭成员中，患有严重疾病、残疾导致生活不能自理，完全丧失劳动能力的人口数与家庭成员总人数之比，此指标用以反映申享家庭要负担多少残疾、病患人口的照护责任。计算公式为

$$B_d = \frac{P_i}{P_{总}} \qquad (5-5)$$

式中，$B_d$ 为家庭特殊残疾、病患人口扶养比；$P_i$ 为家庭患有严重疾病、残疾导致生活不能自理，完全丧失劳动能力的人口数。

家庭照护负担是双导向多维住房贫困对象甄别体系的排序性指标，通过该指标的设置可以对承担养老抚幼，照顾特殊残疾、病患的申享家庭给予住房优先排序的政策补偿，精准锁定住房需求急迫的群体。

# 本章小结

本章从申享家庭对社会责任分担的角度，结合相关的文献样本与公租房准入实践样本分析，提出从家庭人口规模与家庭照护负担两个二级指标来测算申享家庭住房需求的急迫程度。其中，家庭人口规模下设家庭成员人口总数和家

庭代际数两个三级指标，通过这两个三级指标基本厘清了公租房申享者家庭关系的边界。家庭照护负担下设家庭赡养照护负担系数、家庭抚养负担系数和家庭特殊残疾、病患人口照护系数 3 个三级指标，通过这 3 个三级指标反映申享家庭照护负担的真实情况和承载能力。

家庭人口规模与家庭照护负担指标均是双导向多维住房贫困甄别体系中的排序性指标；其取值均为极大型值，取值越大，说明申享家庭住房需求越急迫，排序越靠前。该指标在公租房保障对象甄别中期和后期使用，进行排队轮候。

本章为公租房保障对象甄别指标研究提供了新的思路，将原以住房面积与收入水平为主的双线甄别制度向多维方向扩展，充分考虑了家庭分担社会责任后所承受的家庭照护负担，能更真实、准确地反映申享家庭对住房的需求程度。

# 第六章　在地社会贡献及其度量指标

本章讨论双导向多维住房贫困对象甄别指标体系的在地社会贡献维度指标。在地社会贡献与申享家庭的户籍和就业、居住等情况相关。由于户籍制度改革倒逼住房福利与户籍剥离，本章将"户籍门槛"变为"住房福利门槛"，削弱在公租房领域户籍的福利价值，构建以申享家庭在当地稳定就业程度和居住年限为依据的公租房福利门槛，将其作为在地社会贡献的甄别指标，以替代原以户籍区别身份的排斥性指标，建立外来人口获取住房保障福利新机制，改变公租房保障制度依赖户籍作为细分城镇住房困难群体和外来务工住房困难群体的单一渠道。

运用文献样本与准入实践样本比较分析法，提出：在地社会贡献维度指标下设申享家庭就业稳定程度、申享地居住稳定程度两个二级指标，是否签订劳动合同、缴纳社会保险金年限、缴纳住房公积金的年限、申享地居住年限4个三级指标。它是双导向多维住房贫困对象甄别体系中的排序性指标，用于解决政府对公租房有限供给时的利益分配问题。

## 第一节　户籍与保障对象申享资格的剥离

户籍制度改革是对公租房准入政策中户籍门槛排斥性指标设置的剥离。在中国实行户籍制度改革以前，由于公租房产品供给的有限性和需求的无限性之间的矛盾，政府只能将户籍与保障性住房福利捆绑，通过户籍门槛指标的设置，达到身份排斥的目的。政府先解决本地城镇居民住房困难问题，再根据其供应能力依次将公共住房福利向外扩散，逐步解决外地务工人员或新市民群体的住房问题，最终实现公共住房福利均等化，实现外地人、本地人公平享有住房权，实现人人有房住的终极政策目标。

本节将结合文献样本与准入实践样本深入分析户籍对公租房保障对象的定位，为本章第二节提出替代户籍门槛指标作铺垫。

## 一、文献样本：主张放开户籍限制

在 120 个文献样本中提取与"户籍"相关的关键词，并对关键词进行整理合并归为两类：户籍有限制和户籍无限制。主张对公租房应该放开户籍限制，使外来务工人员、农民工群体充分享有公租房福利分配待遇的约占 46%；主张公租房准入仍以户籍为限制条件细分对象，有条件、分步骤享有的约占 54%。

综上所述，文献样本仍带有深刻的户籍细分公租房保障对象的印迹，关注的重点只不过主张将原来的保障范围覆盖面扩散至更大，争论的焦点在于是否将以农民工为代表的流动人口纳入公租房保障范围内，但学者并没有提出住房福利彻底去户籍化，也没提出公租房与户籍剥离的具体途径。

## 二、实践样本：将公租房与户籍捆绑

将是否具有本地户籍这一指标作为细分公租房保障对象的依据有悖于住房保障公平分配的目标，随着户籍制度改革的深入推进，如何将户籍与公租房剥离是一个值得深思的问题。户籍制度在公租房领域实际上扮演了住房福利和住房利益分配载体的角色。因此，户籍制度在公租房领域的改革不是如表象所见的人口迁移的登记制度，而是剥离附着在户籍上的公租房待遇的不公，实现不以户籍细分公租房保障对象，通过对户籍的利益剥离和利益扩散两种途径，削弱户籍对住房福利的捆绑，构建新的细分公租房保障对象指标。

### （一）户籍指标在实践样本中的广泛应用

在公租房准入政策实践样本中，所有城市均以户口或户籍来捆绑公租房，表述方式主要有城镇居民常住户籍、本地户口、非农业户口、当地常住户籍、城区户籍、本地城镇家庭、城镇户籍等。

样本城市公租房准入政策几乎都深深打上了户籍制度的烙印，均使用户籍指标将公租房保障对象划分为城镇中等偏下收入住房困难家庭（本地户籍）、新就业职工（有本地户籍或本地常住人口）和外来务工人员（持有居住证）三类身份，流动人口则被排斥在外。此类公租房准入政策以户籍为依据将公租房与户籍牢牢捆绑在一起，并最终决定不同身份居民的公租房待遇。

### （二）城市之间的户籍福利差距正在拉大

在中国户籍制度改革进程中，城乡之间的户籍福利差距正在逐步缩小，但是不同规模城市之间的户籍福利差距正在拉大，尤其体现在保障性住房福利方面，在公租房准入实践样本中具体表现为以下两个方面。

1.不同户籍身份分别享受不同的公租房待遇

例如，本地城镇居民只需要收入水平、财产状况和住房面积等约束性指标符合公租房申享规定，即可具备申享资格，但新就业职工除满足上述约束性指标外，还增设了评价其就业稳定程度的指标，如毕业年限、学历、年龄、社会保险金和住房公积金缴费时长、劳动合同签订期限等。无本地户籍的外来务工人员在收入水平指标上单独设立与其他两类不同的指标参数，更注重对其就业稳定性和居住长期性的评估，其社会保险金和住房公积金缴费时长、劳动合同签订时长、居住年限时长，相较于新就业职工而言，时间期限要求更长。此外，城市流动人口则是被公租房政策彻底排斥的对象，流动人口还不具备申享公租房的身份资格。

2.不同规模城市之间的由户籍带来的住房福利极差正在加大

当前在公租房领域，给户籍松绑的进程重点关注的是如何放宽各级城市的公租房准入的身份门槛，让更多长期在城市居住生活的新市民享受城市的公共住房福利。现有的公租房政策仍然基于户籍划分身份，运用户籍实现公租房的分类管理，这种"扩面"的思想并没有从根本上推动公共住房福利"去户籍化"进程，既不能改变户籍的利益分配功能，也不能消除由不同户籍和不同城市规模带来的福利极差。

例如，拥有北京、上海、广州、深圳等一线城市的户籍附着的公租房福利与二、三线城市之间的福利差异正在不断加大。中小型城市的公租房福利环境宽容，却吸引不了有需求的住房困难群体，而一线城市公租房资源紧张，但外来务工人员和流动人口大量聚集。这种矛盾现象正是由于各项公共福利政策仍在不断强化户籍对福利分配的功能。

因此，打破户籍福利的二元性是公租房领域改革的重点。公租房领域当前最重要的就是破除保障对象身份的藩篱，重新界定保障对象的范围，重塑公共住房公平目标的初心。

综上所述，实践样本将户籍指标作为公租房保障对象身份划分的依据。不同户籍身份分别享受不同的公租房待遇，不同规模城市之间的由户籍带来的住房福利极差也正在加大。

### 三、户籍引起的保障范围与公租房待遇的差异

通过文献与实践样本对比分析，研究发现：两者关注的焦点是以户籍为基础的公租房保障对象范围的划分。两者的差异主要体现在两个方面：①户籍带来的公租房保障范围差异；②户籍带来的公租房待遇差异。

#### （一）户籍带来的公租房保障范围差异

在文献与实践样本中，户籍带来的公租房保障范围差异体现在是否将以农民工为代表的流动人口纳入公租房保障范围。文献样本主张对户籍限制进行有条件的松绑，将现行的公租房保障范围覆盖面扩散至更大，提出将以农民工为代表的城镇流动人口纳入公租房保障范围。而公租房准入实践样本只保障以户籍为基础划定的三类人群，不包括以农民工为代表的流动人口。

实践样本以户籍为基础划分公租房保障对象的方式有悖于住房保障公平分配的目标，不利于当前国家正在进行的户籍制度改革，不利于户籍与公共福利的剥离。文献样本对将公租房保障对象扩大化，有利于最终实现公共住房福利均等化，实现外地人、本地人公平享有住房权，实现人人有房住的终极政策目标，但会加大地方政府对公租房的供给压力。

#### （二）户籍带来的公租房待遇差异

户籍带来的住房福利差异体现在不同身份群体和不同规模城市之间由户籍带来的住房待遇的差距。文献样本没有关注户籍带来的三类特定人群之间和不同城市规模之间的福利极差现象。相比而言，实践样本更注重二元户籍的利益分配功能。实践样本以户籍划分保障对象身份造成了住房福利的差异。

第一，不同户籍身份享受不同的公租房待遇。就公租房申请的难易程度而言，本地户籍的住房困难家庭申请公租房最容易，新就业职工其次，外地务工人员、流动人口（农民工）群体获取公租房待遇最难。

第二，就获取不同规模城市的公租房福利难易程度而言，一线城市的住房福利获取难度要远远大于二线、三线、四线城市，如北京、上海、广州等一线城市采取的积分入户制，再一次提升了外地人落户的门槛，其入户的基础指标包括年龄、教育背景、专业技术职称和技能等级、在当地工作及缴纳职工社会保险年限等指标。这一系列的入户指标设置打破了户籍作为登记制度的初衷，将户籍随人口自由流动演变成了户籍随人才流动。只有高端人才入户一线城市最容易，而在城市从事最艰苦岗位的流动人口群体永远徘徊在门外。

第三，户籍利益扩散式改革变异为"抢人才"大战。从准入实践样本看，公租房保障对象的细分带有强烈的户籍门槛身份印记，而这种建立在身份差别化的公租房准入待遇在不同规模城市体现得尤为显著。虽然各地的公租房准入政策想尽力使附着在户籍上的住房分配利益群体扩大化，但就公租房准入政策针对新就业职工和外来务工人员的福利门槛设置来说，其户籍利益扩散式改革导致了人人享有平等住房权的公租房保障待遇演变成了一线城市的"抢人才"大战。原本需要受益于公租房福利扩散的对象，即流动人口（农民工）群体则被排除在外。

与此相矛盾的是居住证制度的实施逐步剥离了户籍上附着的公共福利待遇，增加了大城市的吸引力，使大量流动人口向城市转移，由此使公租房保障承受的压力更大。

从上述差异可以看出，户籍制度与公租房福利的捆绑将一部分最需要解决住房问题的困难群体排除在外，加剧了公租房福利分配的不公，不利于公共住房福利均等化的实现。因此，必须将户籍与住房福利松绑，找到户籍与公租房保障对象身份剥离的路径，推进公租房保障对象准入机制去户籍化，构建新的替代公租房户籍门槛的指标。

## 四、户籍与公租房保障对象身份剥离的路径

由于各地区经济发展不平衡，当前公租房保障领域还未跟上中国户籍制度改革的进程，仍停留在以户籍为基础划分保障对象身份的阶段，户籍仍影响着住房困难家庭享受公租房的福利待遇。要想破除户籍对公租房保障对象身份划分，必须走上户籍与住房福利剥离的道路，使公租房政策达到全覆盖，保障人人公平享有住房保障权利。具体剥离路径如下。

第一，国家有关公租房的政策法规应跟上中国户籍改革的步伐，将原有的户籍与公租房保障对象身份捆绑，变为户籍与公租房保障对象身份分离，真正剥离户籍对公租房保障对象的身份划分，通过设置公租房保障对象甄别指标体系有效识别住房困难群体。

第二，将公租房领域的"户籍准入，分类管理"变为"常住人口登记管理"。现有的户籍准入制度不能准确反映住房困难群体的居住区域和职业身份。因此，在公租房领域应大力推行以常住地为基础实行人口登记管理，可以通过对申享家庭常住地点实行公租房分配的属地化管理，将城镇原有的公租房

保障对象管理以户籍划分身份转向常住人口管理，外来人口以在当地的居住时长、是否在当地稳定就业来判断其是否具备享有当地公租房福利的身份资格。

第三，结合中国各区域经济发展水平和各城市的承载能力，将公租房的"户籍身份门槛"变为"住房福利准入门槛"。分阶段采取福利扩散式改革，直至最终实现户籍利益与公共住房福利的彻底剥离。受保障对象覆盖范围和保障水平的制约，中国当前公租房福利存在较大的地区差异和城乡差别，因此设立住房福利准入门槛显得尤为重要。可以通过设置相关约束性条件和参数来取代户籍身份门槛，如设置申享者在当地居住时长、就业稳定程度等指标来测量新市民是否具备申请公租房的身份资格，既可以有效防止大量人口向城市涌入，出现"城市病"，又可以有效消除公租房福利对户籍的依赖。最终使公租房保障从传统的户籍身份门槛向住房福利准入门槛转变，由传统的"户籍准入式管理"向"户籍登记式管理"转变，户籍在公共住房福利方面的限制功能将会被逐渐削弱、化解，最终实现公共住房权利均等化。

# 第二节　申享家庭就业稳定程度及其测量口径

申享家庭就业稳定程度是双导向多维住房贫困对象甄别指标体系的排序性指标，它替代原有的户籍门槛指标，通过是否签订劳动合同、缴纳社会保险金年限、缴纳住房公积金的年限3个三级指标测量申享家庭就业稳定程度，是在政府对公租房供给能力有限的情况下设置的住房福利门槛。

本节将通过文献样本与实践样本数据对申享家庭就业稳定程度进行对比分析，以确定申享家庭就业稳定程度的认定标准。

## 一、文献样本：以工作年限的描述为主

文献样本关于公租房申享家庭在当地稳定就业程度指标有14个，经过筛选，合并重复性指标后，分为三大类：在当地居住时间、在当地的工作年限、工作岗位贡献程度。在120个文献样本中，关于申享家庭稳定就业程度的有效样本为42个，在有效样本中，替代户籍指标甄别住房困难群体的3项指标为当地居住时间、工作年限、工作岗位贡献，分别占5%、64%、31%。

由此可见，文献样本主张用工作年限来测量申享家庭对所在城市的贡献程

度比例最高。在 120 篇文献样本中，申享者在当地工作时间的长短集中体现在工作年限、社会保险缴纳时长、住房公积金缴纳时长 3 个指标，用各指标出现的频数除以有效样本总数计算出有效百分比，具体样本文献描述及频数如表 6-1 所示。

表 6-1　申享家庭就业稳定程度的文献描述

| 文献描述 | 文献样本编码 | 频数 | 有效百分比 /% |
|---|---|---|---|
| 工作年限 | [5][26][27][33][36][38][39][42][82][111] | 10 | 24 |
| 社会保险缴纳时长 | [5][18][26][28][36][39][42][44][82] | 9 | 21 |
| 住房公积金缴纳时长 | [36][76][120] | 3 | 7 |

资料来源：根据 120 篇文献样本整理。

综上所述，文献样本通过工作年限、社会保险缴纳时长和住房公积金缴纳时长来测量申享家庭就业稳定程度，将通过户籍门槛设定以实现本地户籍居民分配保障性住房的功能，向在本地长期工作的利益群体扩散，达到通过工作年限指标设置来削弱户籍与保障性住房福利捆绑功能，实现公租房福利向外来人口扩散的目的。

## 二、实践样本：以就业期限的约束性指标为主

实践样本中，申享家庭稳定就业程度指标表现为时间期限的约束性条件，主要针对新就业职工（必须持有本地户口或本地常住）和外来务工人员（持有居住证）两类身份，而当地城区中等偏下收入住房困难家庭则不受就业约束性条件限制。具体体现在以下三个方面。

第一，对新就业职工和外来务工人员均设置工作年限、劳动合同聘用期限、缴纳社会保险年限等约束性福利准入指标。各城市内部对外来务工人员与新就业职工对上述约束性指标的设置存在时间长短的差异，且各城市之间对新就业职工和外来务工人员设置的劳动合同聘用期限和社会保险缴纳年限长短也存在差异。这是由当地政府对公租房产品供应能力和保障水平的差异性决定的。

例如，湖南省湘潭市规定："新就业无房职工应具有市城区城镇常住户籍；外来务工人员须持有市城区公安机关核发的居住证；新就业无房职工已与用人单位签订 1 年以上，并在市城区工作的劳动合同，连续缴纳社会保险 6 个月以

上；外来务工人员在本市城区稳定就业，已与用人单位签订2年以上劳动合同，并在本市连续缴纳社会保险12个月以上。"❶广东省东莞市规定："新就业职工具有本市户籍，在本市同一用人单位工作满1年并签订劳动合同；在本市连续缴纳社保满1年；新参加工作未满五年（从毕业的次月起计算）"；外来务工人员申请公租房，"申请人须在本市工作满6年，申请时在本市同一用人单位工作满1年并签订劳动合同；在本市连续缴纳社保满6年。"❷

从上述准入政策规定中可以看出：新就业职工和外来务工人员申请公租房，其劳动合同签订期限和社会保险缴纳期限的时间约束条件存在差异。

第二，除满足基本申报条件外，单独对新就业职工申请公租房设置了学历及毕业年限的约束性条件，部分城市将人才引进也纳入公租房保障对象，并设置相应的年龄、学历和专业技术职务等约束性指标。

准入政策中约75%以上要求具有大中专及以上学历，设置毕业年限约束性指标的占93%，绝大多数毕业年限要求不满3年或者5年。例如，广东省珠海市规定："具备中专以上学历、自毕业起不满5年；取得高级工职业资格证书；经珠海市企业技能人才评价取得一、二、三级评价证书条件之一的异地务工人员，并符合下列条件的，可选择申请政府公开配租的公共租赁住房。"❸广东省东莞市规定："新参加工作未满5年（以全日制学历毕业的次月起计算）。"❹广东省云浮市规定：新就业无房职工具有本市城区户籍，毕业未满3年，具有全日制大学本科以上学历。"❺

第三，住房公积金不是公租房福利门槛设置的充分必要条件。政策实践样本中对新就业人员和外来务工人员是否缴纳住房公积金做出规定的城市只占36%。各地准入政策中关于住房公积金是否缴纳的规定通常有三种情况：第一种是社会保险金和住房公积金必须都缴纳。第二种是社会保险金和住房公积金

❶ 湘潭市人民政府.湘潭市城区保障性住房分配和运营管理办法[EB/OL].（2016-12-19）[2021-10-12].http://www.xiangtan.gov.cn/jc2021/xtsjczwgk/77/101/content_21779.html.

❷ 东莞市人民政府.东莞市公共租赁住房管理办法[EB/OL].（2014-01-21）[2021-10-12].http://www.dg.gov.cn/attachment/cmsfile/qiaotou/zfbz/201710/daofile/27776doc342909.pdf.

❸ 中国珠海政府.珠海市公共租赁住房管理办法实施细则[EB/OL].（2016-05-05）[2021-10-12].http://www.zhuhai.gov.cn/xw/xwzx/zhyw/content/post_1716742.html.

❹ 东莞市人民政府.东莞市公共租赁住房管理办法[EB/OL].（2014-01-21）[2021-10-12].http://www.dg.gov.cn/attachment/cmsfile/qiaotou/zfbz/201710/daofile/27776doc342909.pdf.

❺ 云浮市住房和城乡建设局.云浮市城区公共租赁住房申请指南[EB/OL].（2015-01-13）[2021-10-12].https://www.yunfu.gov.cn/zjj/gsgg/tzgg/content/post_125429.html.

两者选其一缴纳即可，如湖北省武汉市规定："无房新就业职工申请公租房保障的，在我市正常缴纳社会保险费或者住房公积金。" ❶第三种是社会保险金必须都缴纳，对住房公积金是否缴纳不进行强制规定。

从上述关于申享家庭就业稳定程度的实践样本可以看出：在公租房领域，户籍制度的深远影响还将长期存在。其准入实践样本仍然将户籍作为公租房保障对象身份划分的依据，并在此基础上运用劳动合同聘用期限、社会保险金、住房公积金、学历、毕业年限等约束性指标作为测量新就业职工和外来务工人员就业稳定程度的指标。具有本地城市户籍的中等收入以下住房困难家庭则不受此条件限制。

### 三、就业稳定性界定及其公租房准入的差异

通过文献与实践样本对比分析，发现两者都主张用社会保险金缴纳时长和住房公积金缴纳时长两个指标来测量申享家庭在当地就业稳定程度。两者的差异主要体现在以下两点：一是工作年限与劳动合同聘期两个指标设置存在差异；二是住房公积金制度的认知差异。

#### （一）工作年限与劳动合同聘期两个指标设置的差异

文献样本将工作年限作为测量就业稳定程度的指标之一，而实践样本将劳动合同聘期作为测量就业稳定程度的指标之一。劳动合同聘期限更能反映申享家庭在当地的工作年限，同时根据《中华人民共和国劳动合同法》，用人单位与劳动者签订劳动合同就必须为其缴纳社会保险金，因此劳动合同的签订期限为后续社会保险金缴纳时长指标设立作铺垫。工作年限指标不一定能反映申享家庭缴纳社会保险的情况，有可能存在漏缴或不缴的现象，如流动人口从事的临时性工作。

#### （二）住房公积金制度的认知差异

文献样本认为，社会保险金和住房公积金必须都缴纳才能反映申享家庭的就业稳定程度，而实践样本则认为住房公积金不是公租房福利门槛设置的充分必要条件，既可以都缴纳，也可以两者选一种缴纳。这说明了文献样本与实践样本对住房公积金制度存在认知差异。

---

❶ 武汉市人民政府.武汉市公共租赁住房保障办法 [EB/OL].(2020-04-20)[2020-04-11]. http://www.wuhan.gov.cn/zwgk/xxgk/zfwj/gfxwj/202004/t20200420_1033135.shtml.

公租房是一种住房保障类产品，是住房保障体系的主力军，而住房公积金制度则是住房保障体系的重要组成部分，为城镇职工提供住房资金积累和政策性住房贷款优惠，对提升住房困难群体购房能力、改善住房条件起到重要支撑作用。住房公积金的缴纳时长从侧面反映了缴费人员对依靠自身能力和国家优惠政策扶持来解决住房问题的能力，因此用此指标可以客观反映住房困难群体的在地社会贡献程度。

### 四、申享家庭就业稳定程度排序性指标的提出

通过对公租房文献样本与准入实践样本的差异分析，本书对申享家庭就业稳定程度的认定标准如下。

第一，本书不再依据户籍作为细分公租房保障对象的甄别指标，而是根据各地对公租房建设的实际承载能力和保障水平，通过利益扩散的方式，逐步放开户籍对公租房福利的限制，使人人能够平等享有住房权，实现住房福利均等化。

第二，设置申享家庭在当地就业是否签订劳动合同、缴纳社会保险金年限和缴纳住房公积金年限3个指标作为测量其就业稳定程度的三级指标。该指标在双导向多维住房贫困对象甄别体系中属于排序性指标，缴纳社会保险金年限和缴纳住房公积金年限这两个指标取值均属于极大型值，即申享家庭在该指标上的取值越大，则排序越靠前，说明申享家庭在地社会贡献越大。

## 第三节　申享地居住稳定程度及其测量口径

申享地居住稳定程度是双导向多维住房贫困对象甄别指标体系的排序性指标。该指标从申享地居住的稳定性方面，限定了公租房保障对象的申享资格。它通过申享地居住年限这个三级指标来测量申享家庭在当地居住的稳定程度。申享地居住年限指标与申享地居住稳定程度呈正相关关系，即该指标取值越大，说明申享家庭在申享地居住时间越长，其居住稳定程度越高；反之，则相反。

申享地居住稳定程度指标的设置一方面有利于公租房的运营管理；另一方面能精确识别住房需求人群，避免公租房资源的浪费，规避暂住或常年迁徙群体申享公租房之后将住房空置。

## 一、文献样本：少量涉及当地居住时间指标

文献样本关于申享地居住稳定程度指标提取的关键词为当地居住时间。在120个文献样本中，关于申享家庭稳定就业程度有效样本为42个，在有效样本中，当地居住时间指标占5%，说明文献样本甚少关注申享家庭在当地居住时间的长短指标，未从申享地居住稳定程度来测量在地社会贡献程度。

## 二、实践样本：多以当地居住时间的约束性指标为主

实践样本中约有95%的城市对公租房准入资格做了在当地居住的约束性限制条件。例如，湖北省咸宁市、大冶市、宜昌市等城市对外来务工人员申请公租房均做出了"在本地居住具体年限"的要求，对城镇户籍居民则做出在当地居住的要求。

由此可见，实践样本对公租房申享家庭或从"在申请地居住"或从"在就业城镇居住年限"角度提出居住稳定程度的约束性指标，作为公租房准入的门槛排斥指标。

## 三、保障对象：从户籍人口扩大至常住人口

通过前述文献与政策数据的整理，发现两者的差异主要体现在文献样本很少关注申享地居住稳定程度指标，而准入政策则对申享地居住稳定程度设定门槛排斥指标，并将公租房申享资格从户籍人口扩展至常住人口。

从准入实践样本可以看出，申享家庭居住稳定程度涉及其是否具备公租房申享资格，且申享资格也从户籍人口扩展至常住人口。户籍人口主要通过公安户籍管理机关派发的户口簿或派出所出具的户籍证明来验证。这类人口不管其是否外出，也不管外出时间长短，只要在某地注册为常住户口，则为该地区的户籍人口。而常住人口则比较复杂，指全年经常在家或在家居住6个月以上，流动人口长时间在所在的城市居住就称常住人口。就公租房保障而言，常住人口主要是测量申享家庭在申请地长期居住的可能性，主要针对外来流动人口和新就业的大学生群体。

公租房保障对象申享资格从户籍人口扩展至常住人口，将更能精确地识别住房需求人群，将常年在外的户籍人口排斥在外，将常年在申请地居住的流动人口纳入保障范围。

### 四、申享地居住年限排序性指标的提出

通过上文对公租房文献样本与准入实践样本的差异分析，本书对申享地居住稳定程度指标的认定标准如下。

第一，将"申享地居住年限"作为申享地居住稳定程度测量的三级指标，通过该指标来识别公租房保障对象是否属于常住人口。由于申享家庭在当地居住的时间越长、就业情况越稳定，从申请地迁出的可能性就越小，在地所做出的社会贡献就越大。申享地居住年限指标能精确识别住房需求人群，将常年在外的户籍人口排斥在外，将常年在申请地居住的流动人口纳入保障范围。

第二，"申享地居住年限"是双导向多维住房贫困对象甄别体系的排序性指标。指标均属于极大型值，即申享家庭在该指标上的取值越大，则排序越靠前。

# 本章小结

本章基于申享家庭在地社会贡献视角，结合相关的文献样本与公租房准入政策实践样本，提出户籍与公租房保障对象身份剥离的三条路径：一是将原有的户籍与公租房保障对象身份捆绑变为户籍与公租房保障对象身份分离；二是将公租房领域的"户籍准入，分类管理"变为"常住人口登记管理"；三是将公租房的"户籍身份门槛"变为"住房福利准入门槛"。以此为基础构建不依赖户籍划分保障对象身份的住房福利准入指标。

在地社会贡献维度指标下设两个二级指标，即申享家庭就业稳定程度、申享地居住稳定程度；4个三级指标，即是否签订劳动合同、缴纳社会保险金年限、缴纳住房公积金的年限、申享地居住年限。

在地社会贡献维度指标是双导向多维住房贫困甄别体系中的排序性指标。该指标在公租房保障对象甄别后期使用，能在政府对公租房保障水平有限的情况下，按申享家庭的在地社会贡献，对申享对象进行排序，实现住房权的公平分配。

# 第七章 公租房保障对象甄别指标验证：基于湖北省的问卷调查数据

本章将 Alkire 和 Foster 提出的 A–F 多维贫困分析法应用到公租房贫困对象的精准甄别上，为有效甄别公租房可能出现的"虚假住房贫困"现象，提出"住房困难程度和商品房购买力"双导向的多维住房贫困测量方法。此方法既考虑了公租房政策的初衷，将住房困难程度和商品房购买力维度放在评价申享家庭住房困难的主导地位上，也兼顾了多维视角下的其他维度的评价，构建了住房困难程度、商品房购买力、住房需求急迫程度和在地社会贡献四维度的住房贫困对象甄别指标。结合问卷调查数据，测量被调查家庭双导向的多维住房贫困情况，通过各维度综合评价指数排序，验证"住房困难程度和商品房购买力"双导向的多维住房贫困对象甄别指标体系。

## 第一节 多维甄别指标框架及权重设置

运用多维住房贫困的测量方法测量公租房保障对象是否存在住房贫困时，需要结合中国各城市的具体现状考虑两个问题：一是如何选择住房贫困剥夺维度；二是剥夺临界值的设定。

本节将从双导向多维住房贫困甄别指标框架和指标权重设置、值域处理两个方面展开论述，作为本章第二节甄别指标的检验的论证基础。

### 一、双导向的多维住房贫困甄别指标框架

基于 A–F 多维贫困分析框架，将国内外学者的理论研究和中国公租房政策实践经验相结合，本书重点考察住房困难程度、商品房购买力、住房需求急迫程度和在地社会贡献四个维度。这四个维度具体包括 4 个一级指标、10 个二级指标、22 个三级指标，共计 36 个指标，如表 7–1 所示。

表 7-1  公租房保障对象甄别指标框架

| 一级指标 | 二级指标 | 三级指标 | 指标说明 | 指标属性 |
|---|---|---|---|---|
| 住房困难程度 | 住房权属 | 是否有自有产权住房 | 申享者有没有自有产权住房 | 一票否决性排斥指标 |
| | | 是否享受政策性优惠住房 | 申享者有没有享受过各种形式的福利性政策住房 | 一票否决性排斥指标 |
| | 住房面积 | 家庭人均住房建筑面积 | 家庭住宅建筑面积除以家庭人口数,用于计算家庭平均每人拥有的住宅建筑面积 | 排序性指标 |
| | | 住房面积指数 | 住房房间数除以家庭人口总数的比值,用于测量申享家庭现有住房的拥挤程度 | 排序性指标 |
| | 住房质量 | 房屋完好程度 | 根据《房屋完损等级评定标准》的相关规定,对完好程度的五级分类标准做出描述性界定 | 一票准入性的吸纳指标 |
| 商品房购买力 | 家庭收入水平 | 家庭人均年收入 | 家庭所有成员年收入总和除以家庭所有人员总数 | 排序性指标 |
| | | 住房恩格尔系数 | 住房支出占家庭整个消费支出的比值,用于说明收入水平对住房支付能力的影响程度 | 排序性指标 |

| 一级指标 | 二级指标 | 三级指标 | 指标说明 | 指标属性 |
|---|---|---|---|---|
| 商品房购买力 | 家庭财产丰裕程度 | 土地、商用房产 | 家庭成员按照国家规定获得的不计入家庭收入的其他财产除以家庭人口数,用于圈定不应当申享公租房的群体范围 | 一票否决性排斥指标 |
| | | 机动车辆 | 自用或经营车辆,不含残疾人专用机动车、二轮和三轮摩托车 | 一票否决性排斥指标 |
| | | 投资类财产、银行存款、收藏品总额 | 有价证券、企业股份、股票、基金和各类理财产品、外汇等投资类财产;现金和借出款;字画、古币、瓷器等古董,黄金、白银等贵金属,邮票、货币等收藏品 | 排序性指标 |
| | 家庭奢侈性消费行为 | 奢侈品消费 | 衣着饰品类:衬衣、西装、衣裙、皮鞋、皮带、眼镜、皮包、手表和其他贵重小奢侈品;使用高档烟酒、住豪华房 | 一票否决性排斥指标 |
| | | 创造型奢侈消费 | 个人高端电子产品:高端手机、MP4、iPad、笔记本电脑、电子玩具等 | 一票否决性排斥指标 |
| | | 精神、文化型奢侈消费 | 文娱高消费:经常出入高档酒店、娱乐场所、高级会馆,出国旅游消费,子女就读私人贵族学校或自费出国留学,或子女常驻国外等教育高消费。<br>精神高消费:饲养宠物且品种名贵 | 一票否决性排斥指标 |

| 一级指标 | 二级指标 | 三级指标 | 指标说明 | 指标属性 |
|---|---|---|---|---|
| 住房需求急迫程度 | 家庭规模 | 家庭成员人口总数 | 以夫妻关系为核心、以共同居住为标准具有姻缘和血缘关系的家庭成员总数 | 排序性指标 |
| | | 家庭代际数 | 家庭代际以共同居住，且具有姻缘和血缘关系的家庭成员为统计基础。具体分为一代户、二代户、三代户、四代户、五代及以上户 | 排序性指标 |
| | 家庭照护负担 | 家庭赡养照护负担系数 | 申享家庭中老年人口数（65岁及65岁以上）与家庭人口总数之比 | 排序性指标 |
| | | 家庭抚养照护负担系数 | 申享家庭中未成年人人口数（0～17岁）与家庭成员总人数之比 | 排序性指标 |
| | | 家庭特殊残疾、病患人口照护负担系数 | 申享家庭成员中，患有严重疾病、残疾导致生活不能自理，完全丧失劳动能力的人口数与家庭成员总人数之比 | 排序性指标 |
| 在地社会贡献 | 申享家庭就业稳定程度 | 是否签订劳动合同 | 与申享地用人单位签订或未签订劳动（聘用）合同 | 排序性指标 |
| | | 缴纳社会保险费年限 | 在申享地缴纳社会保险的时长 | 排序性指标 |
| | | 缴纳住房公积金年限 | 在申享地缴纳住房公积金的时长 | 排序性指标 |

| 一级指标 | 二级指标 | 三级指标 | 指标说明 | 指标属性 |
|---|---|---|---|---|
| 在地社会贡献 | 申享地居住稳定程度 | 申享地居住年限 | 申享家庭在当地居住的时间长短 | 排序性指标 |

表 7-1 列明双导向多维住房贫困甄别指标的总体框架，并对各类指标进行了属性及内涵说明。需要另外强调：关于在地社会贡献维度指标的设置，中国各个城市可以根据当地政府实际财政承受能力、城市人口数量和公租房保障水平等情况，在甄别保障对象时进行指标删减或增加的调整。

另外，在对申享家庭进行甄别时，采用以"住房困难程度和商品房购买力"维度指标出现双剥夺情况时进行多维住房贫困的测算，即先使用一票否决性指标和一票准入性吸纳指标，精准锁定住房困难人群，避免资源浪费，再结合其家庭规模、家庭照护负担、就业稳定程度、申享地居住稳定程度等极大型指标值，进行综合评价排序，最后对申享家庭进行高效精准的人—房匹配。

## 二、指标权重设置及值域处理

### （一）各维度指标权重设置

以往的文献对指标的研究在指标权重的设定上通常有两种方式：一是均等权重，如张昭在进行贫困对象识别时，采用了均等权重赋值的方法[1]。二是不均等权重，如胡晶晶在进行公租房保障对象识别时采用了不均等权重[2]。均等权重就是在选取了测度多维贫困的所有维度，以及确定了每个维度下所有指标数量之后，将总权重"1"平均分配给所有的指标。不均等权重则是基于研究目的，根据指标的重要性采取不同的方法设置不同的权重。

由于公租房保障对象甄别维度和指标的权重并无统一明确的规定，本书认为住房困难程度、商品房购买力、住房需求急迫程度以及在地社会贡献四大类维度指标之间不可替代，彼此重要性相当，四大类指标细分指标同样重要。因

---

[1]　张昭．"收入导向型"多维贫困的识别与流动性研究——基于 CFPS 调查数据农村子样本的考察 [J]．经济理论与经济管理，2017(2)：98-112.

[2]　胡晶晶．公共租赁住房配租机制研究 [M]．北京：人民出版社，2017.

此，本书在参考相关文献后，将住房贫困对象甄别指标维度的设置采用均等权重处理，即四个维度各自的权重都为 1/4，并按此思路对各维度下设的二级、三级指标权重均等分配。

由此可见，对公租房保障对象甄别四大维度赋予相同权重，表明各维度对家庭住房福利来讲同等重要。但是，由于各维度内部的指标不同，因此不同维度的指标权重通常也不同。均等权重的方法既能便于计算，又能根据不同指标体现权重的差异性。

**（二）各指标权重及赋值说明**

1. 各指标权重

为了对保障对象甄别指标进行综合评价，还需要对指标的值域进行处理，使不同特征的指标具有可比性，各维度下的指标赋值或剥夺临界值如表 7-2 所示。

表 7-2  保障对象甄别指标赋值说明

| 维度（权重） | 二级指标（权重） | 三级指标（权重） | 指标赋值/剥夺临界值 |
|---|---|---|---|
| 住房困难程度（1/4） | 住房权属（1/12） | 是否有自有产权住房（1/24） | 无产权住房 =1，有产权住房 =0 |
| | | 是否享受政策性优惠住房（1/24） | 未享受过政策性优惠住房 =1，享受过政策性优惠住房 =0 |
| | 住房面积（1/12） | 家庭人均住房建筑面积（1/24） | 取极小型值 |
| | | 住房面积指数（1/24） | 取极小型值 |
| | 住房质量（1/12） | 住宅完好程度（1/12） | 0= 其他，1= 危险房 |
| 商品房购买力（1/4） | 家庭收入水平（1/12） | 家庭人均年收入（1/24） | 取极小型值 |
| | | 住房恩格尔系数（1/24） | 取极大型值 |
| | 家庭财产丰裕程度（1/12） | 土地、商用房产（1/36） | 有 =0，无 =1，两者只要出现 1 个有，即赋值为 0；当两项均为无时，取值仍为 1，值不累加 |

续表

| 维度(权重) | 二级指标<br>（权重） | 三级指标（权重） | 指标赋值／剥夺临界值 |
|---|---|---|---|
| 商品房<br>购买力<br>（1/4） | 家庭财产<br>丰裕程度<br>（1/12） | 机动车辆（1/36） | 有 =0，无 =1 |
| | | 投资类财产、银行存款、收<br>藏品等财产总额（1/36） | 取极小型值 |
| | 家庭奢侈性<br>消费行为<br>（1/12） | 奢侈品消费（1/36） | 有 =0，无 =1 |
| | | 创造型奢侈消费（1/36） | 有 =0，无 =1 |
| | | 精神、文化型奢侈消费<br>（1/36） | 有 =0，无 =1 |
| 申享家庭<br>住房需求<br>急迫程度<br>（1/4） | 家庭规模<br>（1/8） | 家庭成员人口总数（1/16） | 取极大型值 |
| | | 家庭代际数（1/16） | 取极大型值 |
| | 家庭照护<br>负担（1/8） | 家庭赡养照护负担系数<br>（1/24） | 取极大型值 |
| | | 家庭抚养照护负担系数<br>（1/24） | 取极大型值 |
| | | 家庭特殊残疾、病患人口<br>照护负担系数（1/24） | 取极大型值 |
| 在地社会<br>贡献（1/4） | 稳定就业<br>程度（1/8） | 是否签订劳动合同（1/24） | 是 =1，否 =0 |
| | | 缴纳社会保险费年限（1/24） | 取极大型值 |
| | | 缴纳住房公积金年限（1/24） | 取极大型值 |
| | 申享地居住<br>稳定程度<br>（1/8） | 申享地居住年限（1/8） | 取极大型值 |

**2. 各指标赋值说明**

（1）住房困难程度维度指标赋值说明。

住房困难程度是双导向多维住房贫困对象甄别指标体系中的导向性指标。选取是否有自有产权住房、是否享受政策性优惠住房、家庭人均住房建筑面积、住房面积指数、住宅完好程度 5 个指标。

若申享家庭有自有产权住房，则赋值为 0，在此指标上不存在剥夺状况，否则为 1；家庭人均住房建筑面积和住房面积指数均属于极小型值，意味着该指标取值越小，则排序越靠前。

住宅完好程度依据《房屋完损等级评定标准》的相关规定分五级，即完好、基本完好、一般损害、严重损害和危险房。依据《房屋完损等级评定标准》的相关规定，对完好程度的五级分类标准做出描述性界定，并将"危险房"作为住房完损程度的剥夺值，一旦申享家庭出现"危险房"状况，则该家庭在无自有房产的情况下，将被一票准入性进入公租房保障对象范围。

上述指标若有 1 项存在剥夺状况，则认为申享家庭在住房困难程度维度存在剥夺，以此为导向锁定住房困难对象。

（2）商品房购买力维度指标赋值说明。

商品房购买力维度指标同住房困难程度维度指标一样，也是双导向多维住房贫困对象甄别指标体系中的导向性指标，在评价申享家庭是否具备商品房支付能力方面占有主导地位。该指标通过用 8 个三级指标评价：家庭人均年收入；住房恩格尔系数；土地、房产；机动车辆；投资类财产、银行存款、收藏品；奢侈品消费；创造型奢侈消费；精神、文化型奢侈消费。

家庭人均年收入取极小型值，意味着家庭人均年收入越小，则家庭收入水平越低，则排序越靠前。住房恩格尔系数取极大型值，意味着住房恩格尔系数越大，则申享家庭商品房支付能力越弱，则排序越靠前。

关于家庭财产丰裕程度的测量，由于财产申报和评估值难以获取准确数据，因此本书通过设置排斥性指标和取极小型值指标处理，即对于土地、商用房产，若申享家庭两者只要有 1 个，即赋值为 0，在此指标上不存在剥夺状况，反之，则赋值为 1，当两项均为无时，取值仍为 1，值不累加。机动车辆赋值为有 =0，无 =1。投资类财产、银行存款、收藏品等财产净值取极小型值，该指标取值越小，则排序越靠前。

家庭奢侈性消费行为指标：奢侈品消费；创造型奢侈消费；精神、文化型奢侈消费。上述奢侈性消费行为赋值有 =0，无 =1。上述 3 项中若有一项存在奢侈性消费行为，则该家庭的公租房申享资格将被一票否决。上述指标若有 1 项存在剥夺状况，则认为申享家庭在商品房购买力维度存在剥夺，以此为导向锁定商品房购买力弱，存在支付困难的对象。

（3）住房需求急迫程度维度指标赋值说明。

该维度选取家庭规模、家庭照护负担两个二级指标来测量申享家庭对住房需求的急迫程度。

家庭规模从家庭成员人口总数、家庭代际数两个指标进行测量，均取极大型值，该指标取值越大，说明需求程度越急迫，排序越靠前。

家庭照护负担指标通过家庭赡养照护负担系数、家庭抚养照护负担系数和家庭特殊残疾、病患人口照护系数 3 个三级指标进行测量。该指标也属于极大型指标，取值越大，则排序越靠前，对住房的需求程度越急迫。

家庭赡养照护负担系数指家庭中 65 岁（含）以上的老年人口数与家庭人口总数之比。

家庭抚养照护负担系数指申享家庭中未成年人（0～17 岁）人口数与家庭成员总人数之比，此指标用以反映申享家庭要负担多少未成年人抚养照护责任。

本书未选用家庭要负担的少儿人口数作为分子，而是选取未成人人口数作为分子，原因在于考虑一些陷入住房贫困的家庭不仅只有 0～14 岁的少年儿童需要抚养，还有超过 14 岁未成年的高中生需要抚养，供其接受更优质教育。

（4）在地社会贡献维度指标赋值说明。

该维度选取申享家庭就业稳定程度和申享地居住稳定程度两个二级指标，用是否签订劳动合同、缴纳社会保险金年限和缴纳住房公积金年限 3 个三级指标来测量就业稳定程度。

若申享者已签订劳动合同，赋值为 1，未签订赋值为 0；缴纳社会保险金年限和住房公积金年限均取极大型值，缴纳年限越长，说明在地贡献越大，排序越靠前。申享地居住稳定程度指标用申享家庭在申享地居住年限指标测量，该指标也属于极大型值，居住年限越长，排序则越靠前。

上述指标赋值在测算时，对所有维度采取均等权重，运用排斥和排序的分析法，计算出各家庭的排序综合评价指数，构建"住房困难程度与商品房购买力"双导向的多维住房贫困对象甄别体系。

# 第二节　甄别指标的检验

本节将从甄别指标排序综合评价方法、指标使用说明和运用问卷数据进行具体算例的推演三个方面对甄别指标体系进行检验。

## 一、排序综合评价方法

本书在构建双导向多维住房贫困对象甄别指标体系的基础上，采用均等权重法，得到各评价指标的最终权重。具体编码及权重如表 7-3 所示。采用综合评分法中的简单线性加权法，计算公租房申享家庭甄别排序综合评价指数，计算公式为

$$s = \sum_{i=1}^{n} s_i w_i \qquad (7-1)$$

其中，$s$ 表示公租房申享家庭甄别排序综合评价指数，申享家庭的 $s$ 值越接近 100%，表明该家庭住房贫困顺序应该越靠前，$s_i$ 为第 $i$ 个评价指标经过正向化、无量纲化处理后的值。$s_i$ 的值越接近 100%，表明该项指标的得分越高；$w_i$ 为第 $i$ 个评价指标的权重。

表 7-3　指标编码及权重分布

| 维度编码 | 指标编码 | 权重 |
|---|---|---|
| 住房困难程度 H1 | 是否有自有产权住房 S1 | 1/24 |
| | 是否享受政策性优惠住房 S2 | 1/24 |
| | 家庭人均住房建筑面积 S3 | 1/24 |
| | 住房面积指数 S4 | 1/24 |
| | 住宅完好程度 S5 | 1/12 |
| 商品房购买力 A1 | 家庭人均年收入 S6 | 1/24 |
| | 住房恩格尔系数 S7 | 1/24 |
| | 土地、商用房产 S8 | 1/36 |
| | 机动车辆 S9 | 1/36 |

| 维度编码 | 指标编码 | 权重 |
|---|---|---|
| 商品房购买力 A1 | 投资类财产、银行存款、收藏品等财产总额 S10 | 1/36 |
| | 奢侈品消费 S11 | 1/36 |
| | 创造型奢侈消费 S12 | 1/36 |
| | 精神、文化型奢侈消费 S13 | 1/36 |
| 住房需求急迫程度 R1 | 家庭成员人口总数 S14 | 1/16 |
| | 家庭代际数 S15 | 1/16 |
| | 家庭赡养照护负担系数 S16 | 1/24 |
| | 家庭抚养照护负担系数 S17 | 1/24 |
| | 家庭特殊残疾、病患人口照护负担系数 S18 | 1/24 |
| 在地社会贡献 C1 | 是否签订劳动合同 S19 | 1/24 |
| | 缴纳社会保险费年限 S20 | 1/24 |
| | 缴纳住房公积金年限 S21 | 1/24 |
| | 申享地居住年限 S22 | 1/8 |

另外，家庭人均住房建筑面积 S3，住房面积指数 S4，家庭人均年收入 S6，投资类财产、银行存款、收藏品等财产总额 S10 都属于初始取值为连续值且为极小型指标，该指标值越小，则排序越靠前。因此，对于极小型指标需要对指标取值做正向化和无量纲化处理。住房恩格尔系数 S7，家庭成员人口总数 S14，家庭代际数 S15，家庭赡养照护负担系数 S16，家庭抚养照护负担系数 S17，家庭特殊残疾、病患人口照护负担系数 S18，缴纳社会保险费年限 S20，缴纳住房公积金年限 S21，申享地居住年限 S22 都属于极大型指标，该指标取值越大，则排序越靠前。对极大型指标，只需要对指标取值做无量纲化处理。

## 二、甄别指标的使用说明

双导向的多维住房贫困对象甄别指标体系的指标性质有三类:一票否决性排斥指标、一票准入性吸纳指标和排序性指标。在公租房保障对象甄别初期，使用一票否决性排斥指标和一票准入性吸纳指标能有效锁定公租房保障对象范围，起到拦截住房不当得人群。在公租房保障对象甄别后期，由于受公租房供给需求的影响，可以使用排序性指标进行排队轮候，起到公租房准入的宽严调节作用。

一票否决性排斥指标有 5 个：是否有自有产权住房、是否享受过政策性优惠住房、是否有土地或商用房产、是否有机动车辆、是否有奢侈性消费行为。

一票准入性吸纳指标有 1 个，即住房质量指标中的临界值"危险房"指标，凡是申享家庭现有居所为危险房的，则一票纳入公租房保障范围。

排序性指标有 13 个，主要用于公租房申享对象后期排队轮候使用，该类指标排序取值有极大型值和极小型值两类。极大型值意味着取值越大，排序越靠前；极小型值意味着取值越小，排序越靠前。排序指标极大型值有 9 个，如住房恩格尔系数、家庭成员人口总数、家庭代际数、家庭赡养照护负担系数、家庭抚养照护负担系数等；排序指标极小型值有 4 个，如家庭人均住房建筑面积、住房面积指数、家庭人均年收入等。

### 三、甄别指标体系的具体算例

本书以 93 份问卷调查对象为例，组成公租房保障对象甄别指标综合评价系统，用上述甄别排序综合评价方法进行演算。

具体演算步骤分三步：第一步，运用一票否决性排斥指标对 93 个调查对象进行筛选；第二步，运用一票准入性吸纳指标对 93 个调查对象进行筛选；第三步，对经过一票否决性排斥指标和一票准入性吸纳指标筛选后剩余的家庭，使用综合评分法的简单线性加权法，运用排序性指标，计算公租房排序综合评价指数。93 个家庭的基本情况见附录。

第一，运用一票否决性排斥指标依次将有自有产权住房、享受过政策性优惠住房、有土地或商用房产、有机动车辆、有奢侈性消费行为的不当得申享家庭排除。具体一票否决性排斥指标有 7 个，分别是 $S1$、$S2$、$S8$、$S9$、$S11$、$S12$、$S13$。

先用 $S1$ 把 93 个家庭中有自有产权住房的 1、2、3、6、7、8、9 号等 52 个家庭排除，锁定无自有产权家庭。剩余的申享家庭还有 41 个，这 41 个家庭是没有自有产权住房的群体。接下来，再用 $S2$ 指标排除剩余 41 个家庭中已经享受过政策性优惠住房的 36、41、49、53、77、80 号 6 个家庭。再依次用 $S8$ 指标排除剩余 35 个家庭中有土地、商用房产的 16、24、27、28、29、37、40、43、45、48、52 号等 21 个家庭。再用 $S9$ 指标排除剩余 14 个家庭中有机动车辆的 5、20、26、82、86、90 号 6 个家庭。再用 $S11$、$S12$、$S13$ 三个指标排除有奢侈性消费行为的 56 号和 83 号家庭，这三个指标中只要有一项存在奢侈性消费，则被一票否决性排斥。最后只剩下 4、11、18、79、87、89 号 6 个家庭，这 6 个家庭是经过一票否决性排斥指标检验过的家庭。

第二，运用一票准入性吸纳指标 $S5$，对现居住在"危险房"的申享家庭实行一票准入。在 93 个调查对象中有 11 个家庭居住在危险房，分别是 1、4、10、20、40、43、50、59、60、63、88 号家庭。

经过一票否决性排斥指标和一票准入性吸纳指标筛选后共有 17 个家庭被纳入公租房保障对象范围，其中 4 号家庭是重复的，即 4 号家庭是经过一票否决性排斥指标和一票准入性吸纳指标共同检验后的家庭，是公租房最需要保障的对象。

第三，排除掉重合的 4 号家庭，共有 16 个家庭。这 16 个家庭就是经过双导向指标甄别后纳入公租房保障对象范围的申享家庭。

对上述 16 个家庭的 $S3$、$S4$、$S6$、$S10$ 进行正向化处理，并对所有需要无量纲化的指标采取极值差法处理，具体公式如下：

$$s_i = \frac{s_i - \min s_i}{\max s_i - \min s_i} \qquad （7\text{--}2）$$

处理结果见附录 6 所示。

利用表 7-2 和附录 6 的数据，采用公式 $s = \sum_{i=1}^{n} s_i w_i$，可以计算出上述 16 个家庭的排序综合评价指数，排序结果见附录 7 所示。

由计算结果可知，16 个家庭经甄别指标检验后得出的甄别排序综合评价指数结果数值越接近 100%，表明该家庭住房贫困顺序应该越靠前，经计算可知 16 个家庭的排序依次是 63 号、89 号、88 号、79 号、43 号、59 号、50 号、87 号、10 号、4 号、20 号、40 号、18 号、1 号、11 号、60 号家庭。在公租房供给有限的情况下，公租房管理机构可以参照此评价结果对公租房申享家庭依次进行分配。

# 第三节　甄别指标的验证结果分析

## 一、双导向的多维住房贫困对象甄别测算结果分析

从计算结果可知，上述 16 个家庭的排序综合评价指数运用了双导向多维住房贫困对象甄别方法，当申享家庭在"住房困难程度 H1 和商品房购买力 A1"维度遭受剥夺时，即视为发生住房贫困，这两个维度使用了一票否决性排斥指标和一票准入性吸纳指标对公租房申享家庭进行排斥和吸纳，缩小了保障对象的范围，然后结合住房需求急迫程度 R1 和在地社会贡献 C1 两个维度进行综合评价指数排序。具体如表 7-4 所示。

表 7-4　双导向的多维住房贫困调查对象综合评价指数排序

| 家庭编号 | H1评价指数 | H1排序 | A1评价指数 | A1排序 | H1+A1评价指数 | H1+A1排序 | R1评价指数 | R1排序 | C1评价指数 | C1排序 | 双导向多维度综合评价指数 | 综合排序 |
|---|---|---|---|---|---|---|---|---|---|---|---|---|
| 1 | 0.173 | 11 | 0.160 | 11 | 0.333 | 14 | 0.070 | 9 | 0.017 | 11 | 0.420 | 14 |
| 4 | 0.233 | 2 | 0.215 | 2 | 0.448 | 1 | 0.049 | 10 | 0.017 | 12 | 0.514 | 10 |
| 10 | 0.189 | 9 | 0.155 | 12 | 0.344 | 12 | 0.102 | 11 | 0.069 | 4 | 0.515 | 9 |
| 11 | 0.136 | 15 | 0.219 | 1 | 0.355 | 10 | 0.018 | 12 | 0.046 | 8 | 0.419 | 15 |
| 18 | 0.118 | 16 | 0.210 | 4 | 0.328 | 15 | 0.049 | 10 | 0.058 | 6 | 0.435 | 13 |
| 20 | 0.226 | 6 | 0.128 | 14 | 0.354 | 11 | 0.126 | 4 | 0.021 | 10 | 0.501 | 11 |
| 40 | 0.231 | 3 | 0.128 | 15 | 0.359 | 9 | 0.117 | 8 | 0.002 | 16 | 0.473 | 12 |
| 43 | 0.229 | 5 | 0.161 | 10 | 0.390 | 4 | 0.112 | 6 | 0.059 | 5 | 0.561 | 5 |
| 50 | 0.185 | 10 | 0.190 | 8 | 0.375 | 5 | 0.143 | 2 | 0.005 | 15 | 0.523 | 7 |
| 59 | 0.236 | 1 | 0.106 | 16 | 0.342 | 13 | 0.159 | 1 | 0.054 | 7 | 0.555 | 6 |
| 60 | 0.206 | 7 | 0.154 | 13 | 0.360 | 8 | 0.031 | 11 | 0.011 | 14 | 0.402 | 16 |

| 家庭编号 | H1评价指数 | H1排序 | A1评价指数 | A1排序 | H1+A1评价指数 | H1+A1排序 | R1评价指数 | R1排序 | C1评价指数 | C1排序 | 双导向多维度综合评价指数 | 综合排序 |
|---|---|---|---|---|---|---|---|---|---|---|---|---|
| 63 | 0.229 | 4 | 0.163 | 9 | 0.392 | 3 | 0.111 | 7 | 0.136 | 1 | 0.639 | 1 |
| 79 | 0.162 | 12 | 0.207 | 6 | 0.369 | 6 | 0.126 | 4 | 0.070 | 3 | 0.565 | 4 |
| 87 | 0.150 | 14 | 0.212 | 3 | 0.362 | 7 | 0.141 | 3 | 0.015 | 13 | 0.518 | 8 |
| 88 | 0.204 | 8 | 0.209 | 5 | 0.413 | 2 | 0.111 | 7 | 0.043 | 9 | 0.567 | 3 |
| 89 | 0.161 | 13 | 0.199 | 7 | 0.360 | 8 | 0.125 | 5 | 0.085 | 2 | 0.570 | 2 |

从表 7-4 可知，首先，当 4 个维度 H1、A1、R1、C1 各自分开排序时，在不同的维度存在不同的排序名次，从 1 开始，名次数值越小，说明排名越高，申请对象在该维度存在的剥夺情况就越严重。其次，当各维度分开排序名次高的，在综合排序中排序不一定高，如第 4 号家庭在 H1、A1 维度评价指数排序高，但综合排序低；第 59 号家庭在 H1 维度评价指数排序第 1，但是 A1 维度评价指数排序第 16，但综合排序较高。由此说明，申享家庭在不同的维度表现的困难程度不同，从单一维度测量申享对象不能达到精准甄别的目的。因此，本书将以 H1、A1 两个维度的一票否决性排斥指标和一票准入性吸纳指标作为住房贫困对象甄别的基础，结合考察其他两个维度，并用 4 个维度的综合评价指数排序进行比较，以达到精准甄别的目的。

此外，上述不同维度评价指数排序存在的明显差异说明：公租房配租机构对申享家庭的排序偏好是由其综合评价指数决定的，即谁的排序综合评价指数得分高，谁就有优先或继续入住公租房的权利，而 H1+A1 双导向评价指数排序得分则显示了不同家庭对住房的需求不同，有的家庭倾向于满足基本住房条件，有的家庭更在意租金的高低，有的家庭关注住房环境的改善，还有的家庭存在养老抚幼和照顾残疾、病患人口的特殊住房需求。公租房管理机构可以根据申享家庭的不同需求，提供不同的住房产品，实现人—房双边匹配，提高公租房的配租效率。

例如，第 4 号家庭，在 H1+A1 双导向下，H1+A1 维度排序综合第 1，4 个维度综合评价指数排序第 10，但 R1 维度排序第 10，C1 维度排序是第 12，说明第4号家庭在住房困难程度、商品房购买力两个维度方面存在严重剥夺，但在其他两个维度，即申享家庭住房需求迫切程度维度剥夺程度不高，家庭人口数量少，家庭的照护负担相对较轻，且对在地的社会贡献较弱。因此，可以将第4号家庭的类型界定为生存型。生存型注重对现有基础住房条件的改善，将其归为急需解决住房问题的第一类人群。

第59号家庭，在H1+A1双导向下，H1+A1维度排序第13，4个维度综合评价指数排序第6，在H1维度排序第1，在A1维度排序第16，R1维度排序第1，C1维度排序第7。说明第59号家庭在住房困难程度上存在严重剥夺，但是相较于其他住房困难家庭有一定的商品房购买力，即在商品房购买力维度方面不存在严重剥夺，但对住房需求比较迫切，有一定的在地社会贡献。因此，可以将第59号家庭的类型界定为环境改善型。环境改善型注重对现有居住环境的改善，属于需要解决住房困难问题的第二类人群。

第50号家庭，在H1+A1双困主导下，H1+A1维度排序第5，4个维度综合评价指数排序第7，R1维度排序第2，C1维度排序第15。说明该家庭具有一定的住房负担能力，但由于家庭人口较多，家庭照护负担过重，需要解决家庭养老抚幼和照顾残疾、病患人口的特殊住房需求。因此，可以将第50号家庭的类型界定为家庭保障型，该类型侧重对因家庭照护负担过重而产生的住房需求，属于需要解决住房困难问题的第三类人群。

第89号家庭，在H1+A1双困主导下，H1+A1维度排序综合第8，4个维度综合评价指数排序第2，R1维度排序和C1维度排序分别为第5、第2，说明相较而言，该家庭在其他维度不存在严重剥夺，但在地社会贡献维度剥夺程度较高，因此可以将第89号家庭的类型界定为自由发展型。自由发展型注重公租房申享的可及性与住房公共服务均等化，主要针对外来流入人口，属于需要解决住房困难问题的第四类人群。

根据4个维度测算申享家庭对住房需求的偏好，结合其收入水平，将其对住房需求分为四种类型，即生存型住房需求、环境改善型住房需求、家庭保障型住房需求和自由发展型住房需求，并按不同的住房需求偏好提供不同的住房保障方式和住房产品，对最低收入的申请家庭，急需解决生存型住房需求的，提供救助型保障，分配廉租住房；对需要改善住房条件的低收入家庭，提供援助性廉租住房；对中等偏低收入的申请家庭，其存在商品房购买力不足的问题，可以提供援助型保障，分配公租房或购买经济适用房；对中等收入申请家庭，其流动性较大，属于自由发展型，包括外来的高层次人才和外来务工人员，其具备一定的支付能力，可以采用互助型或市场性保障的方式，提供限价房产品、市场租赁性住房，具体如表 7-5 所示。

#### 表 7-5　公租房保障对象类型（按住房需求分类）

| 商品房购买力 | 住房需求类型 | 住房保障方式 | 住房产品 |
| --- | --- | --- | --- |
| 最低收入 | 生存型 | 救助型保障 | 廉租房 |
| 低收入 | 环境改善型 | 援助型保障 | 廉租房 |
| 中等偏低收入 | 家庭保障型 | 援助型保障 | 公租房、经济适用房 |
| 中等收入 | 自由发展型 | 互助型 / 市场性保障 | 限价房、市场租赁性住房 |

## 二、双导向多维与 A-F 多维住房贫困测算结果比较

若运用 A-F 多维贫困甄别方法，即在住房困难程度 H1、商品房购买力 A1、住房需求急迫程度 R1 和在地社会贡献 C1 四个维度的任意维度遭受剥夺时，即视为发生住房贫困。若不设立双导向排斥性和吸纳性指标，则对公租房轮候顺序排序前 16 名的家庭分别是第 63、86、64、89、88、79、43、59、90、80、91、50、87、10、4、6 号家庭。具体如表 7-6 所示。

#### 表 7-6　A-F 多维住房贫困调查对象综合评价指数排序

| 家庭编号 | H1评价指数 | H1排序 | A1评价指数 | A1排序 | R1评价指数 | R1排序 | C1评价指数 | C1排序 | 多维度综合评价指数 | 综合排序 |
| --- | --- | --- | --- | --- | --- | --- | --- | --- | --- | --- |
| 63 | 0.229 | 3 | 0.163 | 11 | 0.111 | 10 | 0.136 | 5 | 0.639 | 1 |
| 86 | 0.137 | 13 | 0.155 | 15 | 0.117 | 8 | 0.220 | 1 | 0.629 | 2 |
| 64 | 0.156 | 10 | 0.189 | 8 | 0.066 | 15 | 0.189 | 2 | 0.599 | 3 |
| 89 | 0.160 | 9 | 0.198 | 6 | 0.125 | 6 | 0.084 | 7 | 0.568 | 4 |
| 88 | 0.204 | 5 | 0.209 | 3 | 0.111 | 11 | 0.043 | 13 | 0.567 | 5 |
| 79 | 0.162 | 8 | 0.207 | 4 | 0.126 | 5 | 0.070 | 8 | 0.565 | 6 |
| 43 | 0.229 | 4 | 0.161 | 12 | 0.112 | 9 | 0.059 | 11 | 0.561 | 7 |
| 59 | 0.236 | 1 | 0.106 | 16 | 0.159 | 2 | 0.054 | 12 | 0.555 | 8 |

| 家庭编号 | H1评价指数 | H1排序 | A1评价指数 | A1排序 | R1评价指数 | R1排序 | C1评价指数 | C1排序 | 多维度综合评价指数 | 综合排序 |
|---|---|---|---|---|---|---|---|---|---|---|
| 90 | 0.146 | 12 | 0.172 | 10 | 0.120 | 7 | 0.107 | 6 | 0.545 | 9 |
| 80 | 0.104 | 15 | 0.234 | 5 | 0.083 | 14 | 0.150 | 4 | 0.572 | 10 |
| 91 | 0.106 | 14 | 0.174 | 9 | 0.111 | 12 | 0.151 | 3 | 0.542 | 11 |
| 50 | 0.185 | 7 | 0.190 | 7 | 0.143 | 3 | 0.005 | 16 | 0.523 | 12 |
| 87 | 0.150 | 11 | 0.212 | 2 | 0.141 | 4 | 0.015 | 15 | 0.518 | 13 |
| 10 | 0.190 | 6 | 0.155 | 14 | 0.102 | 13 | 0.069 | 9 | 0.515 | 14 |
| 4 | 0.232 | 2 | 0.215 | 1 | 0.049 | 4 | 0.017 | 14 | 0.514 | 15 |
| 6 | 0.005 | 16 | 0.161 | 13 | 0.171 | 1 | 0.069 | 10 | 0.511 | 16 |

结合附录 5、表 7-4、表 7-5 可以看出，第 4 号家庭在 H1 和 A1 两个维度遭受剥夺的程度比较重，排序比较靠前，同时第 4 号家庭也是经过双导向一票否决性排斥指标和一票准入性吸纳指标双重检验通过的家庭，但是在 A-F 多维度住房贫困调查对象综合评价指数排序中位居第 15 位，排序较后。

这说明双导向多维与 A-F 多维住房贫困测算结果存在明显差异，若不以 H1 和 A1 为核心导向维度，即这两个维度不存在剥夺就被视为住房贫困，会因此产生"虚假住房贫困"现象。

例如，多维住房贫困对象中的第 64、86、80、90、91、6 号家庭不在双导向测算体系之内，结合附录 5 和表 7-4 分析可知：第 64 号和 86 号家庭的 H1 维度都存在剥夺，但 A1 维度不存在剥夺，64 号家庭名下有土地或商用房产，第 90 号家庭和第 86 号家庭在 A1 维度不存在剥夺，名下有机动车辆；第 80 号家庭在 H1 维度不存在剥夺，其已经享受过政策性优惠住房。第 91 号家庭在 H1 和 A1 维度均不存在剥夺，其名下有自有产权住房和机动车辆。第 6 号家庭在 R1 和 C1 维度排序较高，但同样在 H1 和 A1 维度均不存在剥夺，在 H1 维度指标不仅拥有自有产权住房，在 A1 维度上财产比较丰裕，有土地和商用住宅，还存在奢侈性消费行为。因此，上述家庭存在"虚假住房贫困"，其有一定商品房购买力，且有自有房权，不存在住房困难，只是在家庭负担或在地社会贡献的单一维度存在剥夺。

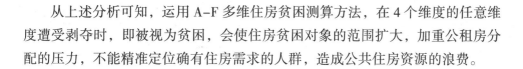

从上述分析可知,运用 A-F 多维住房贫困测算方法,在 4 个维度的任意维度遭受剥夺时,即被视为贫困,会使住房贫困对象的范围扩大,加重公租房分配的压力,不能精准定位确有住房需求的人群,造成公共住房资源的浪费。

### 三、结论与讨论

第一,公租房调查对象甄别指标检验,先以"住房困难程度和商品房购买力"双导向指标对调查对象进行第一次筛选。筛选后的调查对象将成为公租房的申请对象。在第一次筛选过程中运用"一票否决性"排斥性指标和一票准入性吸纳指标,将有自有产权住房、享受过政策性优惠住房、有土地或商用房产、有机动车辆、有奢侈性消费行为的不当得申享家庭排除。这类人群有一定的商品房购买力,有能力解决自身住房问题。同时,出于人道住房权考虑,将现居危险房的家庭直接纳入公租房保障范围。然后将经过双导向指标检验的家庭作为申请对象,这缩小了甄别的范围,能排除其他任意单一维度甄别造成的"虚假住房贫困"。

第二,运用综合评分法中的简单线性加权法,结合 4 个维度评价指数排序,将"住房困难程度和商品房购买力"维度评价指数与住房需求迫切程度 R1 和在地社会贡献 C1 的评价指数排序进行比较分析。申享家庭的 $s$ 值越接近 1,表明其排序综合评价指数的得分越高,排序越靠前。

第三,根据申请家庭在 4 个维度评价指数表现出来的不同排序,将申请家庭住房需求类型划分为四类,即生存型、环境改善型、家庭保障型和自由发展型。打破原有以户籍区分保障对象身份的藩篱,按住房需求重新划分保障对象类型。生存型家庭注重对现有基础住房条件的改善,解决没有地方住的问题;环境改善型家庭注重对现有居住环境的改善,解决住房设施及周边环境的问题;家庭保障型家庭更加关注因家庭照护负担过重而产生的住房需求;自由发展型家庭则注重公租房的可及性与公共服务均等化,主要针对外来流入人口。

因此,按申请家庭不同的住房需求提供相应的保障方式和住房产品,实施分层分类保障,既能解决保障对象的精准甄别和轮候排序问题,又能提供个性化的住房保障产品。

此外,一票否决性排斥指标和一票准入性吸纳指标是并列使用,还是按先后顺序使用,将会对申请家庭的申享资格造成影响。使用顺序不同,保障对象准入范围不同。若两类性质的指标并列使用,分别对 93 个调查对象进行筛选，经一票否决性排斥指标检验通过的家庭有 6 个，经一票准入性吸纳指标检验通过的家庭有 11 个，经两类指标共同检验通过的家庭有 1 个，即 4 号家庭。研究发现，经一票否决性排斥指标检验通过的家庭，在 H1 和 A1 维度排序基本比较靠前，经一票准入性吸纳指标检验通过的家庭存在以下四种类型：第一类，有自有产权住房（民用住宅）但是属于危房，如第 88 号家庭；第二类，有土地或商用房产，但自有产权住房（民用住宅）属于危险房，如第 59、40、43、60、63 号家庭；第三类，既有自有产权住房又有土地或商用房产，但自有产权住房属于危险房，如第 10、50 号家庭；第四类，现居危险房，但有机动车辆或有奢侈性消费行为，如第 20、40、59 号家庭。上述四类家庭虽然都现居危险房，但 4 个维度排序不同，说明有的家庭住房困难程度严重，有的家庭在地社会贡献较大，有的家庭照护负担重。

本书认为一票准入性吸纳指标的使用出于人道主义和公平住房权考量，虽然只从住房困难程度的单一维度，将现居危险房的群体纳入保障范围，扩大了保障范围，但通过后续其他排序性指标的使用，同样能达到精准甄别保障对象的目的。

# 第八章　完善湖北省公租房治理模式的路径

本书采用阿马蒂亚·森（Amartya Sen）的多维贫困理论，研究住房贫困，采用 A–F 多维贫困测量方法，并结合公租房理论文献研究和准入政策实践，构建"住房困难程度和商品房购买力"双导向多维住房贫困对象甄别指标体系，并对甄别指标体系进行测算性验证，提出相关的对策建议。

## 第一节　主要研究结论

### 一、四个维度紧密联系，三类指标分期分层使用

公租房保障对象甄别指标体系四个维度缺一不可，在四个维度中，住房困难程度和商品房购买力两个维度处于核心导向地位，其下设的一票否决性排斥指标和一票准入性吸纳指标起到门槛拦截的作用，缩小了住房困难群体甄别的范围。住房需求急迫程度和在地社会贡献两个维度处于辅助性排序地位，解决了在公租房资源有限情况下的公平分配问题。

1. 三类指标分层使用

一票否决性排斥指标和一票准入性吸纳指标并行使用，从正向排斥和负向排斥两个方面确定保障对象范围，一票准入性吸纳指标属于正向排斥，向内吸纳当得群体，而一票否决性排斥指标属于负向排斥，向外排除不当得群体。另外，排序性指标最后使用，在前两类指标划定的范围之内对其他指标通过极大型值或极小型值的设定进行排序，以住房需求急迫程度和在地社会贡献两个维度为主。

2. 三类指标分期使用

一票否决性排斥指标和一票准入性吸纳指标在公租房保障对象甄别的申请初期使用，用于锁定保障对象范围；排序性指标在保障对象申请后期使用，用于保障对象的排队轮候。

## 二、商品房购买力维度指标构成差异性大，家庭财产估值困难

商品房购买力维度指标由家庭收入水平、家庭财产丰裕程度和奢侈性消费行为3个二级指标构成，其指标内在构成差异性大，从经济性、金融性指标到消费行为指标，跨度大，指标类型复杂，既有排序性指标，又有一票否决性排斥指标。

由于不同区域家庭收入水平限额不同，难以确定临界值。因此，将家庭收入水平的3级指标家庭人均年收入与住房恩格尔系数设置成排序性指标，通过取极小型值和极大型值解决不同区域收入水平的差异性。

调查对象排序综合评价指数的计算结果显示：家庭人均年收入指标对测量商品房购买力维度有最高的贡献值，它直接反映了申请家庭是否存在商品房支付能力不足的问题。住房恩格尔系数反映了商品房支付存在的困难程度，并根据住房恩格尔系数区间值将住房支付困难程度划分成无支付困难、支付困难、中度支付困难、严重支付困难、负担不起5个等级，在保障对象甄别时，住房恩格尔系数取极大型值，即住房恩格尔系数越大，说明住房支付困难程度越大，则排序越靠前。住房恩格尔系数作为公租房申享家庭支付困难程度的判断依据，具有一定的可行性。

家庭财产丰裕程度数值显示：不同家庭在不同种类的家庭财产积累上表现不同，有的有土地没商用房产；有的有商用房产没土地；有的既没有土地也没有商用房产，但有机动车辆；有的只有投资类财产。这说明家庭财产丰裕程度差异性大，从测算指标的贡献率来看：家庭财产的丰裕程度与家庭收入水平指标共同构建了对商品房购买力的有效测量。但是，家庭投资类财产、银行存款与收藏品估值和审核困难，难以准确测量。

奢侈性消费行为指标属于一票否决性排斥指标，通过构建奢侈性消费行为清单，凡申享家庭有清单列出的奢侈性消费行为，则会被作为不当群体排除出去，最终达到精准甄别目的，最大限度地满足应当受到保障群体的利益诉求，为判断申享家庭是否具备商品房购买力提供新的分析框架。

## 三、家庭规模和家庭照护负担对住房需求迫切程度有正向影响

R1维度测量采用了家庭成员人口总数、家庭代际数、家庭赡养照护负担系数、家庭抚养照护负担系数、家庭特殊残疾病患人口照护系数5个指标，从

测算结果可以看出，家庭规模和家庭照护负担系数对公租房需求迫切程度具有正向影响。家庭规模大，家庭照护负担重，家庭分担的社会责任和社会成本越大，对住房需求越急迫；反之，则相反。这表明，公租房作为公共产品，具有弥补住房困难家庭承担养老和抚幼社会责任及其成本的功效。

### 四、在地社会贡献属于排序性指标，彰显政策公平

在地社会贡献排序评价指数显示：在地社会贡献和签订劳动合同、缴纳社会保险金期限、缴纳住房公积金期限、申请地居住年限具有正向影响。申享家庭中已签订劳动合同、缴纳社会保险金期限和住房公积金期限越长、在地居住年限越长，申享家庭的在地社会贡献越大，排序就越高；反之，则在地社会贡献越小，排序越靠后。这表明，在地社会贡献维度指标能从社会公平的角度解决公租房轮候顺序的问题。它属于排序性指标，在公租房供给量约束下，综合评估公租房申请者的住房需求急迫程度、在地社会贡献大小等，排队轮候，逐次纳入（或退出）公租房保障范围。

政府通过在地社会贡献排序性指标的设置，根据其供应能力依次将公租房福利向外扩散，逐步解决外地务工人员或新市民群体的住房问题，最终实现公共住房福利均等化，实现外地人、本地人公平享有住房权，实现人人有房住的终极政策目标。

## 第二节　完善湖北省公租房治理模式的五个抓手

### 一、完善收入和财产申报制度

收入水平和财产丰裕程度直接决定了需求群体的商品房购买力，关系到公租房保障范围。但中国当前财产申报监控体系比较薄弱，对申享家庭财产评估标准比较笼统，没有具体的可操作的财产清单和估值标准。财产申报全靠自觉，因此导致财产监管也比较笼统，没能做到精准监控。中国香港、澳门以及新加坡都有非常严格的财产监控体系，对于收入和财产丰裕程度的界定也非常明晰。本书建议，中国要建立合理的收入、财产监控体系，应做到以下几点。

## （一）建立收入、财产信用评级制度

由于住房保障对象是中低收入人群，他们的收入评价主要靠民政部门提供证明材料或自觉申报，由于申请对象的收入不高且不稳定，并未达到中国个税起征点，一些临时性的收入更是无法统计，要想从税务部门获得个人收入和财产信息是比较困难的，从而导致保障对象在申请公租房时，个人财产更难以查实，致使相关部门无法准确统计出家庭的真实财产状况。

建立中低收入家庭的财产申报制度，实现银行、税务、民政等机构联动监管。民政部门对每个中低收入人群建立一个固定的档案号，以实名制的方式建立保障对象信息卡，保障对象应如实申报个人收入和住房情况，并且每年将资产和房产的变动情况汇报一次，同时制定个人信用等级评定制度，对居民的行为进行评估，根据其是否如实进行了申报和是否严格遵守了相关的规定来确定其信用等级的高低。对于信用等级较低的申请者实行重点监控，必要时禁止其申请公租房；对于信用等级较高的申请者，视其情况给予一定的奖励，如在公租房的租金和物业方面给予一定的政策优惠，鼓励申请人如实申报来提高自己的信用。

另外，建立收入单一账户体系。是单一"账户"，不是单一"账号"。建议政府规定，雇主对雇员支付的款项，无论多少，都通过固定的结算方式结算。无论公民拥有多少张银行卡，在银行里只有一个收入账户。公民只要通过国家规定的结算方式结算收入，银行会自动将数据而不是真实款项汇总到公民这个收入账户中。这样就能保证在每个财政年度无论个人有多少种不同的收入渠道，他所有的收入都会被汇总到这个账户中，然后由税务部门进行核对。

## （二）立法保障收入、财产申请的真实性

申请家庭如果申报收入或资产时，做出明知的虚假陈述，即属违法行为，应该承担相关法律责任，受到法律制裁。由此，把虚假申报由违规行为上升到违法行为的高度，加大监管力度。

借鉴香港特别行政区对公租房申请人虚假申报的惩戒法规，建议从立法高度设立严格的收入核查制度。香港房委会每年核查公屋轮候册、每月最高入息限额及总资产净值限额。若申享家庭弄虚作假，房屋委员会可以依法依规对其检控，定罪后，可判罚款 2 万港元及监禁 6 个月。

因此，只有将收入、财产申报的惩戒机制上升到立法高度，完善公租房制度顶层设计，才能有效保证收入和财产申报制度的真实性，最大限度地保障住房贫困对象公平公正地享有公共住房福利。

## 二、将住房恩格尔系数作为测量商品房购买力的依据之一

由于中国城市居民商品房支付能力存在时空差异、地域差异，中低收入群体存在不同程度的商品房购买力不足的困难。

住房恩格尔系数能用住房支出消费比来说明收入水平对商品房购买力的影响程度。根据住房恩格尔系数区间值，将申请家庭住房支付困难程度划分成无支付困难、支付困难、中度支付困难、严重支付困难和负担不起 5 个层次。公租房管理机构能根据商品房支付困难程度，保障不同收入水平家庭享受不同层次的公租房保障政策，真正保障住房困难人群的住房福利，不搞"一刀切"，能因时、因地施政。

## 三、按住房需求层次搭建户籍与公租房福利解绑路径

当前，户籍仍影响着住房困难家庭享受公租房的福利待遇，扮演着保障性住房利益分配的重要角色。要想破除户籍对公租房保障对象身份划分，必须从顶层设计入手，将公租房准入制度的户籍门槛与住房福利剥离，结合各地区经济发展水平，逐步使公租房政策达到全覆盖，保障人人公平享有住房保障权利。

## 四、构建公租房领域社会责任成本的家庭分担与补偿机制

家庭结构不同，家庭承担社会责任的大小也会直接影响家庭住房成本的高低。要想破除家庭在养老抚幼、照顾病残人员等方面分担的责任成本与政府住房保障对象准入政策实施平衡的困境，必须由政府、用人单位和申享家庭三方共同构建公租房领域社会责任成本分担与补偿机制。

政府是公租房社会责任成本的分配者，应肩负起准入制度设计的重任，立足于公平的全局观，从制度顶层设计上重新考虑承担养老抚幼、照顾病患的家庭对社会责任成本的分担问题，以更好地维护社会正义和住房公平。对因履行养老抚幼、照顾残疾病患者而影响生活水平和居住水平的申享家庭，政府应构建相应的补偿机制。

建议政府按一定比例分担住房困难家庭照护负担费用，另外，政府可在公租房申享过程中给予社会责任分担多的家庭一些特殊的优惠作为补偿，可以将其作为住房需求急迫程度的甄别指标来考量，或是采用积分制在公租房的配租机制中予以体现。

当公民意识到通过婚姻组成家庭，通过赡养老人、抚养子女使整个家庭的住房风险能够得到保障，公民就会自动履行婚姻、赡养、抚养，照顾病患的义务，以获得家庭住房福利效用的最大化。

## 五、强化排序性指标对流动人口的引流作用

为缩小不同规模城市之间户籍附着的公共福利差距，减缓流动人口向大城市聚集的趋势，中小型城市可以适当放宽排序性指标的宽严程度，即排序性指标的取值并不是越大越好，也不是越小越好，而是由地方政府根据当地公租房资源供给数量决定。

例如，申享家庭在当地就业签订劳动合同后缴纳社会保险费和缴纳住房公积金的年限、居住年限，其指标赋值并不是越大越好。若中小型城市公租房资源供给量充足，则上述指标取值可以适度放宽，将无法在大城市解决住房问题的外来人口引入；若特大型城市公租房资源供给紧张，则上述指标取值越大越好，以解决公租房资源供给不足的问题，将保障性住房留给住房困难且在地社会贡献突出的申享家庭。

排序性指标在此起到过渡或引流的作用，在双导向多维住房贫困对象甄别指标体系中，其他排序性指标也有此功效。强化排序性指标的引流作用可以使中小型城市成为解决流动人口住房困难问题的中坚力量。

# 参考文献

[1] 巴曙松.中国保障性住房进入与退出机制研究 [J].金融理论与实践,2012（11）:80–83.

[2] 巴曙松.中国保障性住房进入与退出制度的改进 [J].发展研究,2012（9）:4–6.

[3] 边恕,杨柳青,李兆君,等.城市保障房精细化管理的指标设计及贡献度研究——以辽宁省为例 [J].黑龙江社会科学,2019（2）:78–87,160.

[4] 曹小琳,余楚喜.公租房准入和退出管理的问题与对策研究——以重庆市为例 [J].建筑经济,2012（6）:74–76.

[5] 曾国安,曹文文,雷泽珩.试论现行城镇住房供应体系存在的主要问题与完善原则 [J].发展研究,2014（3）:135–140.

[6] 曾珍,邱道持,李凤,等.大学毕业生公租房消费意愿及其影响因素研究——基于重庆市的实证研究 [J].西南大学学报（自然科学版）,2012,34（10）:124–130.

[7] 常志朋,张增国,崔立志.公租房保障对象收入申报管理研究 [J].建筑经济,2016,37（10）:81–85.

[8] 陈标.住房保障对象的甄别机制研究 [J].现代经济探讨,2014（11）:10–13.

[9] 陈成文,陈建平,洪业应.新时代"弱有所扶":对象甄别与制度框架 [J].学海,2018（4）:92–100.

[10] 陈峰.我国住房保障体系的优化重构——基于体系顶层设计视角的探讨 [J].华中师范大学学报（人文社会科学版）,2012（5）:47–56.

[11] 陈俊华,吴莹.公租房准入与退出的政策匹配:北京例证 [J].改革,2012（1）:75–80.

[12] 陈立中.住房保障政策瞄准效率及其影响因素——来自北京市廉租房和经济适用房政策的实证 [J].财经科学,2010（5）:39–46.

[13] 成志刚,曹平.我国城镇低收入群体住房保障政策实施的现状、问题及对策 [J].湘潭大学学报（哲学社会科学版）,2011,35（6）:36–40.

[14] 程遥.大城市住房保障政策的效用分析 [J].现代城市研究,2008（1）:48–60.

[15] 崔光灿,廖雪婷.产权支持与租赁补贴:两种住房保障政策的效果检验[J].公共行政评论,2018,11(2):20-35.

[16] 崔永亮,吕萍,张远索.住房保障对象的覆盖范围、类别划分与保障需求[J].现代经济探讨,2014(4):13-17.

[17] 邓红平,卢丽.公共租赁住房再分配机制的优化——基于公平与效率的视角[J].华中师范大学学报(人文社会科学版),2017,56(3):42-54.

[18] 邓宏乾,段程程,姚潇颖.从"洪山模式"透视公租房制度之完善[J].中国房地产,2012(6):20-23.

[19] 邓宏乾,柯峰.影响公租房需求因素的 Logistic 回归分析[J].统计与决策,2014(14):100-103.

[20] 董德坤,张俐,陆亚萍.保障性住房准入标准线的测度——基于青岛市居民支付能力的研究[J].价格理论与实践,2018(8):68-72.

[21] 董昕.动态趋势与结构性差异:中国住房市场支付能力的综合测度[J].经济管理,2012,34(6):119-127.

[22] 段春云,周望.关于我国公共租赁住房覆盖率目标制定的建议[J].建设科技,2017(4):93-95.

[23] 方壮志.城市公租房需求状况分析——基于武汉市的调查数据[J].城市问题,2014(8):86-89.

[24] 苟兴朝,罗富民.公共保障性住房分配中寻租行为及其治理[J].商业时代,2013(8):107-109.

[25] 谷俊青.中国城镇住房保障政策体系变革中的缺陷及其完善构想[J].现代财经,2009,29(2):47-52.

[26] 郭凤玉,马立军.住房保障对象家庭收入标准确定问题研究[J].建筑经济,2014(9):111-114.

[27] 郭士征,张腾.中国住房保障体系构建研究——基于"三元到四维"的视角[J].广东社会科学,2010(6):5-11.

[28] 郭玉坤,杨坤.住房保障对象划分研究[J].城市发展研究,2009(9):15-19,36.

[29] 侯淅珉.住房保障收入线测算新方法:理论与实证[J].中国房地产,2012(12):46-52.

[30] 胡国平,韦春丽.保障性住房租购选择研究[J].中国人口·资源与环境,2017,27(7):120-127.

[31] 胡吉亚 . 以供给侧结构性改革保障青年群体"住有所居"——以北京市保障性住房为例 [J]. 中国青年社会科学 , 2017, 36（2）: 58-63.

[32] 胡琳琳 . 保障性住房户型标准研究 [J]. 经济研究参考 , 2012（44）: 18-21.

[33] 胡长明 , 杨建华 , 郭斌奇 , 等 . 住房保障对象界定方法的比较研究 [J]. 工程管理学报 , 2014, 28（2）: 123-127.

[34] 黄燕芬 , 唐将伟 . 福利体制理论视阈下德国住房保障政策研究 [J]. 价格理论与实践 , 2018（3）: 23-29.

[35] 黄燕芬 , 张超 , 杨宜勇 . 福利体制理论视阈下瑞典住房保障政策研究 [J]. 价格理论与实践 , 2018（3）: 23-29.

[36] "基于家庭收入的保障性住房标准研究"课题组 . 基于家庭收入的保障性住房标准研究 [J]. 统计研究 , 2011, 28（10）: 22-27.

[37] 贾淑军 . 城镇住房保障对象标准界定与机制构建 [J]. 经济论坛 , 2012（7）: 92-97.

[38] 姜雪梅 . 中国住房社会保障制度的框架设计 [J]. 价格理论与实践 , 2013（12）: 45-47.

[39] 康俊亮 . 租赁型保障房保障对象积分融合机制设计 [J]. 中国房地产 , 2013（8）: 37-38.

[40] 孔造杰 , 赵啸天 , 李斌 , 等 . 基于 KANO- 效用理论的产品创新需求筛选方法 [J]. 制造业自动化 , 2019, 41（2）: 19-23.

[41] 况伟大 , 丁言豪 . 中国城市居民住房支付能力的时空分布研究——35 个大中城市的租金负担能力分析 [J]. 价格理论与实践 , 2018（10）: 16-19.

[42] 赖迪辉 , 宗菲 . 超越平衡计分卡 : 公租房准入退出政策质量测度创新研究 [J]. 资源开发与市场 , 2019, 35（1）: 13-19.

[43] 兰峰 , 闫碧璠 . 保障性住房失配度及其影响因素研究——以西安市为例的实证分析 [J]. 华东师范大学学报（哲学社会科学版）, 2018, 50（1）: 168-176, 181.

[44] 郎启贵 , 施勤俭 , 吴步昶 . 我国公共租赁房运作模式的实践与探索——基于部分城市公共租赁房运行情况的比较分析 [J]. 中国房地产 , 2011（20）: 33-40.

[45] 李进涛 , 孙峻 , 李红波 . 城市居民住房承受能力测度研究——剩余收入视角 [J]. 技术经济与管理研究 , 2011（3）: 74-77.

[46] 李俊杰 , 张建坤 . 我国住房保障收入线的测定方法研究——以南京市保障线测定分析为例 [J]. 价格理论与实践 , 2014（7）: 36-38.

[47] 李娜,郭宗逵.住房保障范围扩大的房源供给和保障对象界定 [J].改革与战略,2012（6）：199–202.

[48] 李念秋,黄俐波.江西省保障性住房建设与管理机制创新研究 [J].商业经济研究,2016（23）：211–212.

[49] 李云芬,王志辉.健全我国公共租赁住房准入机制的思考——以昆明市为例 [J].云南行政学院学报,2013（2）：121–124.

[50] 李哲,李梦娜.共有产权住房政策的反思：定位、现状与路径 [J].当代经济管理,2018,40（4）：39–45.

[51] 梁绍连,杜德斌.我国住房保障政策公平性的缺失 [J].城市问题,2007（11）：67–70.

[52] 林晨蕾,郑庆昌.公共服务均等化视角下新生代农民工住房保障模式选择——公共租赁房优势与发展路径 [J].理论与改革,2015（3）：70–73.

[53] 刘广平,陈立文,尹志军.基于住房支付能力的住房保障对象界定研究 [J].技术经济与管理研究,2015（12）：93–97.

[54] 刘广平,陈立文.基于住房支付能力视角的保障房准入标准研究——思路、方法与案例 [J].中国行政管理,2016（4）：67–72.

[55] 刘双良,石丽婷.优化保障性住房的准入退出机制 [J].人民论坛,2017（34）：90–91.

[56] 刘颖春,王冰,岳伟.覆盖率对保障性住房准入与退出机制的影响 [J].经济纵横,2015（2）：7–9.

[57] 刘祖云,吴开泽.住房保障准入与退出的香港模式及其对内地的启示 [J].中南民族大学学报（人文社会科学版）,2014（2）：83–87.

[58] 卢媛,刘黎明.北京市保障性住房准入标准线的统计测度研究——基于收入函数拟合方法 [J].调研世界,2013（10）：43–45,56.

[59] 鲁菊,孙文建.信息不对称下保障性住房准入问题分析 [J].中国经贸导刊,2012（9）：55–57.

[60] 陆少妮,马彦琳.城市住房夹心层问题分析 [J].中国房地产,2011（20）：57–62.

[61] 路征,杨宇程,赵唯奇.城市外来务工人员公租房需求与影响因素分析——基于成都外来务工人员的调查 [J].湖南农业大学学报(社会科学版),2016,17(4)：89–95,102.

[62] 马辉民，漆鹏飞．黄石市公共租赁住房管理信息系统的建设 [J]．中国房地产，2012（11）：22-28．

[63] 马秀莲，范翻．住房福利模式的走向：大众化还是剩余化？基于 40 城的实证研究 [J]．公共管理学报，2020，17（1）：12．

[64] 孟庆瑜．我国公共租赁住房制度的政策法律分析——基于公共租赁住房市场化的研究视角 [J]．河北法学，2011，29（12）：66-76．

[65] 牛丽云，齐潞菲，刘玲璞．新生代农民工住房保障问题研究——以保定市为例 [J]．建筑经济，2013（11）：18-21．

[66] 潘小娟，吕洪业．外国住房保障的启示与借鉴 [J]．国家行政学院学报，2014(2)：39-46．

[67] 潘雨红，林军伟，孙起，等．重庆市公租房配租效率实证研究 [J]．重庆交通大学学报（自然科学版），2014（5）：165-170．

[68] 潘雨红，熊苑君，孟卫军．基于引入理想决策单元 DEA 的公租房配租方法研究 [J]．城市发展研究，2011（8）：14-26．

[69] 齐慧峰，王伟强．基于人口流动的住房保障制度改善 [J]．城市规划，2015（2）：31-37．

[70] 尚教蔚．城乡统筹背景下的农民工住房保障问题研究——基于公共租赁住房制度 [J]．城市管理，2016（2）：52-56．

[71] 宋博通，赖如意．发达国家和地区公共住房准入线制定方法比较及深圳的现实选择 [J]．特区经济，2019（7）：20-23．

[72] 孙守纪，孙洁．完善我国社会保障性住房制度：基于政府视角 [J]．中国行政管理，2013（10）：57-60．

[73] 孙晨，陈立文．中国城市居民动态住房支付能力评价——基于京津冀地区居民按揭贷款购房模式分析 [J]．价格理论与实践，2016（3）：136-139．

[74] 孙淑芬．日本、韩国住房保障制度及对我国的启示 [J]．理论与研究，2011（4）：103-107．

[75] 孙雪松，蔡为民，魏黎，等．天津市公共租赁房适宜人群特征分析研究 [J]．东南大学学报（哲学社会科学版），2015（S1）：46-50．

[76] 谭建辉，李明飞．"夹心层"住房需求特征实证分析——以广州为例 [J]．建筑经济，2012（4）：83-87．

[77] 汤闳淼，冯彦君．当代中国住房权的实现路径——以保障性住房制度为重心的分析 [J]．社会科学战线，2017（5）：237-247．

[78] 汤惠琴．基于武汉市公租房准入与配租机制问题的思考 [J]．产业与科技论坛，2017（22）：89–91.

[79] 汤腊梅．基于住房支付能力的住房保障对象的界定 [J]．城市发展研究，2010，17（10）：41–45.

[80] 田焱．关于公共租赁住房保障流程管理技术路径及措施的思考 [J]．经济体制改革，2017（5）：36–40.

[81] 涂缦缦．住房权适足标准的界定——城镇保障性住房制度变迁的视角 [J]．江西社会科学，2015（4）：6.

[82] 王帆，余德泉．北京市公共租赁住房准入与退出机制研究 [J]．中国物价，2017（2）：55–57.

[83] 王伟，彭妍，谷伟哲．天津公共住房政策与实践研究 [J]．天津大学学报（社会科学版），2014，16（1）：46–50.

[84] 王郅强，赵昊骏，张景文．我国保障性住房分配中的准入与退出机制研究——以 C 市为例 [J]．当代经济研究，2012（8）：62–67.

[85] 韦颜秋．住房保障制度国际比较、借鉴及中国政策优化 [J]．城市发展研究，2014（12）：14–19, 37.

[86] 魏丽艳．保障性住房公平分配的准入退出机制研究 [J]．东南学术，2012（3）：40–48.

[87] 吴宾，王淑华．我国流动人口公租房准入机制研究 [J]．山东行政学院学报，2015（6）：82–87.

[88] 吴宾，张春军，李娟．城镇化均衡发展视阈下流动人口差异性住房保障政策研究 [J]．北京交通大学学报（社会科学版），2016，15（3）：67–73.

[89] 吴开泽，陈琳，李春霞．生命历程视角的城市低收入家庭住房保障需求研究——基于 2008 年和 2011 年广州住房调查数据的分析 [J]．华东师范大学学报（哲学社会科学版），2018（1）：156–167, 181.

[90] 吴翔华，王剑，蒋清洁．关于住房保障收入线确定的研究——以南京市配租型住房为例 [J]．价格理论与实践，2014（12）：52–54.

[91] 吴翔华，王竹．基于多维度模型的城镇住房保障面积标准研究 [J]．统计与决策，2017（18）：40–44.

[92] 吴翔华，王子慧．美国住房市场统计指标体系对中国的启示 [J]．建筑经济，2019（7）：5–11.

[93] 吴翔华，徐培，陈宇嵚.外来务工人员住房租购选择的实证分析 [J].统计与决策，2018, 34（14）：99–102.

[94] 吴翔华，於建清，王竹，等.住房市场失灵的度量与实证分析——以江苏省为例 [J].商业经济研究，2017（19）：181–183.

[95] 吴翔华，虞敏敏，王剑，等.住房市场失灵的度量及成因分析——以江苏省为例 [J].商业经济研究，2015（23）：112–115.

[96] 吴宇哲，王薇.城市住房体系可持续发展的分类引导政策建议 [J].郑州大学学报（哲学社会科学版），2018, 51（4）：42–47, 159.

[97] 吴宇哲，王薇.非户籍人口城市落户的住房难点及解决途径 [J].南通大学学报（社会科学版），2018（2）：53–59.

[98] 吴宇哲，王薇.住房保障与城市经济增长协同机制研究 [J].河海大学学报（哲学社会科学版），2016（6）：27–33.

[99] 武妍捷，牛渊.住房保障对象范围界定及机制构建研究 [J].经济问题，2018（3）：85–89.

[100] 王小林，SABINA, ALKIRE.中国多维贫困测量：估计和政策含义 [J].中国农村经济，2009（12）：4–10.

[101] 汪三贵，PARK A.中国农村贫困人口的估计与瞄准问题 [J].贵州社会科学，2010, 242（2）：68–72.

[102] 向鹏成，李元莉.公众满意视角下重庆市公租房供给体系的完善 [J].建筑经济，2019, 40（7）：16–20.

[103] 徐静，徐远珍.我国公租房运营管理模式研究 [J].中国内部审计，2015（3）：99–103.

[104] 徐培，温勇.房地产统计指标体系的构建 [J].统计与决策，2014（21）：62–64.

[105] 杨嘉理.我国保障性住房准入和退出机制的困境及其对策 [J].中国房地产，2011（23）：65–67.

[106] 杨玲.我国保障性住房管理现状与完善——以重庆市为例 [J].西部论坛，2011, 21（5）：35–43.

[107] 杨鹏.论我国公租房准入机制的困境与规范建构——以国务院及部分省市的规范性文件为例 [J].政法论丛，2016（1）：154–160.

[108] 余凌志，屠梅曾.基于收入余额指标的城镇低收入家庭住房支付能力评价模型 [J].上海交通大学学报，2008, 42（8）：74–76.

[109] 殷浩栋，王瑜，汪三贵．易地扶贫搬迁户的识别：多维贫困测度及分解 [J]. 中国人口·资源与环境，2017, 27（11）：104–114.

[110] 张全红，周强．中国贫困测度的多维方法和实证应用 [J]. 中国软科学，2015（7）：29–41.

[111] 张昭，杨澄宇，袁强．"收入导向型"多维贫困的识别与流动性研究——基于 CFPS 调查数据农村子样本的考察 [J]. 经济理论与经济管理，2017（2）：98–112.

[112] 张昭，杨澄宇，袁强．收入导向型多维贫困测度的稳健性与敏感性 [J]. 劳动经济研究，2016, 4（5）：3–23.

[113] 张超，黄燕芬，杨宜勇．住房适度保障水平研究——基于福利体制理论视角 [J]. 价格理论与实践，2018（10）：20–25.

[114] 张冬梅，葛励闻．"十二五"期间我国保障性住房建设进展与思考 [J]. 经济纵横，2015（3）：43–46.

[115] 张晶，冯长春．城市居民住房购买力研究——以我国 35 个大城市为例 [J]. 城市发展研究，2011, 18（10）：78–83.

[116] 张琪．保障房的准入与退出制度研究：一个国际比较的视角 [J]. 社会科学战线，2015（6）：68–73.

[117] 张琪．发达国家保障房分配的做法与启示 [J]. 经济纵横，2015（3）：74–77.

[118] 张岩海，王要武．公共租赁住房供给模式研究 [J]. 学术交流，2017（3）：127–133.

[119] 张智．住房保障人群划分方式的一种借鉴——基本支出标准 [J]. 中国房地产，2010（7）：63–65.

[120] 赵光瑞，李虹颖．日本高速增长时期的公共住房政策及启示 [J]. 经济纵横，2011（7）：93–96.

[121] 赵光瑞．日本公共住房政策及其对中国的启示——以高速增长时期的住房政策为中心 [J]. 南京财经大学学报，2011（5）：92–97.

[122] 郑思齐，孙伟增，徐杨菲．中国城市住房保障覆盖范围的算法设计与应用 [J]. 系统工程理论与实践，2014, 34（11）：2791–2800.

[123] 郑晓云，葛俊．重庆市保障性住房影响因素分析及政策建议 [J]. 建筑经济，2008（7）：21–24.

[124] 郑鑫．公共住房保障中如何强化政府责任 [J]. 人民论坛，2018（8）：99–101.

[125] 郑莹，于骁骁，祝晓楠 . 公平视域下公共租赁住房制度的路径实现 [J]. 河南社会科学，2014（9）：49–53.

[126] 钟裕民 . 政策排斥分析框架及其应用：以保障性住房管理为例 [J]. 中国行政管理，2018（5）：70–76.

[127] 周青 . 基于供给侧改革的城市保障性住房供需平衡研究——以广西南宁市为例 [J]. 广西社会科学，2016（7）：17–22.

[128] 周望 . 世界各国构建住房保障体系的基本模式和经验归纳 [J]. 当代世界，2010（9）：61–62.

[129] 邹晓燕，叶剑平，李子松 . 住房保障范围划定问题分析及改进意见 [J]. 城市发展研究，2010，17（9）：113–120.

[130] HOLMANS A E.Housing and Housing Policy in England（1975—2002）：Chronology and Commentarya[R]. London: Cambridge Centre for Housing and Planning Research, 2005.

[131] ALBERT N.Link: Singapore 2009 Statistical Highlights[R].Department of Statistics, Ministry of Trade&Industry Republic of Singapore, 2008.

[132] ALKIRE S, FOSTER J.Counting and Multidimensional Poverty Measurement[J]. Journal of Public Economics，2011，95（7）：476–487.

[133] ALKIRE S, SETH S. Multidimensional Poverty Reduction in India （1999—2006）：Slower Progress for the Poorest Groups[J]. International Journal of Advancements in Computing Technology, 2012, 14（3）：227–240.

[134] ALKIRE S, SANTOS M E.Measuring Acute Poverty in the Developing World: Robustness and Scope the Multidimensional Poverty Index[J].World Development, 2014, 59（6）：251–274.

[135] KAJUMUIO A, TIBAIJUKA N K. Building Prosperity: Housing and Economic Development[J].International Journal of Social Economics, 2011（10）：275–307.

[136] ANAS A, ARNOTT R J. Taxes and Allowances in a Dynamic Equilibrium Model or Urban Housing with a Size–quality Hierarchy [J]. Regional Science & Urban Economics, 1997（8）：37–64.

[137] ASCHER C S. The Administration of Publicly–aided Housing [M].New York: International Institute of Administrative Science, 1971.

[138] BERNICK M, CEVERO R. The Transit Village In The 21st Century[M]. New York: Princeton Architectural Press, 1997.

[139] BRAID R M. Uniform Spatial Growth with Perfect Foresight and Durable Housing[J]. Journal of Urban Economics, 1998（23）: 41–59.

[140] KIM C H, KIM K H. The Political Economy of Korean Government Policies on Real Estate[J].Urban Studies, 2000, 37（7）: 1157–1169.

[141] DENNISON. Helping the Poor through Housing Subsidies Lessons from Chilef[J]. Colombia and south Africa, 1967（6）: 220–236.

[142] MCCONNELL E D. House Poor in Los Angeles: Examining Patterns of Housing-induced Poverty by Race, Nativity, and Legal Status[J].Housing Policy Debate, 2012, 22（4）: 229–317.

[143] BRAMLEY G, KARLEY N K. How Mush Extra Affordable Housing Needed in England[J] .Housing Studies, 2005（9）: 685 715.

[144] HEADY B. Housing Policy in the Developed Economy[M].London: Croomhelm, 1978.

[145] HENDERSON J, KAM V. Race, Class and State Housing: Inequality and the Allocation of Public Housing in Britain [M].US: Gower Publish, 1987.

[146] KONOW J. Which Is the Fairest One of All？ A Positive Analysis of Justice Theories[J].Journal of Economic Literature, 2003（4）: 1188–1293.

[147] QUIGLEY J M. Why the Governments Hold Play a Role in the House : A View from North America[J]. Housing, Theory and Society , 1999, 16（4）: 201–203.

[148] RAWLS J. A Theory of Justice, Revised Edition[M]. Oxford: Oxford University Press, 1999.

[149] KIEFFER L, GYUROVA G, KARADIMOW N. Housing Policy Guidelines, The Experience of ECE with Special Reference to Countries in Transition[M].New York: Economic Commission for Europe, United Nation, 1993.

[150] KING R. Dimension of Housing Need in Australia [M].Australia: In Buchan Allocation, Access and Control, 1973.

[151] LAMBERT J, PARIS C, BLACKBY B. Housing Policy and the State: Allocation, Access and Control[M] .London: Macmillan Press, 1978.

[152] LEE T H. Demand for Housing: A Cross–Section Analysis[J]. The Review of Economics and Statistics, 1963, 45（2）: 190–196.

[153] LUND B. Understanding Housing Policy [M].Bristol: Bristol Press, 2011.

[154] MIYAMOTO K, UDOMSRI R. Ananalysis System for Integrated Policy Measures Regarding Land Use Transportand the Environment in a Metro Policy[J].The American Economic Review, 1996（22）: 57–65.

[155] FLYNN N.Home Ownership and Equity of HDB Households, Department of Statistics[R].Ministry of Trade&Industry, Republic of Singapore, 2003.

[156] OHLS J C. Public Policy toward Low Income Housing and Filtering in Housing Markets[J].Journal of Urban Economics, 1975（2）: 144–171.

[157] OSBORNE D, GAEBLER T. Reinventing Government: How the Entrepreneurial Spirit is Transforming the Public Sector[M].New York: Plume, 1993.

[158] QUIGLEY, JOHN M, RAPHAEL, et al. Is Housing Unaffordable? Why isn't it more affordable[J]. Journal of Economic Perspectives, 2004, 18（1）: 191–214.

[159] CHIU R L H. Planning, Land and Affordable Housing in Hong Kong[J].Housing Studies, 2007, 22（1）: 63–81.

[160] ALKIRE S, SETH S. Multidimensional Poverty Reduction in India between 1999 and 2006: Where and How?[J]. World Development, 2015, 72: 93–108.

[161] STONE M E. Whose Shortage of Affordable Housing Comment[J].Housing Policy Debate, 1994, 5（4）: 443–458.

[162] SULLVAN P F, KENDLER K S. The Genetic Epidemiology of Smoking[J]. Nicotine Tob Res, 1999（2）: 7–51.

[163] TIWARI P, PARIKH J. Affordability, Housing Demand and Housing Policy in Urban India[J]. Urban Studies, 1998, 35（11）: 2111.

[164] ALATAS V, BANERJEE A, HANNA R. et al.Ordeal Mechanisms in Targetina: Theory and Evidence from A Field Experiment In Indonesia[J].Nber Working Papers, 2012（11）: 21–39.

[165] WANG Y P, MURIE A. The New Affordable and Social Housing Provision System in China: Implications for Comparative Housing Studies[J]. International Journal of Housing Policy, 2011, 11（3）: 237–254.

[166] WANG Y P. Housing Reform and Its Impacts on the Urban Poor in China[J]. Housing Studies, 2000, 15（6）: 845–864.

[167] YATES J. Australia's Housing Affordability Crisis[J]. Australian Economic Review, 2008, 41: 200–214.

[168] YUNG B. Hong Kong's Housing Policy: A Case Study in Social Justice[M].Hong Kong: Hong Kong University Press, 2008.

[169] ZHOU J. Uncertainty and Housing Tenure Choice by Household Types: Evidence From China[J]. China Economic Review, 2011, 22（3）: 408–427.

# 附录

## 附录 1　公租房保障对象甄别指标研究的学术刊物样本

| 文献编号 | 文献篇名 | 期刊名称 | 第一作者姓名 | 发表年度 |
|---|---|---|---|---|
| [1] | 《发达国家和地区公共住房准入线制定方法比较及深圳的现实选择》 | 《特区经济》 | 宋博通 | 2019 |
| [2] | 《城市保障房精细化管理的指标设计及贡献度研究——以辽宁省为例》 | 《黑龙江社会科学》 | 边恕 | 2019 |
| [3] | 《美国住房市场统计指标体系对中国的启示》 | 《建筑经济》 | 吴翔华 | 2019 |
| [4] | 《公众满意视角下重庆市公租房供给体系的完善》 | 《建筑经济》 | 向鹏成 | 2019 |
| [5] | 《住房福利模式的走向：大众化还是剩余化？基于40城的实证研究》 | 《公共管理学报》 | 马秀莲 | 2019 |
| [6] | 《超越平衡计分卡：公租房准入退出政策质量测度创新研究》 | 《资源开发与市场》 | 赖迪辉 | 2019 |
| [7] | 《外来务工人员住房租购选择的实证分析》 | 《统计与决策》 | 吴翔华 | 2018 |
| [8] | 《保障性住房失配度及其影响因素研究——以西安市为例的实证分析》 | 《华东师范大学学报》（哲学社会科学版） | 兰峰 | 2018 |
| [9] | 《非户籍人口城市落户的住房难点及解决途径》 | 《南通大学学报》（社会科学版） | 吴宇哲 | 2018 |
| [10] | 《福利体制理论视阈下德国住房保障政策研究》 | 《价格理论与实践》 | 黄燕芬 | 2018 |
| [11] | 《生命历程视角的城市低收入家庭住房保障需求研究——基于2008年和2011年广州住房调查数据的分析》 | 《华东师范大学学报》（哲学社会科学版） | 吴开泽 | 2018 |
| [12] | 《城市住房体系可持续发展的分类引导政策建议》 | 《郑州大学学报》（哲学社会科学版） | 吴宇哲 | 2018 |
| [13] | 《保障性住房准入标准线的测度——基于青岛市居民支付能力的研究》 | 《价格理论与实践》 | 董德坤 | 2018 |
| [14] | 《住房保障对象范围界定及机制构建研究》 | 《经济问题》 | 武妍捷 | 2018 |

续表

| 文献<br>编号 | 文献篇名 | 期刊名称 | 第一<br>作者<br>姓名 | 发表<br>年度 |
|---|---|---|---|---|
| [15] | 《公共住房保障中如何强化政府责任》 | 《人民论坛》 | 郑鑫 | 2018 |
| [16] | 《产权支持与租赁补贴：两种住房保障政策的效果检验》 | 《公共行政评论》 | 崔光灿 | 2018 |
| [17] | 《中国城市居民住房支付能力的时空分布研究——35个大中城市的租金负担能力分析》 | 《价格理论与实践》 | 况伟大 | 2018 |
| [18] | 《共有产权住房政策的反思：定位、现状与路径》 | 《当代经济管理》 | 李哲 | 2018 |
| [19] | 《政策排斥分析框架及其应用：以保障性住房管理为例》 | 《中国行政管理》 | 钟裕民 | 2018 |
| [20] | 《福利体制理论视阈下瑞典住房保障政策研究》 | 《价格理论与实践》 | 黄燕芬 | 2018 |
| [21] | 《优化保障性住房的准入退出机制》 | 《人民论坛》 | 刘双良 | 2017 |
| [22] | 《住房市场失灵的度量与实证分析——以江苏省为例》 | 《商业经济研究》 | 吴翔华 | 2017 |
| [23] | 《公共租赁住房供给模式研究》 | 《学术交流》 | 张岩海 | 2017 |
| [24] | 《基于多维度模型的城镇住房保障面积标准研究》 | 《统计与决策》 | 吴翔华 | 2017 |
| [25] | 《基于武汉市公租房准入与配租机制问题的思考》 | 《产业与科技论坛》 | 汤惠琴 | 2017 |
| [26] | 《我国流动人口公租房准入机制研究》 | 《山东行政学院学报》 | 吴宾 | 2017 |
| [27] | 《北京市公共租赁住房准入与退出机制研究》 | 《中国物价》 | 王帆 | 2017 |
| [28] | 《关于公共租赁住房保障流程管理技术路径及措施的思考》 | 《经济体制改革》 | 田焱 | 2017 |
| [29] | 《关于我国公共租赁住房覆盖率目标制定的建议》 | 《建设科技》 | 段春云 | 2017 |
| [30] | 《公共租赁住房再分配机制的优化——基于公平与效率的视角》 | 《华中师范大学学报》（人文社会科学版） | 邓红平 | 2017 |
| [31] | 《当代中国住房权的实现路径——以保障性住房制度为重心的分析》 | 《社会科学战线》 | 汤闳淼 | 2017 |
| [32] | 《以供给侧结构性改革保障青年群体"住有所居"——以北京市保障性住房为例》 | 《中国青年社会科学》 | 胡吉亚 | 2017 |
| [33] | 《保障性住房租购选择研究》 | 《中国人口·资源与环境》 | 胡国平 | 2017 |
| [34] | 《城市外来务工人员公租房需求与影响因素分析——基于成都外来务工人员的调查》 | 《湖南农业大学学报》（社会科学版） | 路征 | 2016 |
| [35] | 《住房保障与城市经济增长协同机制研究》 | 《河海大学学报》（哲学社会科学版） | 吴宇哲 | 2016 |
| [36] | 《基于供给侧改革的城市保障性住房供需平衡研究——以广西南宁市为例》 | 《广西社会科学》 | 周青 | 2016 |

| 文献编号 | 文献篇名 | 期刊名称 | 第一作者姓名 | 发表年度 |
|---|---|---|---|---|
| [37] | 《公租房保障对象收入申报管理研究》 | 《建筑经济》 | 常志朋 | 2016 |
| [38] | 《尚教蔚城乡统筹背景下的农民工住房保障问题研究——基于公共租赁住房制度》 | 《城市管理》 | 尚教蔚 | 2016 |
| [39] | 《论我国公租房准入机制的困境与规范建构——以国务院及部分省市的规范性文件为例》 | 《政法论丛》 | 杨鹏 | 2016 |
| [40] | 《中国城市居民动态住房支付能力评价——基于京津冀地区居民按揭贷款购房模式分析》 | 《价格理论与实践》 | 孙晨 | 2016 |
| [41] | 《基于住房支付能力视角的保障房准入标准研究——思路、方法与案例》 | 《中国行政管理》 | 刘广平 | 2016 |
| [42] | 《城镇化均衡发展视阈下流动人口差异性 住房保障政策研究》 | 《北京交通大学学报》（社会科学版） | 吴宾 | 2016 |
| [43] | 《江西省保障性住房建设与管理机制创新研究》 | 《商业经济研究》 | 李念秋 | 2016 |
| [44] | 《保障房的准入与退出制度研究：一个国际比较的视角》 | 《社会科学战线》 | 张琪 | 2015 |
| [45] | 《住房市场失灵的度量及成因分析——以江苏省为例》 | 《商业经济研究》 | 吴翔华 | 2015 |
| [46] | 《我国公租房运营管理模式研究》 | 《中国内部审计》 | 徐静 | 2015 |
| [47] | 《覆盖率对保障性住房准入与退出机制的影响》 | 《经济纵横》 | 刘颖春 | 2015 |
| [48] | 《发达国家保障房分配的做法与启示》 | 《经济纵横》 | 张琪 | 2015 |
| [49] | 《基于人口流动的住房保障制度改善》 | 《城市规划》 | 齐慧峰 | 2015 |
| [50] | 《公共服务均等化视角下新生代农民工住房保障模式选择——公共租赁房优势与发展路径》 | 《理论与改革》 | 林晨蕾 | 2015 |
| [51] | 《住房权适足标准的界定——城镇保障性住房制度变迁的视角》 | 《江西社会科学》 | 涂缦缦 | 2015 |
| [52] | 《天津市公共租赁房适宜人群特征分析研究》 | 《东南大学学报》（哲学社会科学版） | 孙雪松 | 2015 |
| [53] | 《基于住房支付能力的住房保障对象界定研究》 | 《技术经济与管理研究》 | 刘广平 | 2015 |
| [54] | 《"十二五"期间我国保障性住房建设进展与思考》 | 《经济纵横》 | 张冬梅 | 2015 |
| [55] | 《影响公租房需求因素的 Logistic 回归分析》 | 《统计与决策》 | 邓宏乾 | 2014 |
| [56] | 《中国城市住房保障覆盖范围的算法设计与应用》 | 《系统工程理论与实践》 | 郑思齐 | 2014 |
| [57] | 《住房保障对象的覆盖范围、类别划分与保障需求》 | 《现代经济探讨》 | 崔永亮 | 2014 |
| [58] | 《关于住房保障收入线确定的研究——以南京市配租型住房为例》 | 《价格理论与实践》 | 吴翔华 | 2014 |

| 文献编号 | 文献篇名 | 期刊名称 | 第一作者姓名 | 发表年度 |
|---|---|---|---|---|
| [59] | 《住房保障制度国际比较、借鉴及中国政策优化》 | 《城市发展研究》 | 韦颜秋 | 2014 |
| [60] | 《我国住房保障收入线的测定方法研究——以南京市保障线测定分析为例》 | 《价格理论与实践》 | 李俊杰 | 2014 |
| [61] | 《重庆市公租房配租效率实证研究》 | 《重庆交通大学学报》（自然科学版） | 潘雨红 | 2014 |
| [62] | 《房地产统计指标体系的构建》 | 《统计与决策》 | 徐培 | 2014 |
| [63] | 《外国住房保障的启示与借鉴》 | 《国家行政学院学报》 | 潘小娟 | 2014 |
| [64] | 《天津公共住房政策与实践研究》 | 《天津大学学报》（社会科学版） | 王伟 | 2014 |
| [65] | 《公平视域下公共租赁住房制度的路径实现》 | 《河南社会科学》 | 郑莹 | 2014 |
| [66] | 《试论现行城镇住房供应体系存在的主要问题与完善原则》 | 《发展研究》 | 曾国安 | 2014 |
| [67] | 《住房保障对象界定方法的比较研究》 | 《工程管理学报》 | 胡长明 | 2014 |
| [68] | 《住房保障准入与退出的香港模式及其对内地的启示》 | 《中南民族大学学报》（人文社会科学版） | 刘祖云 | 2014 |
| [69] | 《住房保障对象的甄别机制研究》 | 《现代经济探讨》 | 陈标 | 2014 |
| [70] | 《住房保障对象家庭收入标准确定问题研究》 | 《建筑经济》 | 郭凤玉 | 2014 |
| [71] | 《城市公租房需求状况分析——基于武汉市的调查数据》 | 《城市问题》 | 方壮志 | 2014 |
| [72] | 《公共保障性住房分配中寻租行为及其治理》 | 《商业时代》 | 苟兴朝 | 2013 |
| [73] | 《北京市保障性住房准入标准线的统计测度研究——基于收入函数拟合方法》 | 《调研世界》 | 卢媛 | 2013 |
| [74] | 《中国住房社会保障制度的框架设计》 | 《价格理论与实践》 | 姜雪梅 | 2013 |
| [75] | 《完善我国社会保障性住房制度：基于政府视角》 | 《中国行政管理》 | 孙守纪 | 2013 |
| [76] | 《新生代农民工住房保障问题研究——以保定市为例》 | 《建筑经济》 | 牛丽云 | 2013 |
| [77] | 《健全我国公共租赁住房准入机制的思考——以昆明市为例》 | 《云南行政学院学报》 | 李云芬 | 2013 |
| [78] | 《租赁型保障房保障对象积分融合机制设计》 | 《中国房地产》 | 康俊亮 | 2013 |
| [79] | 《我国保障性住房分配中的准入与退出机制研究——以C市为例》 | 《当代经济研究》 | 王郅强 | 2012 |
| [80] | 《大学毕业生公租房消费意愿及其影响因素研究——基于重庆市的实证研究》 | 《西南大学学报》（自然科学版） | 曾珍 | 2012 |
| [81] | 《保障性住房户型标准研究》 | 《经济研究参考》 | 胡琳琳 | 2012 |

| 文献编号 | 文献篇名 | 期刊名称 | 第一作者姓名 | 发表年度 |
|---|---|---|---|---|
| [82] | 《"夹心层"住房需求特征实证分析——以广州为例》 | 《建筑经济》 | 谭建辉 | 2012 |
| [83] | 《我国住房保障体系的优化重构——基于体系顶层设计视角的探讨》 | 《华中师范大学学报》（人文社会科学版） | 陈峰 | 2012 |
| [84] | 《中国保障性住房进入与退出制度的改进》 | 《发展研究》 | 巴曙松 | 2012 |
| [85] | 《城镇住房保障对象标准界定与机制构建》 | 《经济论坛》 | 贾淑军 | 2012 |
| [86] | 《从"洪山模式"透视公租房制度之完善》 | 《中国房地产》 | 邓宏乾 | 2012 |
| [87] | 《保障性住房公平分配的准入退出机制研究》 | 《东南学术》 | 魏丽艳 | 2012 |
| [88] | 《住房保障收入线测算新方法：理论与实证》 | 《中国房地产》 | 侯淅珉 | 2012 |
| [89] | 《黄石市公共租赁住房管理信息系统的建设》 | 《中国房地产》 | 马辉民 | 2012 |
| [90] | 《公租房准入与退出的政策匹配：北京例证》 | 《改革》 | 陈俊华 | 2012 |
| [91] | 《公租房准入和退出管理的问题与对策研究——以重庆市为例》 | 《建筑经济》 | 曹小琳 | 2012 |
| [92] | 《住房保障范围扩大的房源供给和保障对象界定》 | 《改革与战略》 | 李娜 | 2012 |
| [93] | 《动态趋势与结构性差异：中国住房市场支付能力的综合测度》 | 《经济管理》 | 董昕 | 2012 |
| [94] | 《中国保障性住房进入与退出机制研究》 | 《金融理论与实践》 | 巴曙松 | 2012 |
| [95] | 《信息不对称下保障性住房准入问题分析》 | 《中国经贸导刊》 | 鲁菊 | 2012 |
| [96] | 《日本公共住房政策及其对中国的启示——以高速增长时期的住房政策为中心》 | 《南京财经大学学报》 | 赵光瑞 | 2011 |
| [97] | 《基于引入理想决策单元DEA的公租房配租方法研究》 | 《城市发展研究》 | 潘雨红 | 2011 |
| [98] | 《日本高速增长时期的公共住房政策及启示》 | 《经济纵横》 | 赵光瑞 | 2011 |
| [99] | 《我国公共租赁房运作模式的实践与探索——基于部分城市公共租赁房运行情况的比较分析》 | 《中国房地产》 | 郎启贵 | 2011 |
| [100] | 《基于家庭收入的保障性住房标准研究》 | 《统计研究》 | "基于家庭收入的保障性住房标准研究"课题组 | 2011 |
| [101] | 《日本、韩国住房保障制度及对我国的启示》 | 《理论与研究》 | 孙淑芬 | 2011 |

| 文献编号 | 文献篇名 | 期刊名称 | 第一作者姓名 | 发表年度 |
|---|---|---|---|---|
| [102] | 《我国城镇低收入群体住房保障政策实施的现状、问题及对策》 | 《湘潭大学学报》（哲学社会科学版） | 成志刚 | 2011 |
| [103] | 《城市住房夹心层问题分析》 | 《中国房地产》 | 陆少妮 | 2011 |
| [104] | 《我国保障性住房准入和退出机制的困境及其对策》 | 《中国房地产》 | 杨嘉理 | 2011 |
| [105] | 《城市居民住房购买力研究——以我国35个大城市为例》 | 《城市发展研究》 | 张晶 | 2011 |
| [106] | 《我国公共租赁住房制度的政策法律分析——基于公共租赁住房市场化的研究视角》 | 《河北法学》 | 孟庆瑜 | 2011 |
| [107] | 《我国保障性住房管理现状与完善——以重庆市为例》 | 《西部论坛》 | 杨玲 | 2011 |
| [108] | 《城市居民住房承受能力测度研究——剩余收入视角》 | 《技术经济与管理研究》 | 李进涛 | 2011 |
| [109] | 《住房保障人群划分方式的一种借鉴——基本支出标准》 | 《中国房地产》 | 张智 | 2010 |
| [110] | 《中国住房保障体系构建研究——基于"三元到四维"的视角》 | 《广东社会科学》 | 郭士征 | 2010 |
| [111] | 《住房保障范围划定问题分析及改进意见》 | 《城市发展研究》 | 邹晓燕 | 2010 |
| [112] | 《世界各国构建住房保障体系的基本模式和经验归纳》 | 《当代世界》 | 周望 | 2010 |
| [113] | 《住房保障政策瞄准效率及其影响因素——来自北京市廉租房和经济适用房政策的实证》 | 《财经科学》 | 陈立中 | 2010 |
| [114] | 《基于住房支付能力的住房保障对象的界定》 | 《城市发展研究》 | 汤腊梅 | 2010 |
| [115] | 《中国城镇住房保障政策体系变革中的缺陷及其完善构想》 | 《现代财经》 | 谷俊青 | 2009 |
| [116] | 《住房保障对象划分研究》 | 《城市发展研究》 | 郭玉坤 | 2009 |
| [117] | 《大城市住房保障政策的效用分析》 | 《现代城市研究》 | 程遥 | 2008 |
| [118] | 《重庆市保障性住房影响因素分析及政策建议》 | 《建筑经济》 | 郑晓云 | 2008 |
| [119] | 《基于收入余额指标的城镇低收入家庭住房支付能力评价模型》 | 《上海交通大学学报》 | 余凌志 | 2008 |
| [120] | 《我国住房保障政策公平性的缺失》 | 《城市问题》 | 梁绍连 | 2007 |

# 附录2　文献样本初次筛选一览表

| 维度 | 指标代码 | 指标名称 | 文献频次 | 参考文献 | 备注 |
|---|---|---|---|---|---|
| 住房条件 H | H1 | 现有住房产权性质 | 10 | [11][16][25][21][39][68][69][103][110][113] | |
| | H2 | 本人及家庭成员在本市均无住房 | 9 | [18][27][39][63][68][87][91][106][107] | |
| | H3 | 居住方式 | 2 | [76][82] | |
| | H4 | 住区环境 | 1 | [33] | |
| | H5 | 交通配套设施 | 1 | [33] | |
| | H6 | 居住条件 | 9 | [28][51][63][1][3][34][36][95][117] | |
| | H7 | 居住房屋的生活设施 | 6 | [34][63][71][72][76][113] | |
| | H8 | 公共设施 | 1 | [55] | |
| | H9 | 房屋结构 | 3 | [34][55][71] | |
| | H10 | 户型 | 8 | [3][24][33][34][55][71][72][110] | |
| | H11 | 住房状况 | 4 | [19][42][80][106] | |
| | H12 | 人均住房面积 | 42 | [1][3][11][14][18][19][21][24][31][32][33][34][39][47][52][56][55][57][63][64][69][70][71][76][79][81][84][86][87][90][93][94][97][102][103][106][105][113][110][115][118][120] | |

| 维度 | 指标代码 | 指标名称 | 文献频次 | 参考文献 | 备注 |
|---|---|---|---|---|---|
| 住房条件 H | H13 | 住房面积标准 | 1 | [94] | 删除指标 |
| | H14 | 全市户籍人均居住面积 | 1 | [1] | |
| | H15 | 户住房面积 | 1 | [87] | |
| | H16 | 家庭人均住房建筑面积 | 9 | [8][60][64][66][76][72][114][113][117] | |
| | H17 | 家庭人均住房使用面积 | 2 | [24][27] | |
| | H18 | 住房拥挤程度 | 2 | [67][82] | |
| | H19 | 住房困难 | 2 | [43][31] | |
| | H20 | 住房质量 | 1 | [33] | |
| | H21 | 卫生间 | 1 | [113] | |
| | H22 | 管道煤气 | 1 | [113] | |
| 住房可负担能力 A（反映住房经济困难程度） | A1 | 家庭收入 | 61 | [26][70][68][69][104][89][67][88][103][91][87][115][113][14][102][84][112][120][111][118][28][100][65][63][64][75][99][50][110][3][98][24][1][47][48][36][6][44][45][9][117][21][73][56][55][72][19][33][43][32][31][42][17][106][107][95][94][54][5][93][4] | |
| | A2 | 收入水平 | 2 | [34][43] | 并入A1 |
| | A3 | 城市居民最低生活保障收入限额 | 1 | [115] | |
| | A4 | 家庭总收入 | 1 | [56] | |

| 维度 | 指标代码 | 指标名称 | 文献频次 | 参考文献 | 备注 |
|---|---|---|---|---|---|
| 住房可负担能力A（反映住房经济困难程度） | A5 | 社会平均收入水平 | 1 | [31] | |
| | A6 | 家庭人均月收入限额 | 2 | [86][113] | 并入A1 |
| | A7 | 上年度家庭人均月收入限额 | 2 | [86][25] | 并入A1 |
| | A8 | 家庭月收入 | 1 | [97] | |
| | A9 | 家庭人均月收入 | 1 | [55] | |
| | A10 | 每月各类救助收入总和 | 1 | [97] | 并入A1 |
| | A11 | 家庭人均年收入限额 | 5 | [14][40][64][68][90] | 并入A1 |
| | A12 | 家庭人均收入 | 3 | [58][59][80] | |
| | A13 | 家庭可支配收入水平 | 4 | [3][94][105][108] | |
| | A14 | 城镇居民人均可支配收入水平 | 1 | [5] | |
| | A15 | 家庭月人均可支配收入 | 1 | [100] | |
| | A16 | 家庭年人均可支配收入 | 5 | [2][32][82][93][111] | |
| | A17 | 家庭年可支配收入 | 1 | [79] | |
| | A18 | 家庭年收入 | 7 | [11][27][52][57][77][85][87] | |
| | A19 | 家庭收入线 | 2 | [58][75] | |
| | A20 | 社会平均收入水平和基本生活条件 | 1 | [31] | |

续表

| 维度 | 指标代码 | 指标名称 | 文献频次 | 参考文献 | 备注 |
|---|---|---|---|---|---|
| 住房可负担能力A（反映住房经济困难程度） | A21 | 家庭收入限额 | 3 | [1][18][84] | 并入A19 |
| | A22 | 家庭资产 | 25 | [56][58][59][96][74][86][24][11][88][25][62][63][64][76][101][3][50][4][90][54][92][41][93][95][6] | |
| | A23 | 实物资产 | 1 | [95] | |
| | A24 | 家庭资产限额 | 4 | [1][45][19][107] | |
| | A25 | 经营性收入 | 4 | [28][45][42][95] | 并入A1 |
| | A26 | 社保、税务和公积金等收支情况 | 4 | [28][42][45][95] | |
| | A27 | 金融资产 | 2 | [42][95] | |
| | A28 | 家庭财产 | 11 | [77][39][113][111][46][36][19][33][42][106][95] | |
| | A29 | 车辆等财产 | 5 | [28][36][19][42][95] | |
| | A30 | 珍贵收藏品等大件财物 | 1 | [19] | |
| | A31 | 银行存款、土地、汽车、投资类资产和珍贵收藏品等大件财物 | 1 | [19] | |
| | A32 | 家庭负债 | 1 | [87] | |
| | A33 | 家庭负担 | 1 | [87] | |
| | A34 | 个人消费偏好（排斥性指标）高消费 | 12 | [19][27][36][42][52][85][45][57][77][75][87][95] | |
| | A35 | 家庭消费支出 | 2 | [85][13] | |
| | A36 | 个体选择 | 2 | [8][33] | 并入A34 |

| 维度 | 指标代码 | 指标名称 | 文献频次 | 参考文献 | 备注 |
|---|---|---|---|---|---|
| 住房可负担能力A（反映住房经济困难程度） | A37 | 人均可支配收入增长率 | 1 | [8] | |
| | A38 | 住房偏好表达 | 2 | [30][33] | |
| | A39 | 人均GDP | 1 | [8] | |
| | A40 | 消费结构和消费习惯 | 2 | [14][44] | |
| | A41 | 家庭基本消费需求支出 | 1 | [108] | |
| | A42 | 住房消费收入比 | 5 | [116][88][111][62][37] | |
| | A43 | 可支付能力分布曲线与得分 | 1 | [3] | |
| | A44 | 住房消费收入比 | 1 | [114] | |
| | A45 | 住房支付能力 | 12 | [124][116][53][103][84][13][63][83][62][60][58][12] | |
| | A46 | 家庭经济情况 | 1 | [4] | |
| | A47 | 月租房成本收入比 | 1 | [3] | |
| | A48 | 月购房成本收入比 | 1 | [13] | |
| | A49 | 住房消费支付困难程度 | 3 | [1][48][111] | |
| | A50 | 住房外年人均消费支出 | 1 | [1] | |
| | A51 | 夹心层规模 | 1 | [22] | 删除 |
| | A52 | 家庭住房支出 | 1 | [108] | |
| | A53 | 其他非住房消费 | 1 | [105] | |

| 维度 | 指标代码 | 指标名称 | 文献频次 | 参考文献 | 备注 |
|---|---|---|---|---|---|
| 住房可负担能力 A（反映住房经济困难程度） | A54 | 公租房居住负担系数 | 1 | [5] | |
| | A55 | 租金收入比 | 10 | [3][41][37][53][76][74][90][92][111][116] | |
| | A56 | 住房可支付能力的指数 | 6 | [29][51][3][61][58][59] | |
| | A57 | 房价收入比 | 11 | [13][19][37][41][53][60][83][88][92][93][116] | |
| | A58 | 市居民住房承受能力 | 2 | [108][106] | |
| | A59 | 住房支出收入比 | 3 | [14][17][46] | |
| | A60 | 收入余额指标评价法 | 9 | [13][37][41][60][83][93][94][108][119] | |
| | A61 | 住房价格 | 2 | [33][105] | |
| | A62 | 贷款月偿还额占家庭月收入比例 | 1 | [41] | |
| | A63 | 不同住房质量下可支付家庭的比例 | 1 | [37] | 删除 |
| | A64 | 住房可支付能力的不匹配程度 | 1 | [37] | 删除 |
| | A65 | 恩格尔系数 | 5 | [17][67][88][105][116] | |
| | A66 | 满足最低生活标准的基本支出 | 1 | [119] | |
| | A67 | 家庭信用／个人征信 | 22 | [96][84][10][88][112][118][62][113][26][50][52][37][4][54][30][17][92][40][41][93][94][55] | |
| | A68 | 可支付住房的供给总量 | 1 | [43] | 删除 |

| 维度 | 指标代码 | 指标名称 | 文献频次 | 参考文献 | 备注 |
|---|---|---|---|---|---|
| 住房可负担能力A（反映住房经济困难程度） | A69 | 住房保障覆盖率/保障水平 | 12 | [8][9][57][23][112][100][68][51][78][70][42][95] | 删除 |
| | A70 | 住房保障支出 | 1 | [16] | 删除 |
| | A71 | 经济社会发展水平 | 3 | [9][86][41] | 删除 |
| | A72 | 政府的财政情况 | 1 | [93] | 删除 |
| 家庭人口特征R | R1 | 所在社区的人口规模 | 1 | [110] | 并入R4 |
| | R2 | 家庭人口结构 | 23 | [27][68][90][85][113][14][102][84][63][98][59][24][58][1][48][97][44][56][55][72][32][33][4] | |
| | R3 | 家庭人口特征 | 2 | [56][97] | 并入R2 |
| | R4 | 家庭规模 | 7 | [3][24][44][75][98][99][100] | |
| | R5 | 家庭特征 | 1 | [33] | 并入R3 |
| | R6 | 家庭的人口规模 | 2 | [33][56] | 并入R4 |
| | R7 | 家庭人口数量 | 20 | [70][69][90][52][85][14][28][100][75][3][24][1][82][97][81][44][55][34][41][106] | 并入R4 |
| | R8 | 个体特征 | 2 | [80][33] | 并入R2 |
| | R9 | 年龄 | 10 | [69][90][91][63][75][82][97][34][33][107] | 并入R2 |

| 维度 | 指标代码 | 指标名称 | 文献频次 | 参考文献 | 备注 |
|------|------|------|------|------|------|
| | R10 | 生命周期 | 1 | [33] | 并入R2 |
| | R11 | 婚姻状况 | 2 | [80][33] | 并入R2 |
| | R12 | 性别 | 2 | [80][33] | 并入R2 |
| | R13 | 教育 | 2 | [80][11] | 并入R2 |
| | R14 | 家庭劳动力状况 | 6 | [57][69][52][48][97][35] | 并入R2 |
| | R15 | 家庭成员中失业者比例 | 1 | [113] | |
| | R16 | 家庭成员中工作者比例 | 1 | [113] | |
| 家庭人口特征R | R17 | 家庭养老负担 | 4 | [90][52][98][44] | |
| | R18 | 家庭成员中64岁以上人口比例 | 2 | [113][98] | |
| | R19 | 家庭义务教育负担 | 6 | [69][90][52][48][97][44] | |
| | R20 | 家庭病残人口数 | 5 | [11][25][52][63][98] | 家庭负担情况 |
| | R21 | 家庭成员健康状况 | 1 | [63] | |
| | R22 | 家庭特殊情况 | 10 | [52][115][113][63][99][98][48][11][97][4] | |
| | R23 | 婚姻特殊状况 | 1 | [11] | |
| | R24 | 家庭家人患重大疾病 | 3 | [11][52][113] | |
| | R25 | 精神病 | 1 | [11] | |

| 维度 | 指标代码 | 指标名称 | 文献频次 | 参考文献 | 备注 |
|------|----------|----------|----------|----------|------|
| | R26 | 优抚对象 | 2 | [115][99] | 家庭负担情况 |
| | R27 | 高龄未婚 | 1 | [11] | |
| | R28 | 高龄 | 1 | [63] | |
| | R29 | 母子家庭 | 1 | [98] | |
| 户籍 P | P1 | 有限制 | 17 | [99][52][39][86][87][113][84][111][103][47][36][7][55][79][32][31][106] | |
| | P2 | 无限制 | 16 | [14][76][66][112][65][50][49][46][74][9][18][43][42][107][54][57] | |
| | P3 | 本市城镇户籍 | 1 | [27] | 并入P1 |
| 在地社会贡献程度 C | C1 | 常住时间 | 2 | [47][5] | 当地居住情况 |
| | C2 | 学历 | 3 | [36][33][82] | |
| | C3 | 纳税 | 2 | [36][44] | |
| | C4 | 居留意愿 | 1 | [42] | |
| | C5 | 工作年限 | 10 | [26][27][38][39][111][36][82][33][42][5] | |
| | C6 | 社会保险缴纳时长 | 9 | [5][18][26][28][36][39][42][44][82] | |

| 维度 | 指标代码 | 指标名称 | 文献频次 | 参考文献 | 备注 |
|---|---|---|---|---|---|
| 在地社会贡献程度C | C7 | 住房公积金缴纳时长 | 3 | [36][76][120] | 当地居住情况 |
| | C8 | 劳动合同年限 | 5 | [5][26][36][39][42] | |
| | C9 | 就业状况 | 9 | [5][26][38][42][43][97][106][111][113] | |
| | C10 | 当前职业 | 2 | [80][11] | 并入岗位贡献 |
| | C11 | 申享者工作岗位贡献度 | 4 | [36][42][99][106] | |
| | C12 | 社会服务积分 | 1 | [73] | |
| | C13 | 积分 | 1 | [36] | |
| | C14 | 道德审查和犯罪审查机制 | 1 | [19] | |

## 附录3　中国公租房政策实践样本

| 样本编号 | 省份样本数 | 城市名称 | 省份 |
|---|---|---|---|
| 001 | 001 | 黄冈 | 湖北 |
| 002 | 002 | 咸宁 | 湖北 |
| 003 | 003 | 十堰 | 湖北 |
| 004 | 004 | 荆门 | 湖北 |
| 005 | 005 | 荆州 | 湖北 |

| 样本编号 | 省份样本数 | 城市名称 | 省份 |
|---|---|---|---|
| 006 | 006 | 随州 | 湖北 |
| 007 | 007 | 黄石 | 湖北 |
| 008 | 008 | 宜昌 | 湖北 |
| 009 | 009 | 襄阳 | 湖北 |
| 010 | 010 | 武汉 | 湖北 |
| 011 | 011 | 利川 | 湖北 |
| 012 | 012 | 恩施 | 湖北 |
| 013 | 013 | 钟祥 | 湖北 |
| 014 | 014 | 大冶 | 湖北 |
| 015 | 001 | 娄底 | 湖南 |
| 016 | 002 | 益阳 | 湖南 |
| 017 | 003 | 常德 | 湖南 |
| 018 | 004 | 邵阳 | 湖南 |
| 019 | 005 | 郴州 | 湖南 |
| 020 | 006 | 岳阳 | 湖南 |
| 021 | 007 | 衡阳 | 湖南 |
| 022 | 008 | 湘潭 | 湖南 |
| 023 | 009 | 株洲 | 湖南 |
| 024 | 010 | 长沙 | 湖南 |
| 025 | 001 | 资阳 | 四川 |
| 026 | 002 | 雅安 | 四川 |
| 027 | 003 | 宜宾 | 四川 |
| 028 | 004 | 眉山 | 四川 |
| 029 | 005 | 达州 | 四川 |
| 030 | 006 | 泸州 | 四川 |
| 031 | 007 | 遂宁 | 四川 |
| 032 | 008 | 广安 | 四川 |
| 033 | 009 | 内江 | 四川 |
| 034 | 010 | 南充 | 四川 |
| 035 | 011 | 乐山 | 四川 |
| 036 | 012 | 攀枝花 | 四川 |
| 037 | 013 | 自贡 | 四川 |
| 038 | 014 | 广元 | 四川 |
| 039 | 015 | 德阳 | 四川 |
| 040 | 016 | 绵阳 | 四川 |
| 041 | 017 | 成都 | 四川 |

| 样本编号 | 省份样本数 | 城市名称 | 省份 |
|---|---|---|---|
| 042 | 001 | 都匀 | 贵州 |
| 043 | 002 | 黔西南 | 贵州 |
| 044 | 003 | 毕节 | 贵州 |
| 045 | 004 | 仁怀 | 贵州 |
| 046 | 005 | 赤水 | 贵州 |
| 047 | 006 | 安顺 | 贵州 |
| 048 | 007 | 六盘水 | 贵州 |
| 049 | 008 | 贵阳 | 贵州 |
| 050 | 001 | 大理 | 云南 |
| 051 | 002 | 楚雄 | 云南 |
| 052 | 003 | 景洪 | 云南 |
| 053 | 004 | 安宁 | 云南 |
| 054 | 005 | 临沧 | 云南 |
| 055 | 006 | 丽江 | 云南 |
| 056 | 007 | 昭通 | 云南 |
| 057 | 008 | 玉溪 | 云南 |
| 058 | 009 | 曲靖 | 云南 |
| 059 | 010 | 昆明 | 云南 |
| 060 | 001 | 海口 | 海南 |
| 061 | 002 | 三亚 | 海南 |
| 062 | 003 | 琼海 | 海南 |
| 063 | 001 | 云浮 | 广东 |
| 064 | 002 | 惠州 | 广东 |
| 065 | 003 | 江门 | 广东 |
| 066 | 004 | 清远 | 广东 |
| 067 | 005 | 中山 | 广东 |
| 068 | 006 | 东莞 | 广东 |
| 069 | 007 | 潮州 | 广东 |
| 070 | 008 | 韶关 | 广东 |
| 071 | 009 | 肇庆 | 广东 |
| 072 | 010 | 梅州 | 广东 |
| 073 | 011 | 湛江 | 广东 |
| 074 | 012 | 茂名 | 广东 |
| 075 | 013 | 阳江 | 广东 |
| 076 | 014 | 河源 | 广东 |
| 077 | 015 | 佛山 | 广东 |

| 样本编号 | 省份样本数 | 城市名称 | 省份 |
|---|---|---|---|
| 078 | 016 | 揭阳 | 广东 |
| 079 | 017 | 珠海 | 广东 |
| 080 | 018 | 广州 | 广东 |
| 081 | 001 | 长乐 | 福建 |
| 082 | 002 | 福清 | 福建 |
| 083 | 003 | 宁德 | 福建 |
| 084 | 004 | 莆田 | 福建 |
| 085 | 005 | 漳州 | 福建 |
| 086 | 006 | 厦门 | 福建 |
| 087 | 007 | 三明 | 福建 |
| 088 | 008 | 泉州 | 福建 |
| 089 | 009 | 福州 | 福建 |
| 090 | 001 | 台州 | 浙江 |
| 091 | 002 | 衢州 | 浙江 |
| 092 | 003 | 绍兴 | 浙江 |
| 093 | 004 | 丽水 | 浙江 |
| 094 | 005 | 温州 | 浙江 |
| 095 | 006 | 金华 | 浙江 |
| 096 | 007 | 宁波 | 浙江 |
| 097 | 008 | 湖州 | 浙江 |
| 098 | 009 | 嘉兴 | 浙江 |
| 099 | 010 | 杭州 | 浙江 |
| 100 | 001 | 池州 | 安徽 |
| 101 | 002 | 黄山 | 安徽 |
| 102 | 003 | 宣城 | 安徽 |
| 103 | 004 | 马鞍山 | 安徽 |
| 104 | 005 | 巢湖 | 安徽 |
| 105 | 006 | 滁州 | 安徽 |
| 106 | 007 | 宿州 | 安徽 |
| 107 | 008 | 淮北 | 安徽 |
| 108 | 009 | 阜阳 | 安徽 |
| 109 | 010 | 亳州 | 安徽 |
| 110 | 011 | 淮南 | 安徽 |
| 111 | 012 | 芜湖 | 安徽 |
| 112 | 013 | 合肥 | 安徽 |
| 113 | 001 | 宿迁 | 江苏 |
| 114 | 002 | 南通 | 江苏 |

| 样本编号 | 省份样本数 | 城市名称 | 省份 |
|---|---|---|---|
| 115 | 003 | 泰州 | 江苏 |
| 116 | 004 | 扬州 | 江苏 |
| 117 | 005 | 淮安 | 江苏 |
| 118 | 006 | 连云港 | 江苏 |
| 119 | 007 | 徐州 | 江苏 |
| 120 | 008 | 苏州 | 江苏 |
| 121 | 009 | 无锡 | 江苏 |
| 122 | 010 | 常州 | 江苏 |
| 123 | 011 | 南京 | 江苏 |
| 124 | 001 | 滨州 | 山东 |
| 125 | 002 | 菏泽 | 山东 |
| 126 | 003 | 聊城 | 山东 |
| 127 | 004 | 德州 | 山东 |
| 128 | 005 | 临沂 | 山东 |
| 129 | 006 | 莱芜 | 山东 |
| 130 | 007 | 日照 | 山东 |
| 131 | 008 | 威海 | 山东 |
| 132 | 009 | 泰安 | 山东 |
| 133 | 010 | 济宁 | 山东 |
| 134 | 011 | 东营 | 山东 |
| 135 | 012 | 淄博 | 山东 |
| 136 | 013 | 青岛 | 山东 |
| 137 | 014 | 济南 | 山东 |
| 138 | 001 | 衡水 | 河北 |
| 139 | 002 | 沧州 | 河北 |
| 140 | 003 | 张家口 | 河北 |
| 141 | 004 | 保定 | 河北 |
| 142 | 005 | 秦皇岛 | 河北 |
| 143 | 006 | 唐山 | 河北 |
| 144 | 007 | 石家庄 | 河北 |
| 145 | 001 | 葫芦岛 | 辽宁 |
| 146 | 002 | 朝阳 | 辽宁 |
| 147 | 003 | 阜新 | 辽宁 |
| 148 | 004 | 营口 | 辽宁 |
| 149 | 005 | 锦州 | 辽宁 |
| 150 | 006 | 丹东 | 辽宁 |

| 样本编号 | 省份样本数 | 城市名称 | 省份 |
|---|---|---|---|
| 151 | 007 | 大连 | 辽宁 |
| 152 | 008 | 沈阳 | 辽宁 |
| 153 | 001 | 通化 | 吉林 |
| 154 | 002 | 四平 | 吉林 |
| 155 | 003 | 长春 | 吉林 |
| 156 | 001 | 牡丹江 | 黑龙江 |
| 157 | 002 | 哈尔滨 | 黑龙江 |
| 158 | 003 | 鹤岗 | 黑龙江 |
| 159 | 004 | 鸡西 | 黑龙江 |
| 160 | 005 | 齐齐哈尔 | 黑龙江 |
| 161 | 006 | 大庆 | 黑龙江 |
| 162 | 001 | 贵港 | 广西 |
| 163 | 002 | 防城港 | 广西 |
| 164 | 003 | 钦州 | 广西 |
| 165 | 004 | 河池 | 广西 |
| 166 | 005 | 百色 | 广西 |
| 167 | 006 | 玉林 | 广西 |
| 168 | 007 | 贺州 | 广西 |
| 169 | 008 | 来宾 | 广西 |
| 170 | 009 | 崇左 | 广西 |
| 171 | 010 | 北海 | 广西 |
| 172 | 011 | 桂林 | 广西 |
| 173 | 012 | 梧州 | 广西 |
| 174 | 013 | 柳州 | 广西 |
| 175 | 014 | 南宁 | 广西 |
| 176 | 001 | 乌兰察布 | 内蒙古 |
| 177 | 002 | 巴彦淖尔 | 内蒙古 |
| 178 | 003 | 呼伦贝尔 | 内蒙古 |
| 179 | 004 | 鄂尔多斯 | 内蒙古 |
| 180 | 005 | 通辽 | 内蒙古 |
| 181 | 006 | 包头 | 内蒙古 |
| 182 | 001 | 中卫 | 宁夏 |
| 183 | 002 | 吴忠 | 宁夏 |
| 184 | 003 | 石嘴山 | 宁夏 |
| 185 | 004 | 银川 | 宁夏 |
| 186 | 001 | 重庆 | — |

| 样本编号 | 省份样本数 | 城市名称 | 省份 |
|---|---|---|---|
| 187 | 001 | 乌鲁木齐 | 新疆 |
| 188 | 001 | 北京 | — |
| 189 | 001 | 驻马店 | 河南 |
| 190 | 002 | 开封 | 河南 |
| 191 | 003 | 濮阳 | 河南 |
| 192 | 004 | 鹤壁 | 河南 |
| 193 | 005 | 南阳 | 河南 |
| 194 | 006 | 焦作 | 河南 |
| 195 | 007 | 周口 | 河南 |
| 196 | 008 | 新乡 | 河南 |
| 197 | 009 | 洛阳 | 河南 |
| 198 | 010 | 郑州 | 河南 |
| 199 | 001 | 晋中 | 山西 |
| 200 | 001 | 商洛 | 陕西 |
| 201 | 002 | 安康 | 陕西 |
| 202 | 003 | 渭南 | 陕西 |
| 203 | 004 | 宝鸡 | 陕西 |
| 204 | 005 | 铜川 | 陕西 |
| 205 | 006 | 延安 | 陕西 |
| 206 | 007 | 咸阳 | 陕西 |
| 207 | 001 | 陇南 | 甘肃 |
| 208 | 002 | 武威 | 甘肃 |
| 209 | 003 | 金昌 | 甘肃 |
| 210 | 004 | 嘉峪关 | 甘肃 |
| 211 | 005 | 平凉 | 甘肃 |
| 212 | 006 | 天水 | 甘肃 |
| 213 | 007 | 兰州 | 甘肃 |
| 214 | 001 | 抚州 | 江西 |
| 215 | 002 | 宜春 | 江西 |
| 216 | 003 | 新余 | 江西 |
| 217 | 004 | 景德镇 | 江西 |
| 218 | 005 | 上饶 | 江西 |
| 219 | 006 | 鹰潭 | 江西 |
| 220 | 007 | 吉安 | 江西 |
| 221 | 008 | 赣州 | 江西 |
| 222 | 009 | 南昌 | 江西 |

| 样本编号 | 省份样本数 | 城市名称 | 省份 |
|---|---|---|---|
| 223 | 001 | 天津 | — |
| 224 | 001 | 香港 | — |
| 225 | 001 | — | 中国台湾 |
| 226 | 001 | 澳门 | — |

## 附录4　关于公共租赁住房保障对象甄别指标的问卷调查

尊敬的女士 / 先生：

您好！为了精准甄别公共租赁住房保障对象，进一步提高公共租赁住房准入政策的瞄准效率，精准定位有需求的目标人群，我们就公共租赁住房保障对象甄别指标进行一次调查，希望您能抽出宝贵的时间，帮我们完成这份调查问卷。您的回答对我们非常重要，我们将对您提供的资料予以保密，希望能够得到您的支持和协助，谢谢！本调查问卷的答案没有对错之分，请您不必有任何顾虑，您只需要根据自己的实际情况，逐一回答我们所提的每个问题就可以了（如果没有特别说明，每题都只选一个答案）。

### 一、个人基本情况

1. 您的性别：

A. 男　　B. 女

2. 您的年龄：（　　）（填空）

3. 您所在的省份及城市是（　　）（填空）

4. 您的身份？

A. 城镇居民　　B. 进城务工人员　　C. 新就业人员　　D. 其他

5. 您的户籍状况？

A. 本市城市户口　　B. 本市农村户口　　C. 异地户口

6. 您的婚姻状况是：

A. 未婚　　B. 已婚

## 二、住房困难程度

1. 您现居住的城市是否有自有产权住房？

A. 有　　B. 无

2. 您家是否享受过住房优惠政策？

A. 是　　B. 否

3. 您家现在所居住的家庭人均住房建筑面积是（　　）$m^2$。

4. 您家现有住房的卧室数 / 房间数是（　　）间。

5. 您家的房屋质量是否属于危险房？

A. 是　　B. 否

## 三、商品房购买力

1. 您家 2019 年家庭年人均收入是（　　）万元。

2. 您家每年住房开支大约是（　　）元。

3. 您家每年食品烟酒消费支出开支大约是（　　）元。

4. 您家每年消费支出总额大约是（　　）元。

5. 您每年住房支出占年消费支出总额的比例是多少？

A. 10% 以内

B. 10% ～ 20%

C. 20% ～ 30%

D. 30% ～ 40%

E. 40% ～ 50%

F. 50% 以上

6. 您家每年人均交通和通信消费支出大约是（　　）元。

7. 您家每年人均教育、文化和娱乐消费支出大约是（　　）元。

8. 您家是否有土地、商用房产？（二者有其一视同为有）

A. 有　　B. 无

9. 您家是否有自用或经营性机动车辆？（不含残疾人专用机动车、二轮和三轮摩托车）

A. 有　　B. 无

10. 您家所拥有的银行存款、有价证券、收藏品或其他家庭财产净收入约（　　）元。

11. 近年，您是否购买过奢侈品，如高档衣着饰品类和其他贵重小奢侈品、高档烟酒等？

A. 有　　B. 无

12. 近年，您是否购买过个人高端电子产品，如手机、MP4、iPad、笔记本电脑、电子玩具等？（若某一产品价格超过该品类的平均价格 20% 则视为"高端产品"）

A. 有　　B. 无

13. 近年，您是否经常出入高档酒店、娱乐场所、高级会馆，出国旅游消费，子女就读私人贵族学校或自费出国留学，或子女常驻国外等，饲养宠物且品种名贵？（若有 1 项，则视同为有）

A. 有　　B. 无

## 四、申享家庭住房需求急迫程度

1. 含您在内的家庭成员总人数有（　　）人。

2. 您现在的住所有几代人同住？

A. 1 代　B. 2 代　C. 3 代　D. 4 代　E. 5 代及以上

3. 请问您家需要赡养照顾的 65 岁以上的老人有几个？（若没有，为 0 个）

A. 0 个　B. 1 个　C. 2 个　D. 3 个　E. 4 个　F. 5 个及以上

4. 请问您家需要抚养的未成年子女有几个？（若没有，为 0 个）

A. 0 个　B. 1 个　C. 2 个　D. 3 个　E. 4 个　F. 5 个及以上

5. 请问您家需要特殊照护的残疾或病患人口有几个？（若没有，为 0 个）

A. 0 个　B. 1 个　C. 2 个　D. 3 个　E. 4 个　F. 5 个及以上

## 五、在地社会贡献

1. 您是否签订劳动合同？

A. 是　　B. 否

2. 您在居住地连续缴纳社会保险费年限是（　　）年。

3. 您在居住地连续缴纳住房公积金的年限是（　　）年。

4. 您在工作城市居住的年限是（　　）年。

## 附录 5　湖北省公租房问卷调查对象基本情况

| 家庭序号 | 维度 | | | | | | | | | | | | | | | | | | | | | |
| --- | --- | --- | --- | --- | --- | --- | --- | --- | --- | --- | --- | --- | --- | --- | --- | --- | --- | --- | --- | --- | --- | --- |
| | H1 | | | | | A1 | | | | | | | | R1 | | | | | C1 | | | |
| | S1 | S2 | S3 | S4 | S5 | S6 | S7 | S8 | S9 | S10 | S11 | S12 | S13 | S14 | S15 | S16 | S17 | S18 | S19 | S20 | S21 | S22 |
| 1 | 0 | 1 | 32 | 1.00 | 1 | 2.25 | 0.57 | 0 | 1 | 2.3 | 1 | 0 | 1 | 4 | 2 | 0.25 | 0.25 | 0.00 | 0 | 1 | 0 | 5 |
| 2 | 0 | 1 | 43 | 0.67 | 0 | 5.00 | 0.60 | 0 | 1 | 4.34 | 0 | 0 | 0 | 3 | 2 | 0.00 | 0.33 | 0.00 | 0 | 1 | 0 | 5 |
| 3 | 0 | 1 | 14 | 0.67 | 0 | 6.00 | 0.40 | 1 | 1 | 7.4 | 1 | 1 | 1 | 3 | 3 | 0.00 | 0.33 | 0.00 | 0 | 2 | 0 | 5 |
| 4 | 1 | 1 | 12 | 0.67 | 1 | 2.00 | 0.50 | 1 | 1 | 1 | 1 | 1 | 1 | 3 | 2 | 0.33 | 0.00 | 0.00 | 0 | 1 | 0 | 5 |
| 5 | 1 | 1 | 30 | 0.60 | 0 | 1.00 | 0.67 | 1 | 0 | 0.6 | 1 | 1 | 1 | 5 | 3 | 0.40 | 0.00 | 0.20 | 1 | 1 | 0 | 0 |
| 6 | 0 | 1 | 21 | 0.30 | 0 | 4.00 | 0.75 | 0 | 1 | 2.45 | 1 | 0 | 1 | 10 | 3 | 0.40 | 0.20 | 0.20 | 1 | 5 | 5 | 5 |
| 7 | 0 | 1 | 35 | 1.50 | 0 | 3.25 | 0.50 | 0 | 1 | 3.12 | 0 | 0 | 1 | 2 | 2 | 0.00 | 0.00 | 0.00 | 1 | 4 | 4 | 5 |
| 8 | 0 | 1 | 45 | 0.67 | 0 | 6.67 | 0.79 | 0 | 1 | 13.2 | 1 | 0 | 1 | 6 | 2 | 0.50 | 0.17 | 0.00 | 1 | 5 | 5 | 5 |
| 9 | 0 | 1 | 24 | 0.43 | 1 | 2.60 | 0.71 | 0 | 0 | 4.5 | 1 | 0 | 1 | 7 | 3 | 0.43 | 0.14 | 0.14 | 1 | 5 | 5 | 5 |
| 10 | 0 | 1 | 20 | 0.50 | 0 | 6.67 | 0.73 | 0 | 1 | 4.32 | 1 | 0 | 1 | 4 | 3 | 0.25 | 0.25 | 0.00 | 1 | 5 | 5 | 5 |
| 11 | 1 | 1 | 36 | 0.67 | 1 | 3.33 | 0.83 | 1 | 1 | 2.89 | 1 | 1 | 1 | 3 | 1 | 0.33 | 0.00 | 0.00 | 1 | 1 | 0 | 1 |
| 12 | 0 | 1 | 31 | 0.38 | 0 | 5.33 | 1.00 | 0 | 0 | 7.8 | 1 | 0 | 1 | 8 | 2 | 0.25 | 0.50 | 0.00 | 1 | 5 | 5 | 5 |
| 13 | 0 | 1 | 8 | 0.22 | 0 | 3.00 | 0.50 | 0 | 1 | 0.9 | 1 | 0 | 1 | 9 | 3 | 0.44 | 0.11 | 0.22 | 1 | 5 | 5 | 5 |
| 14 | 0 | 1 | 30 | 0.43 | 0 | 6.00 | 0.77 | 0 | 1 | 6.7 | 1 | 1 | 1 | 7 | 2 | 0.57 | 0.14 | 0.00 | 1 | 5 | 5 | 5 |
| 15 | 0 | 1 | 25 | 0.29 | 0 | 3.00 | 0.14 | 0 | 0 | 1.1 | 1 | 1 | 1 | 7 | 1 | 0.43 | 0.14 | 0.14 | 1 | 5 | 5 | 5 |
| 16 | 1 | 1 | 20 | 0.75 | 0 | 1.67 | 0.67 | 0 | 1 | 0.8 | 1 | 1 | 1 | 4 | 2 | 0.50 | 0.00 | 0.00 | 1 | 2 | 2 | 2 |
| 17 | 0 | 0 | 46 | 0.67 | 0 | 8.33 | 0.60 | 0 | 1 | 3.45 | 1 | 0 | 1 | 6 | 1 | 0.50 | 0.17 | 0.00 | 1 | 5 | 5 | 5 |

续表

| 家庭序号 | H1 | | | | | | | A1 | | | | | | | | R1 | | | C1 | | | |
|---|---|---|---|---|---|---|---|---|---|---|---|---|---|---|---|---|---|---|---|---|---|---|
| | S1 | S2 | S3 | S4 | S5 | S6 | S7 | S8 | S9 | S10 | S11 | S12 | S13 | S14 | S15 | S16 | S17 | S18 | S19 | S20 | S21 | S22 |
| 18 | 1 | 1 | 43 | 1.33 | 0 | 1.67 | 0.20 | 1 | 1 | 0.4 | 1 | 1 | 1 | 3 | 2 | 0.33 | 0.00 | 0.00 | 1 | 1 | 0 | 5 |
| 19 | 0 | 1 | 40 | 0.80 | 0 | 5.00 | 0.11 | 0 | 1 | 2.3 | 0 | 0 | 1 | 5 | 2 | 0.40 | 0.20 | 0.00 | 1 | 5 | 5 | 5 |
| 20 | 1 | 1 | 26 | 0.60 | 1 | 2.50 | 0.33 | 1 | 0 | 0.78 | 0 | 0 | 1 | 5 | 3 | 0.20 | 0.20 | 0.20 | 0 | 5 | 0 | 4 |
| 21 | 0 | 1 | 40 | 1.00 | 0 | 0.80 | 0.50 | 0 | 0 | 0 | 1 | 0 | 1 | 5 | 3 | 0.20 | 0.20 | 0.20 | 1 | 1 | 0 | 1 |
| 22 | 0 | 1 | 12 | 0.50 | 0 | 3.00 | 0.75 | 0 | 1 | 0.56 | 1 | 0 | 1 | 6 | 3 | 0.50 | 0.17 | 0.00 | 1 | 1 | 1 | 1 |
| 23 | 0 | 1 | 42 | 0.40 | 0 | 1.67 | 0.10 | 0 | 0 | 0.3 | 0 | 0 | 0 | 5 | 1 | 0.40 | 0.20 | 0.00 | 1 | 5 | 5 | 5 |
| 24 | 1 | 1 | 30 | 0.75 | 0 | 5.00 | 0.40 | 0 | 0 | 2.34 | 1 | 1 | 1 | 4 | 1 | 0.25 | 0.25 | 0.00 | 1 | 5 | 5 | 5 |
| 25 | 0 | 1 | 21 | 0.60 | 0 | 20.00 | 1.29 | 0 | 1 | 34 | 1 | 0 | 1 | 5 | 1 | 0.40 | 0.20 | 0.20 | 1 | 1 | 5 | 5 |
| 26 | 1 | 1 | 35 | 0.60 | 0 | 3.67 | 0.56 | 1 | 0 | 1.2 | 1 | 1 | 1 | 5 | 1 | 0.40 | 0.00 | 0.20 | 1 | 1 | 0 | 1 |
| 27 | 1 | 1 | 36 | 0.50 | 0 | 8.00 | 0.17 | 0 | 0 | 5.12 | 0 | 0 | 1 | 6 | 1 | 0.67 | 0.00 | 0.00 | 1 | 2 | 1 | 2 |
| 28 | 1 | 1 | 26 | 0.75 | 0 | 1.75 | 0.83 | 0 | 1 | 0 | 1 | 1 | 1 | 4 | 2 | 0.25 | 0.25 | 0.00 | 1 | 1 | 0 | 5 |
| 29 | 0 | 1 | 35 | 0.75 | 0 | 8.00 | 0.86 | 0 | 0 | 3.56 | 1 | 0 | 0 | 4 | 1 | 0.50 | 0.00 | 0.00 | 1 | 1 | 3 | 1 |
| 30 | 0 | 1 | 40 | 0.60 | 0 | 5.00 | 0.62 | 0 | 1 | 7.9 | 1 | 0 | 1 | 5 | 2 | 0.40 | 0.20 | 0.00 | 1 | 5 | 5 | 5 |
| 31 | 0 | 1 | 20 | 0.60 | 0 | 3.60 | 1.00 | 0 | 1 | 4.3 | 0 | 0 | 0 | 5 | 2 | 0.40 | 0.20 | 0.00 | 1 | 5 | 5 | 5 |
| 32 | 0 | 1 | 30 | 0.75 | 0 | 12.50 | 0.50 | 1 | 1 | 17.8 | 0 | 0 | 1 | 4 | 2 | 0.50 | 0.00 | 0.00 | 1 | 5 | 5 | 5 |
| 33 | 0 | 1 | 35 | 0.75 | 0 | 4.00 | 0.30 | 1 | 1 | 3.2 | 0 | 0 | 1 | 4 | 3 | 0.25 | 0.25 | 0.00 | 1 | 5 | 5 | 5 |
| 34 | 0 | 1 | 16 | 0.75 | 0 | 2.00 | 0.43 | 0 | 1 | 0.42 | 1 | 1 | 1 | 4 | 3 | 0.00 | 0.25 | 0.25 | 1 | 3 | 2 | 5 |
| 35 | 0 | 1 | 32 | 0.60 | 0 | 5.00 | 0.50 | 0 | 1 | 2.34 | 0 | 0 | 1 | 5 | 2 | 0.40 | 0.20 | 0.00 | 1 | 5 | 5 | 5 |
| 36 | 1 | 0 | 40 | 0.75 | 0 | 15.00 | 0.25 | 0 | 1 | 23 | 1 | 1 | 1 | 4 | 1 | 0.50 | 0.00 | 0.00 | 1 | 3 | 3 | 3 |
| 37 | 1 | 1 | 20 | 2.00 | 0 | 3.33 | 0.40 | 0 | 0 | 0.3 | 1 | 1 | 1 | 2 | 2 | 0.00 | 0.00 | 0.00 | 1 | 1 | 0 | 0 |
| 38 | 0 | 1 | 20 | 0.60 | 0 | 8.00 | 0.60 | 0 | 1 | 5.7 | 1 | 0 | 1 | 5 | 3 | 0.20 | 0.40 | 0.00 | 1 | 5 | 5 | 5 |

维度

| 家庭序号 | 维度 | | | | | | | | | | | | | | | | | | | | | |
|---|---|---|---|---|---|---|---|---|---|---|---|---|---|---|---|---|---|---|---|---|---|---|
| | H1 | | | | | A1 | | | | | | | | | | R1 | | | C1 | | | |
| | S1 | S2 | S3 | S4 | S5 | S6 | S7 | S8 | S9 | S10 | S11 | S12 | S13 | S14 | S15 | S16 | S17 | S18 | S19 | S20 | S21 | S22 |
| 39 | 0 | 1 | 30 | 0.50 | 0 | 7.50 | 0.43 | 0 | 1 | 3.6 | 0 | 0 | 1 | 6 | 1 | 0.33 | 0.33 | 0.00 | 1 | 1 | 1 | 2 |
| 40 | 1 | 1 | 10 | 0.80 | 1 | 2.20 | 0.29 | 0 | 0 | 0 | 1 | 0 | 1 | 5 | 3 | 0.40 | 0.20 | 0.00 | 0 | 1 | 0 | 0 |
| 41 | 1 | 0 | 13 | 0.50 | 0 | 5.00 | 0.56 | 0 | 0 | 2.1 | 0 | 0 | 1 | 6 | 2 | 0.50 | 0.17 | 0.00 | 1 | 3 | 3 | 3 |
| 42 | 0 | 1 | 20 | 0.40 | 0 | 5.00 | 0.55 | 0 | 1 | 0.6 | 0 | 0 | 1 | 5 | 3 | 0.40 | 0.20 | 0.00 | 0 | 5 | 5 | 5 |
| 43 | 1 | 1 | 15 | 0.75 | 1 | 0.25 | 0.40 | 0 | 0 | 0 | 1 | 1 | 1 | 4 | 3 | 0.25 | 0.00 | 0.25 | 1 | 1 | 1 | 5 |
| 44 | 0 | 1 | 30 | 0.43 | 0 | 3.00 | 0.50 | 1 | 0 | 2.6 | 1 | 0 | 0 | 7 | 2 | 0.43 | 0.14 | 0.14 | 1 | 4 | 3 | 3 |
| 45 | 1 | 1 | 35 | 1.50 | 0 | 2.00 | 0.25 | 0 | 1 | 0.7 | 1 | 0 | 1 | 2 | 1 | 0.00 | 0.00 | 0.00 | 0 | 1 | 0 | 0 |
| 46 | 0 | 1 | 40 | 1.00 | 0 | 10.00 | 0.58 | 1 | 1 | 12 | 0 | 0 | 0 | 5 | 2 | 0.40 | 0.20 | 0.00 | 0 | 1 | 2 | 5 |
| 47 | 0 | 1 | 30 | 1.00 | 0 | 1.67 | 2.00 | 0 | 0 | 0 | 0 | 0 | 0 | 3 | 2 | 0.33 | 0.00 | 0.00 | 1 | 1 | 1 | 4 |
| 48 | 1 | 1 | 30 | 0.75 | 0 | 5.00 | 0.50 | 0 | 1 | 4.1 | 1 | 0 | 1 | 4 | 2 | 0.50 | 0.20 | 0.00 | 1 | 5 | 0 | 5 |
| 49 | 1 | 0 | 15 | 0.40 | 1 | 2.00 | 0.50 | 0 | 0 | 0.2 | 0 | 0 | 0 | 5 | 3 | 0.40 | 0.20 | 0.00 | 0 | 2 | 2 | 1 |
| 50 | 0 | 1 | 20 | 0.71 | 0 | 2.00 | 0.60 | 0 | 1 | 0.4 | 1 | 1 | 1 | 7 | 3 | 0.29 | 0.29 | 0.14 | 0 | 3 | 0 | 0 |
| 51 | 0 | 1 | 13 | 0.38 | 1 | 2.40 | 0.60 | 0 | 0 | 0.7 | 1 | 0 | 1 | 8 | 3 | 0.25 | 0.25 | 0.25 | 0 | 1 | 0 | 0 |
| 52 | 1 | 1 | 20 | 0.17 | 0 | 2.25 | 0.50 | 0 | 0 | 0.8 | 1 | 1 | 1 | 6 | 2 | 0.33 | 0.33 | 0.00 | 0 | 2 | 1 | 1 |
| 53 | 1 | 0 | 20 | 0.75 | 0 | 6.00 | 0.25 | 1 | 1 | 3.7 | 0 | 1 | 1 | 4 | 3 | 0.25 | 0.00 | 0.25 | 0 | 1 | 0 | 1 |
| 54 | 0 | 0 | 25 | 0.75 | 0 | 2.00 | 0.33 | 0 | 1 | 2.1 | 1 | 1 | 1 | 4 | 3 | 0.50 | 0.00 | 0.00 | 1 | 1 | 1 | 1 |
| 55 | 1 | 1 | 30 | 0.43 | 0 | 7.50 | 0.58 | 0 | 1 | 2.4 | 1 | 1 | 1 | 7 | 2 | 0.29 | 0.29 | 0.14 | 1 | 5 | 5 | 5 |
| 56 | 1 | 1 | 25 | 1.50 | 0 | 2.23 | 0.17 | 1 | 1 | 0.67 | 1 | 0 | 1 | 2 | 2 | 0.00 | 0.00 | 0.00 | 0 | 1 | 0 | 0 |
| 57 | 0 | 1 | 30 | 0.75 | 0 | 2.75 | 0.71 | 0 | 1 | 1.2 | 0 | 0 | 1 | 4 | 2 | 0.50 | 0.00 | 0.00 | 0 | 1 | 1 | 2 |
| 58 | 0 | 1 | 25 | 0.67 | 0 | 5.00 | 0.20 | 0 | 0 | 6.1 | 1 | 1 | 1 | 3 | 2 | 0.33 | 0.00 | 0.00 | 1 | 5 | 5 | 5 |

续表

| 家庭序号 | 维度 | | | | | | | | | | | | | | | | | | | | | |
|---|---|---|---|---|---|---|---|---|---|---|---|---|---|---|---|---|---|---|---|---|---|---|
| | H1 | | | | A1 | | | | | | | | | R1 | | | | | C1 | | | |
| | S1 | S2 | S3 | S4 | S5 | S6 | S7 | S8 | S9 | S10 | S11 | S12 | S13 | S14 | S15 | S16 | S17 | S18 | S19 | S20 | S21 | S22 |
| 59 | 1 | 1 | 20 | 0.25 | 1 | 2.33 | 0.60 | 0 | 0 | 0.8 | 1 | 0 | 0 | 8 | 3 | 0.25 | 0.25 | 0.25 | 1 | 3 | 2 | 2 |
| 60 | 1 | 1 | 28 | 1.50 | 1 | 3.20 | 0.33 | 0 | 0 | 2.1 | 1 | 1 | 1 | 2 | 2 | 0.00 | 0.00 | 0.00 | 0 | 1 | 0 | 3 |
| 61 | 0 | 1 | 45 | 0.50 | 0 | 7.10 | 0.33 | 0 | 1 | 6.3 | 1 | 0 | 1 | 2 | 1 | 0.00 | 0.00 | 0.00 | 1 | 5 | 5 | 5 |
| 62 | 0 | 1 | 10 | 0.20 | 0 | 1.60 | 0.40 | 0 | 1 | 0.34 | 1 | 0 | 1 | 5 | 2 | 0.40 | 0.00 | 0.20 | 2 | 2 | 2 | 2 |
| 63 | 1 | 1 | 20 | 0.60 | 1 | 0.60 | 0.50 | 0 | 1 | 0 | 1 | 0 | 1 | 5 | 3 | 0.40 | 0.20 | 0.00 | 3 | 2 | 2 | 2 |
| 64 | 1 | 1 | 14 | 0.29 | 0 | 3.33 | 0.67 | 0 | 0 | 0 | 1 | 1 | 1 | 7 | 1 | 0.57 | 0.14 | 0.00 | 4 | 4 | 4 | 4 |
| 65 | 0 | 1 | 40 | 0.67 | 0 | 1.78 | 0.25 | 0 | 1 | 0 | 1 | 1 | 0 | 6 | 3 | 0.17 | 0.50 | 0.00 | 0 | 5 | 5 | 5 |
| 66 | 0 | 0 | 40 | 1.33 | 0 | 10.00 | 0.56 | 0 | 1 | 12 | 0 | 0 | 0 | 3 | 3 | 0.33 | 0.00 | 0.00 | 1 | 5 | 5 | 5 |
| 67 | 0 | 1 | 35 | 0.75 | 0 | 8 | 0.05 | 0 | 0 | 7.8 | 0 | 0 | 0 | 4 | 2 | 0 | 0.5 | 0 | 1 | 1 | 1 | 8 |
| 68 | 1 | 1 | 36 | 1 | 1 | 6 | 0.27 | 1 | 0 | 5.9 | 0 | 0 | 1 | 4 | 3 | 0.75 | 0 | 0 | 0 | 1 | 1 | 1 |
| 69 | 1 | 1 | 50 | 0.6 | 0 | 15 | 0.08 | 0 | 1 | 23 | 0 | 1 | 1 | 5 | 3 | 0.40 | 0 | 0.4 | 1 | 1 | 0 | 0 |
| 70 | 0 | 1 | 23 | 0.67 | 0 | 8.9 | 0.61 | 1 | 0 | 5.6 | 1 | 1 | 1 | 3 | 2 | 0.67 | 0.33 | 0.00 | 1 | 5 | 5 | 5 |
| 71 | 0 | 1 | 21 | 0.50 | 0 | 7.8 | 0.56 | 1 | 1 | 4.8 | 1 | 1 | 1 | 2 | 1 | 0.00 | 0.00 | 0.00 | 1 | 4 | 4 | 4 |
| 72 | 0 | 1 | 12 | 0.00 | 0 | 4.8 | 0.30 | 1 | 1 | 2.3 | 1 | 1 | 0 | 6 | 2 | 0.33 | 0.33 | 0.00 | 1 | 3 | 3 | 3 |
| 73 | 0 | 1 | 6 | 0.00 | 0 | 4.5 | 0.16 | 1 | 1 | 0.5 | 1 | 1 | 1 | 3 | 1 | 0.00 | 0.00 | 0.00 | 1 | 1 | 1 | 1 |
| 74 | 0 | 1 | 15 | 0.20 | 0 | 6.7 | 0.23 | 0 | 0 | 4.5 | 1 | 1 | 1 | 5 | 3 | 0.20 | 0.40 | 0.00 | 0 | 6 | 6 | 6 |
| 75 | 1 | 1 | 32 | 0.29 | 0 | 18.5 | 0.50 | 0 | 1 | 8.5 | 0 | 1 | 1 | 7 | 2 | 0.57 | 0.14 | 0.00 | 1 | 12 | 12 | 13 |
| 76 | 1 | 1 | 80 | 1.50 | 0 | 15.00 | 0.20 | 0 | 0 | 6 | 1 | 1 | 1 | 4 | 2 | 0.00 | 0.25 | 0.00 | 1 | 2 | 2 | 2 |
| 77 | 1 | 0 | 47 | 0.43 | 0 | 11.00 | 0.47 | 1 | 1 | 50 | 0 | 1 | 0 | 7 | 1 | 0.57 | 0.14 | 0.00 | 1 | 15 | 15 | 15 |
| 78 | 0 | 1 | 23 | 0.67 | 0 | 10.00 | 0.44 | 1 | 0 | 3.5 | 1 | 0 | 1 | 3 | 2 | 0.33 | 0.00 | 0.00 | 1 | 5 | 5 | 15 |
| 79 | 1 | 1 | 13 | 0.00 | 0 | 5.2 | 0.38 | 1 | 1 | 2.45 | 1 | 1 | 1 | 3 | 2 | 0.33 | 0.67 | 0.33 | 1 | 5 | 2 | 6 |

续表

| 家庭序号 | 维度 | | | | | | | | | | | | | | | | | | | | | |
| | H1 | | | | A1 | | | | | | | | | R1 | | | | | C1 | | | |
| | S1 | S2 | S3 | S4 | S5 | S6 | S7 | S8 | S9 | S10 | S11 | S12 | S13 | S14 | S15 | S16 | S17 | S18 | S19 | S20 | S21 | S22 |
|---|---|---|---|---|---|---|---|---|---|---|---|---|---|---|---|---|---|---|---|---|---|---|
| 80 | 1 | 0 | 30 | 0.33 | 0 | 4.00 | 0.27 | 1 | 1 | 2 | 1 | 1 | 1 | 6 | 2 | 0.67 | 0.00 | 0.00 | 1 | 20 | 19 | 20 |
| 81 | 0 | 1 | 30 | 1.00 | 0 | 10.00 | 0.50 | 1 | 1 | 0 | 1 | 1 | 1 | 4 | 2 | 0.25 | 0.50 | 0.00 | 1 | 15 | 10 | 10 |
| 82 | 1 | 1 | 30 | 1.00 | 0 | 10.00 | 0.22 | 1 | 0 | 60 | 0 | 0 | 1 | 3 | 2 | 1.33 | 0.33 | 0.00 | 1 | 16 | 0 | 28 |
| 83 | 1 | 1 | 16 | 0.50 | 0 | 10.08 | 0.60 | 1 | 1 | 5.82 | 0 | 1 | 1 | 4 | 3 | 0.00 | 0.00 | 0.00 | 1 | 3 | 3 | 3 |
| 84 | 1 | 1 | 40 | 1.00 | 0 | 15.00 | 0.00 | 0 | 1 | 30 | 1 | 1 | 1 | 2 | 1 | 0.00 | 0.00 | 0.00 | 0 | 23 | 23 | 28 |
| 85 | 0 | 1 | 30 | 0.67 | 0 | 3.00 | 0.20 | 1 | 1 | 2 | 1 | 0 | 1 | 3 | 2 | 0.00 | 0.00 | 0.00 | 1 | 0 | 0 | 4 |
| 86 | 1 | 1 | 30 | 0.75 | 0 | 15.00 | 0.30 | 1 | 0 | 15 | 1 | 1 | 1 | 4 | 3 | 0.75 | 0.25 | 0.00 | 1 | 24 | 15 | 42 |
| 87 | 1 | 1 | 25 | 0.25 | 0 | 5.00 | 0.57 | 1 | 1 | 1 | 1 | 1 | 1 | 8 | 3 | 0.50 | 0.25 | 0.00 | 0 | 2 | 0 | 4 |
| 88 | 0 | 1 | 5 | 0.20 | 1 | 2.00 | 0.20 | 1 | 1 | 2 | 1 | 1 | 1 | 5 | 3 | 0.40 | 0.20 | 0.00 | 1 | 1 | 0 | 0 |
| 89 | 1 | 1 | 10 | 0.17 | 0 | 10.00 | 0.33 | 1 | 1 | 1 | 1 | 1 | 1 | 6 | 3 | 0.33 | 0.33 | 0.00 | 0 | 10 | 10 | 20 |
| 90 | 1 | 1 | 30 | 0.33 | 0 | 1.00 | 0.10 | 1 | 0 | 20 | 1 | 1 | 1 | 6 | 3 | 0.50 | 0.17 | 0.00 | 1 | 12 | 12 | 12 |
| 91 | 0 | 1 | 25 | 0.40 | 0 | 8.00 | 0.38 | 1 | 0 | 2 | 1 | 1 | 1 | 5 | 2 | 0.40 | 0.20 | 0.00 | 1 | 20 | 20 | 20 |
| 92 | 0 | 1 | 20 | 0.33 | 0 | 6.5 | 0.31 | 1 | 1 | 3.53 | 1 | 1 | 1 | 3 | 2 | 0.00 | 0.00 | 0.00 | 1 | 2 | 2 | 2 |
| 93 | 1 | 1 | 41 | 0.43 | 0 | 24.67 | 0.48 | 0 | 0 | 15.76 | 0 | 0 | 0 | 7 | 3 | 0.29 | 0.14 | 0.14 | 1 | 12 | 10 | 16 |

## 附录 6　正向化和无量纲化处理后的四维指标值

维度

| 指标 | H1 | | | | | | | | A1 | | | | | | | R1 | | | | | C1 | |
|---|---|---|---|---|---|---|---|---|---|---|---|---|---|---|---|---|---|---|---|---|---|---|
| | S1 | S2 | S3 | S4 | S5 | S6 | S7 | S8 | S9 | S10 | S11 | S12 | S13 | S14 | S15 | S16 | S17 | S18 | S19 | S20 | S21 | S22 |
| 1 | 0 | 1 | 0.640 0 | 0.500 0 | 1 | 0.918 1 | 0.285 7 | 0 | 1 | 0.961 7 | 1 | 0 | 1 | 0.250 0 | 0.5 | 0.187 5 | 0.375 0 | 0.000 0 | 0 | 0.041 7 | 0.000 0 | 0.119 0 |
| 4 | 1 | 1 | 0.906 7 | 0.666 7 | 1 | 0.928 3 | 0.250 0 | 1 | 1 | 0.983 3 | 1 | 1 | 1 | 0.125 0 | 0.5 | 0.250 0 | 0.000 0 | 0.000 0 | 0 | 0.041 7 | 0.000 0 | 0.119 0 |
| 10 | 0 | 1 | 0.800 0 | 0.750 0 | 1 | 0.737 0 | 0.366 7 | 0 | 1 | 0.928 0 | 1 | 1 | 1 | 0.250 0 | 1 | 0.187 5 | 0.375 0 | 0.000 0 | 1 | 0.208 3 | 0.090 9 | 0.119 0 |
| 11 | 1 | 1 | 0.586 7 | 0.666 7 | 0 | 0.873 7 | 0.416 7 | 1 | 1 | 0.951 8 | 1 | 1 | 1 | 0.125 0 | 0 | 0.250 0 | 0.000 0 | 0.000 0 | 1 | 0.041 7 | 0.000 0 | 0.023 8 |
| 18 | 1 | 1 | 0.493 3 | 0.333 3 | 1 | 0.942 0 | 0.10 00 | 1 | 1 | 0.993 3 | 1 | 1 | 1 | 0.125 0 | 0.5 | 0.250 0 | 0.000 0 | 0.000 0 | 1 | 0.041 7 | 0.000 0 | 0.119 0 |
| 20 | 1 | 1 | 0.720 0 | 0.700 0 | 1 | 0.907 9 | 0.166 7 | 1 | 0 | 0.987 0 | 0 | 1 | 1 | 0.375 0 | 1 | 0.150 0 | 0.300 0 | 0.500 0 | 0 | 0.208 3 | 0.000 0 | 0.095 2 |
| 40 | 1 | 1 | 0.933 3 | 0.600 0 | 1 | 0.920 1 | 0.142 9 | 0 | 0 | 1.000 0 | 1 | 1 | 1 | 0.375 0 | 1 | 0.300 0 | 0.300 0 | 0.000 0 | 0 | 0.041 7 | 0.000 0 | 0.000 0 |
| 43 | 1 | 1 | 0.866 7 | 0.625 0 | 1 | 1.000 0 | 0.200 0 | 0 | 0 | 1.000 0 | 1 | 1 | 1 | 0.250 0 | 1 | 0.187 5 | 0.000 0 | 0.625 0 | 1 | 0.041 7 | 0.018 2 | 0.119 0 |
| 50 | 0 | 1 | 0.800 0 | 0.642 9 | 1 | 0.928 3 | 0.300 0 | 0 | 1 | 0.993 3 | 1 | 1 | 1 | 0.625 0 | 1 | 0.214 3 | 0.428 6 | 0.357 1 | 0 | 0.125 0 | 0.000 0 | 0.000 0 |
| 59 | 1 | 1 | 0.800 0 | 0.875 0 | 1 | 0.914 7 | 0.300 0 | 0 | 0 | 0.986 7 | 1 | 1 | 0 | 0.750 0 | 1 | 0.187 5 | 0.375 0 | 0.625 0 | 1 | 0.125 0 | 0.036 4 | 0.047 6 |
| 60 | 1 | 1 | 0.693 3 | 0.250 0 | 1 | 0.879 2 | 0.166 7 | 0 | 0 | 0.965 0 | 1 | 0 | 1 | 0.000 0 | 0.5 | 0.000 0 | 0.000 0 | 0.000 0 | 0 | 0.041 7 | 0.000 0 | 0.071 4 |
| 63 | 1 | 1 | 0.800 0 | 0.700 0 | 1 | 0.985 0 | 0.250 0 | 1 | 1 | 1.000 0 | 1 | 0 | 1 | 0.375 0 | 1 | 0.300 0 | 0.300 0 | 0.000 0 | 3 | 0.083 3 | 0.036 4 | 0.047 6 |
| 79 | 1 | 1 | 0.893 3 | 1.000 0 | 0 | 0.797 3 | 0.192 0 | 1 | 1 | 0.959 2 | 1 | 1 | 1 | 0.125 0 | 0.5 | 0.250 0 | 1.000 0 | 0.833 3 | 1 | 0.208 3 | 0.036 4 | 0.142 9 |
| 87 | 1 | 1 | 0.733 3 | 0.875 0 | 0 | 0.805 5 | 0.285 7 | 1 | 1 | 0.983 3 | 1 | 1 | 1 | 0.750 0 | 1 | 0.375 0 | 0.375 0 | 0.000 0 | 0 | 0.083 3 | 0.036 4 | 0.095 2 |
| 88 | 0 | 1 | 1.000 0 | 0.900 0 | 1 | 0.928 7 | 0.100 0 | 1 | 1 | 0.966 7 | 1 | 1 | 1 | 0.375 0 | 1 | 0.300 0 | 0.300 0 | 0.000 0 | 0 | 0.041 7 | 0.000 0 | 0.000 0 |
| 89 | 1 | 1 | 0.933 3 | 0.916 7 | 0 | 0.600 0 | 0.166 7 | 1 | 1 | 0.983 3 | 1 | 1 | 1 | 0.500 0 | 1 | 0.250 0 | 0.500 0 | 0.000 0 | 0 | 0.416 7 | 0.181 8 | 0.476 2 |

## 附录 7 公租房申享家庭排序综合评价指数表

| 指标 | 维度 H1 | | | | | 维度 A1 | | | | | | | | 维度 R1 | | | | | | | | 维度 C1 | 综合评价指数 | 排序 |
|---|---|---|---|---|---|---|---|---|---|---|---|---|---|---|---|---|---|---|---|---|---|---|---|---|
| | S1 | S2 | S3 | S4 | S5 | S6 | S7 | S8 | S9 | S10 | S11 | S12 | S13 | S14 | S15 | S16 | S17 | S18 | S19 | S20 | S21 | S22 | | |
| 权重 | 1/24 | 1/24 | 1/24 | 1/24 | 1/12 | 1/24 | 1/24 | 1/36 | 1/36 | 1/36 | 1/36 | 1/36 | 1/36 | 1/16 | 1/16 | 1/24 | 1/24 | 1/24 | 1/24 | 1/24 | 1/24 | 1/8 | | |
| 1 | 0.000 | 0.042 | 0.027 | 0.021 | 0.083 | 0.038 | 0.012 | 0.000 | 0.028 | 0.027 | 0.028 | 0.000 | 0.028 | 0.016 | 0.031 | 0.008 | 0.016 | 0.000 | 0.000 | 0.002 | 0.000 | 0.015 | 0.420 | 14 |
| 4 | 0.042 | 0.042 | 0.038 | 0.028 | 0.083 | 0.039 | 0.010 | 0.028 | 0.028 | 0.027 | 0.028 | 0.028 | 0.028 | 0.008 | 0.031 | 0.010 | 0.000 | 0.000 | 0.000 | 0.002 | 0.000 | 0.015 | 0.514 | 10 |
| 10 | 0.000 | 0.042 | 0.033 | 0.031 | 0.083 | 0.031 | 0.015 | 0.000 | 0.028 | 0.026 | 0.028 | 0.000 | 0.028 | 0.016 | 0.063 | 0.008 | 0.016 | 0.000 | 0.042 | 0.009 | 0.004 | 0.015 | 0.515 | 9 |
| 11 | 0.042 | 0.042 | 0.024 | 0.028 | 0.000 | 0.036 | 0.017 | 0.028 | 0.028 | 0.026 | 0.028 | 0.028 | 0.028 | 0.008 | 0.000 | 0.010 | 0.000 | 0.000 | 0.042 | 0.002 | 0.000 | 0.003 | 0.419 | 15 |
| 18 | 0.042 | 0.042 | 0.021 | 0.014 | 0.000 | 0.039 | 0.004 | 0.028 | 0.028 | 0.028 | 0.000 | 0.028 | 0.028 | 0.008 | 0.031 | 0.010 | 0.000 | 0.000 | 0.042 | 0.002 | 0.000 | 0.015 | 0.435 | 13 |
| 20 | 0.042 | 0.042 | 0.030 | 0.029 | 0.083 | 0.038 | 0.007 | 0.028 | 0.000 | 0.027 | 0.000 | 0.000 | 0.028 | 0.023 | 0.063 | 0.006 | 0.013 | 0.021 | 0.000 | 0.009 | 0.000 | 0.012 | 0.501 | 11 |
| 40 | 0.042 | 0.042 | 0.039 | 0.025 | 0.083 | 0.038 | 0.006 | 0.000 | 0.000 | 0.028 | 0.028 | 0.000 | 0.028 | 0.023 | 0.063 | 0.013 | 0.013 | 0.000 | 0.000 | 0.002 | 0.000 | 0.000 | 0.473 | 12 |
| 43 | 0.042 | 0.042 | 0.036 | 0.026 | 0.083 | 0.042 | 0.008 | 0.000 | 0.000 | 0.028 | 0.028 | 0.028 | 0.028 | 0.016 | 0.063 | 0.008 | 0.000 | 0.026 | 0.042 | 0.002 | 0.001 | 0.015 | 0.561 | 5 |
| 50 | 0.000 | 0.042 | 0.033 | 0.027 | 0.083 | 0.039 | 0.013 | 0.000 | 0.028 | 0.028 | 0.028 | 0.028 | 0.028 | 0.039 | 0.063 | 0.009 | 0.018 | 0.015 | 0.000 | 0.005 | 0.000 | 0.000 | 0.523 | 7 |
| 59 | 0.042 | 0.042 | 0.033 | 0.036 | 0.083 | 0.038 | 0.013 | 0.000 | 0.000 | 0.027 | 0.028 | 0.000 | 0.000 | 0.047 | 0.063 | 0.008 | 0.016 | 0.026 | 0.042 | 0.005 | 0.002 | 0.006 | 0.555 | 6 |
| 60 | 0.042 | 0.042 | 0.029 | 0.010 | 0.083 | 0.037 | 0.007 | 0.000 | 0.000 | 0.027 | 0.028 | 0.028 | 0.028 | 0.000 | 0.031 | 0.000 | 0.000 | 0.000 | 0.000 | 0.000 | 0.000 | 0.009 | 0.402 | 16 |
| 63 | 0.042 | 0.042 | 0.033 | 0.029 | 0.083 | 0.041 | 0.010 | 0.000 | 0.028 | 0.028 | 0.028 | 0.000 | 0.028 | 0.023 | 0.063 | 0.013 | 0.013 | 0.000 | 0.125 | 0.003 | 0.002 | 0.006 | 0.639 | 1 |
| 79 | 0.042 | 0.042 | 0.037 | 0.042 | 0.000 | 0.033 | 0.008 | 0.028 | 0.028 | 0.027 | 0.028 | 0.028 | 0.028 | 0.008 | 0.031 | 0.010 | 0.042 | 0.035 | 0.042 | 0.009 | 0.002 | 0.018 | 0.565 | 4 |
| 87 | 0.042 | 0.042 | 0.031 | 0.036 | 0.000 | 0.034 | 0.012 | 0.028 | 0.028 | 0.027 | 0.028 | 0.028 | 0.028 | 0.047 | 0.063 | 0.016 | 0.016 | 0.000 | 0.000 | 0.003 | 0.000 | 0.012 | 0.518 | 8 |
| 88 | 0.000 | 0.042 | 0.042 | 0.038 | 0.083 | 0.039 | 0.004 | 0.028 | 0.028 | 0.027 | 0.028 | 0.028 | 0.028 | 0.023 | 0.063 | 0.013 | 0.013 | 0.000 | 0.042 | 0.002 | 0.000 | 0.000 | 0.567 | 3 |
| 89 | 0.042 | 0.042 | 0.039 | 0.038 | 0.000 | 0.025 | 0.007 | 0.028 | 0.028 | 0.027 | 0.028 | 0.028 | 0.028 | 0.031 | 0.063 | 0.010 | 0.021 | 0.000 | 0.000 | 0.017 | 0.008 | 0.060 | 0.570 | 2 |